KB110111

나는 **연금 최적화**로
매월 남들보다 **연금을**
3배나 더 받는다

나는 연금 최적화로
매월 남들보다 연금을 3배나 더 받는다

발행일	2019년 3월 29일		
지은이	황재수		
펴낸이	손형국		
펴낸곳	(주)북랩		
편집인	선일영	편집	오경진, 강대건, 최승헌, 최예은, 김경무
디자인	이현수, 김민하, 한수희, 김윤주, 허지혜	제작	박기성, 황동현, 구성우, 장홍석
마케팅	김회란, 박진관, 조하라		
출판등록	2004. 12. 1(제2012-000051호)		
주소	서울시 금천구 가산디지털 1로 168, 우림라이온스밸리 B동 B113, 114호		
홈페이지	www.book.co.kr		
전화번호	(02)2026-5777	팩스	(02)2026-5747

ISBN   979-11-6299-609-6 03320 (종이책)   979-11-6299-610-2 05320 (전자책)

잘못된 책은 구입한 곳에서 교환해드립니다.
이 책은 저작권법에 따라 보호받는 저작물이므로 무단 전재와 복제를 금합니다.

이 도서의 국립중앙도서관 출판예정도서목록(CIP)은 서지정보유통지원시스템 홈페이지(http://seoji.nl.go.kr)와
국가자료공동목록시스템(http://www.nl.go.kr/kolisnet)에서 이용하실 수 있습니다.
(CIP제어번호: CIP2019011770)

(주)북랩 성공출판의 파트너

북랩 홈페이지와 패밀리 사이트에서 다양한 출판 솔루션을 만나 보세요!

홈페이지 book.co.kr   •   **블로그** blog.naver.com/essaybook   •   **원고모집** book@book.co.kr

대한민국 개인연금 상품의 최적화만을 고집한 비책!

나는 **연금 최적화**로 **매월** 남들보다 **연금**을 **3배**나 더 받는다

Annuity

No guarantee　　No TAX　　Independence　　Fund Rate　　Auto system

Varible Annuity

(10+20)X2X20+300X10
Optimization

Attention

Couple　　Glide path　　Report

oman

Guaranteed lifetime　　Pension

80 Years old

Fixed 5 Years

?

20 Years payment

Combination

110,000 won　　Bonus

100,000 won　　No charge

연금 최적화
실전 이론과 비책
전격 공개

황재수 지음

금융 최적화의 달인 황재수가
연금 상품을 최적화시키는 비책을
100% 전격 공개한다!

이 책은 대한민국의 노후를 위하여
집대성을 한 위대한 유산이다.
연금 최적화를 통하여 위기에 처한 한국인의 노후를
80도 바꿀 수 있을 거라 확신한다!

북랩 book Lab

　대한민국 직장인에게 퇴직연금은 없고 대한민국의 자영업자에게 퇴직금은 없으며 대한민국의 국민들에게 제대로 된 개인연금은 없다!

　대한민국에서는 아무리 집이 비싸거나 누가 뭐래도 집을 사야 할 시기가 있고 아무리 자녀교육자금이 많이 들어도 교육비가 지출이 되어야 할 시기가 있고 아무리 누가 뭐래도 대표적인 소비 국가이기에 기본적인 소비는 하게 되어 있고 특별히 하는 것도 없어도 기본적인 돈이 나가게 되어 있다.

　무조건 줄여서 많이 내라는 말은 집어 치워라! 대한민국에서는 대한민국 스타일로 슬기롭게 위기를 극복해야지, 뭐가 이렇고 저렇다며 불평을 해 봐야 아무 도움도 되지 않는다. 무식하게 많은 돈을 납입하고 많은 연금을 받는 것을 못 할 바보 천치가 어디 있겠는가?

　필자는 '최적화(最適化, Optimization)'라는 필명과 금융 최적화라는 이념을 가지고, 장기간 동안 금융업에 종사해 왔고 그러던 중 대한민국에서 가장 최적화된 연금을 가장 효율적으로 받을 수 있는 실전 비책을 '연금 최적화'라는 방법으로 압축하여 이 책 한 권에 담았다.

　필자는 주어진 여러 가지의 물리적, 세무적, 금융적, 환경적, 사회적인 조건을 최대한 활용하고, 최소한의 힘을 들여 최대한의 연금을 수령하는 것을 이른바 연금 최적화라 명명하였다.

국내 최초로 연금 최적화의 비장의 무기를 낱낱이 공개한다.

대한민국의 국민은 정부와 금융 회사, 그리고 영업 담당자에게 또 더 나아가서는 각종 공제 조합에게까지 3중, 4중으로 당하고 있다. 현재의 국민연금과 퇴직연금, 그리고 개인연금 및 각종 공제는 한국인을 버렸다.

국민연금부터 퇴직연금은 물론이고 개인연금까지 너나 할 것 없이 더 나아가서는 세금까지 합세하여 모든 것이 국민들에게 불리하게 되어 있기 때문이다.

그렇다고 우리가 이와 같이 불합리한 환경을 완전히 피할 수는 없다. 이 안에서 각자 알아서 살아남아야 하는 것이 현실일 뿐이다.

필자가 당부하는 것은 대한민국 국민이라면, 속는 셈 치고 이 책을 단 한 번은 끝까지 읽어 보기를 바란다는 점이다. 현재 여러분의 금융뿐만 아니라, 나아가서는 여러분의 미래의 금융에게까지도 상당한 영향을 미치게 될 것이고, 마지막 장을 넘길 때에는 필자의 말에 적극 공감을 할 것이고, 반드시 숨어 있는 비밀의 보석을 얻어 갈 수 있을 것이다.

단, 반드시 순서대로 처음부터 끝까지 읽어야 한다.

물론, 세상에 정답은 없지만, 단순히 정답을 얘기하기보다는, 발목지뢰 같은 오답을 하나씩 하나씩 제거하면서 연금을 최적화시키는 방법에 가까이 갈 수 있도록 연금의 원리와 최적화 비법을 순차적으로 상황에 맞게 설명하였다.

이 책은 금융업 종사자나 연금 관련 전문가들을 위해 쓴 책이 아니다. 노후를 앞두고 있는 수많은 대한민국의 국민들을 위하여 쓴 책이다. 이미 은퇴를 한 사람도 늦지 않았다.

배울 사람은 배우고, 활용할 사람들은 활용하면 된다.

한편, 앞으로도 평생 이 연금에 관한 한 아무리 새로운 제도가 생기고 새로운 연금 상품이 나오거나 아무리 새로운 환경으로 바뀌어도 이 책의 주요 내용에서는 절대 벗어나지 못한다. 이 책은 자본주의가 살아 있는 한 대한민국에서 몇백 년 이상 유효한 내용들이고 지침들이다.

그래서 천천히 읽더라도 순서대로 읽으면 대한민국의 사회인이라면 누구나 쉽게 이해할 수 있게 필자가 평소 강의하는 방식과 스타일 그대로 집필하였다.

장담하건대, 이 책을 읽은 사람과 읽지 않은 사람의 노후는 180도 확연하게 다를 것이며, 나아가서는 어마어마한 차이가 날 것이고, 이 책을 읽고 난 뒤로는 현재뿐만 아니라 먼 미래의 노후까지도 바꿀 수 있을 거라고 100% 확신한다.

또 장담하건대, 이 책 한 권이 최소 1억 원 이상의 가치가 있다고 자부한다.

필자는 연금과 관련된 수많은 실전 상담과 사례를 연구를 거치면서, 이 책을 통하여 어쩌면 정부도 해결하지 못하는 노후 문제를 감히 해결할 수 있을지도 모른다는 생각을 했다.

연금 최적화를 적용한 사람의 노후는 완전히 바뀌게 될 것이며, 생각지도 못한 기적이 일어날 것이고, 이 사람의 자녀도 역시 행복한 노후를 맞이하게 될 것이다.

만약 자녀에게 물려줄 자산이 없다면, 이 책이라도 꼭 물려주기를 바란다. 최소한 확실한 것은 노후와 금융은 지킬 수 있을 테니깐 말이다.

대한민국은 최강의 소비 국가가 되었고, 100세 시대에 접어들어 이제는 할머니 할아버지들도 더 이상 과거의 노인이 아니며, 과거 보다 많이 젊어졌고, 진화되었다.

현재의 대한민국에서는 무턱대고 돈을 안 쓰기도 어렵고, 무턱대고 소비를 줄이기란 불가능한 일이며, 상업적인 소비 사회로 본격적으로 접어들어, 거의 아무것도 안 해도 돈은 속속들이 쥐도 새도 모르게 빠져 나가는 구조로 되어 있다.

무턱대고 돈을 쓰라는 말이 아니다.

젊어서도 마찬가지이지만, 노후에 있어서 돈은 한편으로는 아름답고, 한편으로는 더욱더 무서운 존재라고 할 수 있다.

20년 뒤에 우리나라에서는 노후와 관련된 많은 심각한 일들이 벌어질 수 있다.

이 책은 웰리빙(Well-living) 시대의 마지막 연금 시크릿 북이자, 은퇴를 위한 가이드 북이자, 100세 시대에 반드시 읽어야 할 필독 도서임을 확신한다.

소장을 하고 두고두고 활용해도 많은 도움이 된다.

이 책을 읽지 않는 순간 여러분의 금융은 마이너스가 될 수 있다. 필자가 집필해서가 아니라, 이 책을 읽게 될 여러분은 대한민국의 국민이자 대한민국의 사회인이고, 거의 대부분이 이 책에서 언급하고 있는 금융 상품에 직접적으로 연관이 되어 있기 때문이다.

노후 걱정 없이 잘 먹고 잘사는 사람들은 이 책을 읽지 마라. 잘 먹고 잘살고 있는데, 손해를 좀 봐도 되지 않겠는가?

필자는 이 책이 노후 빈곤률이나 노후 자살률 1위인 대한민국에서 많은 사람들의 노후를 변화시키게 될 미래 역시 간절히 고대하고 있다.

그만큼 연금 최적화의 파워는 가공할 만하고, 여러분의 미래에 대하여 방향성을 잡아줄 것이고, 나침반이 되어 줄 것이다.

대한민국에서 다시는 나오지 못할 연금 및 금융 관련 명서임을 확신하며, 잠깐 반짝하고 마는 단순 유행이 아닌, 연금계의 전설이자 정석으로 남게 될 것이다.

연금 최적화는 단순히 돈으로 살 수 없고, 돈을 많이 넣는 것이 중요한 것이 아니다.

그만큼 심혈을 기울여 완고하게 집필하였으며, 쓸데도 없고 비현실적인 말도 안 되는 그림의 떡 같은 소리는 하지 않았고, 여타의 전문가들처럼 탁상공론하지 않았다.

필자는 목숨을 걸고 이 책을 완성하였고 지면 관계상 더 많은 이야기를 하지 못한 것이 아쉬울 따름이며, 국내의 개인연금을 최적화시키는 방법을 총망라하여 집대성하였고, 국민연금과 퇴직연금에서의 지뢰를 밟지 않는 방법들과, 여러분을 큰 자산가로 만들어 줄 수도 있는 황금 같은 비책도 군데군데 삽입하였다.

필자가 이렇게 자신 있게 이야기를 하는 이유가 있다.

혹시 과거에 유명했던 배우 브래드 피트 주연의 영화 〈트로이〉를 본 적이 있는가?

아킬레스(브래드 피트)는 동생의 복수를 하기 위해 혼자 국가에 해당되는 트로이 왕국의 성 앞으로 찾아가서 헥토르 왕자(에릭 바나)에게 큰소리로 '헥토르!'라고 이름을 강력하게 부르짖으며, 결투를 하러 성 밖으로 혼자만 나오라고 외친다.

자칫하면 트로이 왕국의 군사들에게 몰살을 당할 수도 있을 법한 상황이지만, 동생의 복수를 위한 분노와 상대보다 월등하다는 확신, 그리고 하늘을 찌를 듯한 자신감에 찬 아킬레스에 대항하여 맞서 있는 트로이 왕국도 감히 한 사람인 아킬레스의 기세를 조금도 압도하지 못하였다.

확신하건대, 영화라서 그런 것이 아니다.

강력한 자신감과 확신감을 지니고 있을 때에는 그 어떤 것 앞에서도 두려울 것이 없어진다.

아킬레스는 분명히 모든 방면에 우월하다는 강력한 자신감과 확신이 있었기에 혼자 헥토르 왕자를 죽이러 트로이 왕국으로 결투를 하러 가게 된 것이다.

대한민국의 노후와 관련되어 있는 한 세기(100년)를 책임져야 할 너무나도 중요한 문제에 대해서 역설을 한다는 점에서 필자가 얼마나 무서운 짓을 하고 있는지 모른다는 생각이 든다.

하지만, 연금 최적화에 대한 자신감과 현실적이고 과학적인 근거, 그리고 이에 대한 반복과 검증을 통한 정당하고 강력한 확신감은 마치 헥토르 왕자를 찾아간 아킬레스처럼 필자가 국내의 연금에 대하여, 월등히 자신감 있게 역설할 수 있도록 만들어 주었다.

많은 경험과 사실에 입각한 강력한 자신감과 확신감이 없으면 이렇게 절대 이야기를 할 수 없다.

그리고, 여러 가지 정황을 보았을 때 필자는 연금과 관련된 부분에 대해서도 함부로 아무나 이렇게 큰 소리를 칠 수 있는 깜냥을 가지는 것이 결코 쉽지 않다는 것을 잘 알고 있다. 그렇기 때문에 필자는 연금 최적화에 대해서 이렇게 자신있게 이야기하는 것이다.

국민연금에 있어서는 다른 큰 왕도는 없다. 결국 개인연금과 퇴직연금이 주된 관건이다.

자, 그럼 첫 장을 넘길 준비가 되었는가?

여러 가지의 연금 최적화 조건을 이용하고, 최소한의 힘을 들여 정말 3배 정도의 연금이 나오는지 두 눈으로 직접 확인해 보길 바란다.

2019년 3월

황재수 대표(필명: 최적화)

3배를 더 받고 싶다면
최적화로 세팅하라

월 납입 금액만 잘 정해도
반은 성공이다

기본적이면서도 의외로 중요한 월 납입 금액

연금 상품에 있어서 월 납입 금액은 대수롭지 않게 보이겠지만, 의외로 정말 중요하다.

항상 가장 기본적인 부분은 너무나도 당연한 것 같아 보여 소홀하게 생각하기 쉽지만, 의외로 상당히 중요한 것과 같은 이치이다.

시작이 반이라고 하지 않던가? 연금 최적화의 월 납입 금액만 대략 정해져도, 난공불락의 노후 연금 문제를 해결할 수 있는 열차 티켓을 얻은 것이나 마찬가지이다.

선은 긋고 넘어가자! 개인연금

국가에서 사회보장 차원에서 운용하는 국민연금이나, 요즈음 많은 사람들에게 부러움을 사고 있는 공무원연금, 사학연금(교직원연금), 군인연금 등을 통틀어 이른바 '공적연금'이라고 한다.

한편, 근로소득자(직장인)들은 근무하던 기업(회사)에서 기업보장 차원의 퇴직연금(=퇴직금)을 받게 된다.

이와 같은 공적연금이나 퇴직연금을 제외하고, 개인적으로 시중에 있는 민간의 금융 회사를 통하여 따로 자유롭게 가입하는 연금 상품들을 통상적으로 '개인연금'이라고 한다.

필자는 이제부터 많은 사람들이 가입하고 있고, 말도 많고, 탈도 많아 골머리를 앓고 있는 이 개인연금 상품들을 최적화시키는 방법에 대해 중점적으로 역설(力說)할 것이다.

물론, 공적연금이나 퇴직연금을 개인연금 상품들과 조합하여 매월 연금을 많이 받도록 하는 방법이나 퇴직연금을 관리하는 미공개 팁도 부수적으로 설명할 것이다.

매월 장기간 납입 가능한 금액을 정해야 한다

연금 상품에 납입할 수 있는 금액이 얼마든지 간에, 개인연금 상품의 세부적인 기능이나 설정은 천천히 하나씩 최적화(最適化, Optimization)시켜 나가기로 하고, 가장 우선적으로는 제일 기본적인 부분인 월 납입 금액부터 살펴보자.

매월, 꾸준히, 장기간, 개인적으로 부담 없이 납입 가능한 금액이 대략 얼마 정도인지 지금 바로 머릿속으로 정해 보도록 하자. 비록 소액이라도 관계는 없다.

우리가 보통 맞춤 정장을 몸에 딱 맞게 맞추는 것처럼, 월 납입 금액도 각자의 납입 능력이나 개인적인 여건에 맞게만 정하면 된다.

개인연금 상품의 납입은 절대 무리가 되지 않으면서, 부담이 없어야 한다. 물론, 무리해서 납입을 하게 되면, 강제 저축 효과도 누릴 수 있고, 이 외의 다른 장점을 얻을 수도 있겠지만, 머지않아 주(主)와 객(客)

이 전도가 되어 버려, 언젠가는 현금 흐름에 있어서 뭔가 문제가 생겨도 생기게 되어 있다.

마찬가지로 일부분의 장점만을 가지고 일반적인 장점으로 착각을 하게 되면, 반드시 문제가 발생한다. 항상 모든 사물이나 현상에는 장점이 존재는 한다. 그래서, 항상 무엇이든지 적당하고 적합해야 한다. 개인연금 상품의 납입은 당장 쓸 돈이 아니기 때문에 절대 무리가 되면 안 된다.

연금의 목적은 연금이다

이 개인연금 상품들의 가입 목적은 반드시 은퇴 이후의 노후에 매월 수령하게 될 '연금을 받는 것'이 목적이 되어야지, 단순 장기 저축이나, 단순 목돈 마련 등의 다른 것들이 목적이 되어서는 절대 안 될 뿐만 아니라, 특히 단기 저축의 목적은 이 연금과는 더더욱 거리가 멀다고 볼 수 있다.

연금(Pension, Annuity)의 목적은 무조건 연금이다. 잊지 않도록 하자.

연금은 가입자 중심으로 가입해야 한다

연금 상품에 납입하고 또 더 많이 납입을 해도 연금을 받을 때에는 사람인지라, 연금 수령액이 모자라게 느껴지는 것이 인지상정(人之常情)인데, 연금 상품에 가입할 때에는 판매자나 금융 회사가 아닌 연금 가입자(금융 소비자) 중심의 가장 최적화된 방법으로 가입을 하는 것이 너무나도 중요하다.

연금은 단 한 번뿐인 노후를 위한 상품이다. 노후를 위한 상품이기에 매월 많은 금액을 납입하는 것은 현실적으로 맞지 않고, 만약 같은 비용을 지불했다면, 이왕이면 다홍치마라고 조금이라도 더 많은 연금이 나와야 더 좋은 것은 당연하다.

그렇기 때문에 반드시 가입자 중심으로 개인연금 상품에 가입해야 한다.

하지만, 금융 상품 판매 구조의 여러 가지 복합적인 문제로 인하여 현재까지 개인연금 상품의 가입과 관련해서는 최적화된 가이드라인도 전혀 없고, 이를 제대로 알려 주는 곳 또한 거의 없다. 대부분의 가입자들은 연금을 유리하게 가입하려 해도, 유리하게 가입할 수 없는 것이 정말 심각한 실정이다.

그래서 필자는 가입자 중심에서 연금을 최적화시키는 방법만을 고집하여 '연금 최적화'를 집대성하였다.

소액으로 월납 적립식이면 충분하다

개인연금 상품의 납입 방법에는 매월 적립식으로 납입하는 '월납(매월 납입)'과 일시에 목돈으로 납입하는 '일시납(거치식)' 이렇게 크게 두 가지가 있다.

적립식의 납입 방법 중에는 3개월 납, 6개월 납, 연납과 같은 납입 방법도 있는데, 특수한 개인 상황에 맞게 이를 적절히 활용하면 된다.

일반적으로, 은퇴를 앞두고 있어서 연령대가 상대적으로 많거나, 현금 자산을 많이 보유하고 있는 분들을 제외하고는 대부분 현실적으로 연금 상품에 목돈을 일시에 거치할 여력이나 상황이 안 되는 경우가 많다.

일반적으로, 20대는 소비 자금에, 30대는 결혼 자금에, 40대는 주택 마련 자금에, 50대는 교육 자금에, 60대는 자녀 결혼 자금에, 70~80대는 상속 자금에 떠밀려, 연금을 목적으로 개인연금 상품에 목돈을 예치하는 것은 거의 꿈도 못 꾸고, 거의 불가능에 가깝다고 볼 수 있다.

상황이 이렇기 때문에, 우선적으로는 가장 부담 없이 연금 재원(목돈)을 만드는 월납을 가지고만 이야기하기로 하고, 일시납을 활용한 연금 최적화는 후반부에서 살펴보기로 하자.

연금 최적화의 방법대로만 연금 상품에 가입하고 기능을 적용한다면, 소액 월납 적립식이면 충분하다.

노후를 망치게 하는 말도 안 되는 연금 광고

연금과 관련된 각종 자료들이 다양한 루트를 통해 밀물처럼 쏟아진다. 각별히 주의하도록 하자.

- 현실 괴리(乖離)가 있는 서점의 각종 연금 관련 책들
- 기자가 썼지만 사실상 마케팅(광고)을 목적으로 하는 인터넷(온라인) 연금 기사
- 노후, 연금, 100세 등을 주제로 한 TV의 금융 특집 프로그램
- 수많은 금융 회사나 보험 회사의 그럴 듯한 연금 마케팅 자료
- 광고 티가 하나도 안 나게 백날 꿀팁만 얘기해 주는 너도 나도 참 친절한 블로그
- 팔도 안으로 굽는 것처럼, 사실상 금융 회사의 편이나 마찬가지이거나, 긴밀하게 연계되어 있어 교묘한 탈을 쓰고 짜고 치는 금융 회사 계열사의 각종 은퇴 설계 연구소

이런 곳에서 나오는 자료의 내용을 보면, 개인연금 상품에서 납입 금액을 정할 때, 하나같이 단골메뉴로 하는 말들이 있다.

- "개인연금은 월 소득의 10% 이상을 납입해야 한다."
- "노후에 연금을 최소 얼마씩 받으려면, 매월 최소 얼마씩 납입을 해야 한다."
- "매년 소득공제를 얼마씩 받아서 세테크를 하려면, 매월 얼마씩은 납입해야 한다."
- "노후 빈곤을 맞이하지 않으려면, 가능한 한 많이 납입하고, 지금 바로 시작해야 한다."
- "10대는 10만 원, 20대는 20만 원, 30대는 30만 원, 40대는 40만 원, 50대는 50만 원씩은 여유로운 생활을 위해 개인연금 상품에 납입해야 한다."

결론부터 한마디 하자면, 완전 미친 소리이다. 단 하나라도 연금 최적화의 조건과 일치하는 것이 없다.

이와 같이 현실에도 전혀 맞지 않고, 완전 비효율적이며, 개인마다 천차만별인 재무 상황을 전혀 고려하지도 않은 말도 안 되는, 그럴듯하면서도 정신 나간 감언이설은 도움이 되지를 않으므로, 아예 집어치우고 신경을 쓰지 말도록 하자.

필자가 악담을 하는 이유는 결국 저러한 광고성 카피(Copy)들로 인하여, 가입자들이 순간적으로 오판을 하는 경우가 허다하기 때문이다.

명심하라. 오판은 순간이지만, 연금은 평생 따라간다.

그리고, 저런 곳에서 나오는 자료는 하나같이 가입을 유도하는 말들은 가득한데, 연금 상품 주요 기능의 활용에 대한 언급은 여태껏 거의 찾아 볼 수가 없었다.

더욱이 개인연금 상품을 최적화시키는 방법의 설명은 전무하다.

한편, 순간적인 가입 후에, 뒤늦게 잘못된 선택이었음을 알게 되어도, 금융 회사의 자료들이 온통 이렇게 나와 있으니 어떻게든 도움이 되리라 생각하며, 위안을 삼기도 한다.

강조하지만, 착각하면 안 된다. 금융 회사는 절대 우리 편이 아니다.

개인연금 상품은 마치 '양날의 칼'과 같아서, 약이 될 수도 있고, 독이 될 수도 있는데, 단순히 이런 말만 믿고 가입했다가는 두고두고 속이 썩어 버릴 수가 있다.

한번 방향이 정해진 연금플랜(Plan)은 되돌리기가 여간 쉽지 않기 때문이다.

맞춤복 같은 납입 금액 정하기

그럼 먼저 **현재 각자의 상황에서 매월, 꾸준히, 장기간, 부담 없이 개인연금 상품에 납입할 수 있는 금액을 우선 최소한 10만 원 이상으로 정하자.** 크게 어렵지 않게 정할 수 있을 것이다. 대략 정해졌는가?

유감스러운 말이지만, 1만 원, 3만 원, 5만 원 등 10만 원 미만의 소액은 가급적 제외시키도록 하자. 아무리 못해도 최소 10만 원 이상으로 정하도록 하자.

금액이 작아서가 아니라, 과거에는 대부분 개인연금 상품의 최소가입금액이 5만 원도 가능했지만, 최근에는 10만 원 미만으로 가입이 가능한 개인연금 상품들은 거의 찾아 보기가 힘들기 때문이다.

설사 된다 할지라도, 사실 금액이 너무 작아서 이 연금 상품을 연금 목적으로 사용하기에는 현실적으로 금액이 너무나도 부족하므로 결국 연금으로서의 기능이 상실되기 때문이다.

일부 회사는 최근에 벌써부터 15만 원이나, 20만 원 또는 30만 원 미만의 납입 금액도 가입이 불가능하도록 만들어 놓았다.

앞으로도 이런 추세는 분명 지속 또는 강화될 것이다.

하지만 너무 걱정은 하지 마라. 금융 회사는 넘쳐나도록 많고, 금융 상품은 돌면서 순환하기 마련이다.

이와 같이 최소 가입 금액이 높은 금융 회사의 연금 상품은 아예 가입하지 않도록 하자.

일각에서는 월 10만 원 가지고 간에 기별도 안 가게 연금은 무슨 연금이냐며, 어차피 금액이 작아서 있으나 마나 도움도 안 되는데, 차라리 다른 데 쓰라고 하기도 한다.

필자는 꼭 매월 10만 원만을 연금에 납입하라는 것이 아니라, 최소한 아무리 못 해도 월 10만 원 이상은 되도록 그림을 그려 보자는 것이다.

하지만, 당연히 연금을 목적으로 납입 가능한 여력이 많으면 더 많을수록 금상첨화(錦上添花)가 아니겠는가?

하다못해 도저히 여유가 안 돼서, 비록 월 10만 원을 납입하는 연금 상품일지언정 만약 이 연금 상품을 제대로 최적화만 시키게 된다면, 이렇게 작은 금액도 결정적인 순간에는 막강한 힘을 발휘하여 노후의 위기 순간에 구원 투수가 될 수 있음을 깨닫게 될 것이다. 아무리 못 해도 최소 10만 원씩은 납입하도록 하자.

부수적으로, 향후에 월 소득이 지금보다 많아질 것이 예상이 된다면, 얼마 정도를 더 납입할 수 있을지 정도만 대략적으로 간단하게 추측해 보자.

이 부분은 추측이 되지 않으면, 크게 중요한 부분이 아니므로 그냥 넘어가도 무방하다.

국민연금이나 퇴직연금이 없는 사람들

대표적인 사례들을 살펴보면 다음과 같다.

- 여러 가지 이유로 회사 퇴직 시의 퇴직연금을 일시금이나 퇴직금(목돈)으로 결국 소멸시켜 버려, 결국 국민연금(최소한의 생존을 위한 연금)만 남은 대한민국 직장인들
- 근무 형태 또는 업종 및 회사 관례상 어쩔 수 없이 사업 소득으로 수입을 받는 분들(자영업자, 사업 소득자, 미용업 종사자, 전문 강사, 골프 캐디, 연예인, 프리랜서, 영업 사원, 강사 등)
- 큰 퇴직금(목돈)이 쌓이기가 힘든 비정규직 근로소득자
- 퇴직연금이 없고, 국민연금도 없거나 최소인 가정주부
- 직원들 퇴직금은 챙겨 주지만, 정작 사장인 본인은 미처 여유가 없거나 오히려 너무 여유가 넘쳐서 퇴직연금조차도 없는 자영업자나 영세한 회사 또는 개인사업자
- 국민연금 또는 퇴직금(퇴직연금)도 없는 임시 및 일용 근로자(건축업, 인테리어, 청소업, 가사업 종사자 등)
- 월급도 쥐꼬리만큼 받는데 그 월급 안에 퇴직금은 물론이고 국민연금 부담액까지 신고하지 않는 조건으로 포함되어 있는 이들(영세한 규모의 회사나 병원 및 개인사업자에 소속되어 있는 근로자 등)
- 배우자가 없으므로, 배우자 사망 시 지급이 되는 유족연금도 당연히 없는 독신 여성이나 독신 남성들(특히 독신 여성들)

이와 같이 우리 사회는 어쩔 수 없이 또는 결국 퇴직연금(퇴직금)이 없거나, 본의 아니게 국민연금도 납입을 안 하거나 못 하는 사람들이 은근히 너무나도 많다.

생각보다 심각한 사회적인 문제인지라 필자도 이런 정황을 구체적으로 파악하고 나서는 경악을 금치 못했다.

주변에서 대부분 이런 분들이 은퇴 시기가 되면, 공무원이나 교직원들처럼 안정적인 특수직역연금을 받는 사람들과는 대조되는 생활을 하게 되는 것을 어렵지 않게 목격할 수가 있다.

이와 같이 직종 특성이나 현실 여건상 공적연금이나 퇴직연금(퇴직금)이 없거나 부족해서 노후대비가 뒤처질 수밖에 없거나 취약한 분들은 이런 상황들이 원래 그래 왔다는 듯이 당연한 것으로 익숙해져 있어 오히려 이런 상황들은 노후가 될 때까지 계속 관성처럼 작용하게 된다.

이것이 은퇴 이후의 노후를 더 악화시키는 문제라고 볼 수 있다.

하물며, 작은 금액으로는 하나 마나 도움도 안 될 것이 뻔한데, 이제 와서 무슨 소용이 있겠느냐며, 방치하거나 포기하는 경우가 더 많다.

그래서 대한민국의 노후 문제가 생각보다 심각한 것이다.

종착지가 노후 빈곤인 열차 티켓은 예약하지 않기

너무 멀게 느껴지기 때문에 소홀하기 쉬운 연금을 방치하거나 포기하는 순간, 불행하게도 우리는 '노후 빈곤'이라는 종착지의 열차 티켓에 예약이 되게 된다.

물론 이 열차를 타게 되면 점점 가속도가 붙는다. 가속도가 붙으면 붙을수록 점점 더 노후 빈곤을 향해 달리는 이 열차에서는 뛰어내리기가 힘들어진다.

그렇기 때문에 공적연금이나 퇴직연금(퇴직금)이 없거나 취약한 분들은 반드시 이 연금 최적화에 꼭 더 많은 관심을 가져, 노후 빈곤을 경험하지 않기를 바란다.

젊어서 고생은 사서 해도 되지만, 나이 들어서 쓸데 없는 고생은 안 해도 된다. 군이 할 필요가 없다.

노후에 지나친 고생을 경험하게 되면, 서글프기 짝이 없고, 삶을 비관하게 되며, 우울해질 뿐이다.

연금 최적화를 시킨 연금은 결정적인 순간에 히든카드가 되어 줄 것이다.

비록, 지금은 공적연금이나 사적연금(퇴직연금, 개인연금)의 유무(有無)가 겉으로는 티가 나지는 않지만, 막상 생각보다 어느덧 순식간에 다가오는 노후를 직면하게 되면, 무서울 정도로 심한 노후 소득격차(Gap)를 느끼고, 실감하게 되며, 극도로 좌절하고 절망하게 된다.

완전 한마디로 피만 흘리지 않는 현대판 전쟁터일 뿐이다.

특히 하도 사기를 많이 당해, 현금이나 현물만을 지나치게 믿는 자영업자분들이여, 연금 최적화를 시킨 연금은 결단코 여러분을 실망시키지 않을 것이다.

대한민국에서의 자영업이나 사업은 30년을 넘기기 힘들지만, 연금 상품을 최적화시킨 연금은 영원하기 때문이다.

연금 최적화! 애초부터 중도 하차는 되지 않도록 설계되었다

한편, 월 납입 금액을 무리 없이 안정적으로 설정하는 이유는 연금에 가입할 때는 연금을 목적으로 하기 위해 개인연금 상품에 가입하는 것이지, 해약(해지)을 하거나 금융 회사 좋은 일만 시키기 위해 가입하는 것이 아니기 때문이다.

그만큼 잘못된 가입이나 무리하고 과도한 가입으로 해약이 되는 경우도 어마어마하게 많다. 무리하게 하지 않도록 하자.

사실 안정적으로 납입 금액을 정해도, 일반적으로 생활비, 외식비, 교통비, 자녀교육비, 경조사비, 공과금, 각종 보험료, 담보대출상환금 등을 내고 나면, 생각보다 빠듯함을 느끼는 것이 현실일 것이다.

그래서 특히 중요한 노후 상품인 연금은 첫 단추인 월 납입 금액을 적당하고 적합하게 정하는 것이 별거 아닌 것 같지만 무엇보다 중요하다.

개인연금 상품을 제대로 최적화만 시키게 되면, 공무원연금이나 교직원연금, 사학연금도 저리 가라고 할 정도가 된다. 그럼 너무나도 기다려지는 노후가 될 것이다. 어찌 이보다 더 좋을 수가 있겠는가?

이와 같이 현재 상황에서 매월, 꾸준히, 장기간, 부담 없이 납입할 수 있는 금액을 10만 원 이상 정도로 정하게 되면, 최소한 납입 금액이 부담이 돼서 해약을 하거나 감액(부분 해약)을 하거나, 실효(2회 이상 납입하지 못하여, 효력이 상실됨)가 되거나, 납입 중지 및 납입 유예를 시키게 될 가능성은 낮아지거나 거의 없어진다.

한편, 납입 중지나 납입 유예는 애초부터 하지 않는 것이 유리하다.

연금 최적화 첫 번째에서는 너무 싱거운 소리를 많이 한 것 같다.

추가납입으로
무임승차하자

추가납입으로 연금 최적화 열차에 무임승차하자

매월 납입하게 될 금액을 정했는데, 추가납입 금액을 정하라니, 이 건 또 무슨 소리냐고 하는 사람이 있을 것이다. 개인연금 상품에는 '추가납입'이라는 기능이 있다.

일반적으로 기본 가입 금액의 최대 2배수까지 추가납입이라는 것이 가능하다. 요즈음 웬만한 연금 상품은 보통 거의 다 2배수까지 추가납입이 된다고 보면 된다.

추가납입 설계내용

가입금액	보험기간	납입기간	보험료
1,200만원	종신	20년납	100,000원

구분	추가납입		추가납입액
	추가납입회차		
	시작	종료	
1	2	240	200,000

[그림 2-1] 추가납입은 기본 가입 금액의 2배수까지 가능하다

예를 들어, 매월 10만 원을 20년간 납입하는 연금 상품으로 가입했다면, 보통 가입 후 익월부터 10만 원의 2배수인 20만 원을 20년 동안이나 추가로 납입할 수 있다.

이렇게 되면 기본 가입 금액 10만 원에 추가납입 금액 20만 원까지 합하여 매월 합계 30만 원씩을 납입하게 되는 것이다.

여기에서 짚고 넘어가야 할 점은 월 30만 원짜리 연금 상품에 가입한 사람도 통장에서는 30만 원이 출금되고, 월 10만 원짜리 연금 상품에 가입하여, 월 20만 원씩 추가납입을 한 사람도 통장에서는 똑같이 합계 30만 원이 출금된다는 것이다.

즉, 외관상으로 보면 통장에서 연금 상품으로 납입되는 금액은 둘 다 30만 원으로 동일하다. 하지만, 내부적으로는 점점 더 큰 차이가 벌어지게 된다.

그럼, 만약 현재 상황에서 매월, 꾸준히, 장기간, 부담 없이 개인연금 상품에 납입할 수 있는 금액이 30만 원이라면, **기본 가입 금액은 보통 개인연금 상품의 최소 가입 금액인 10만 원으로 정하면 되고, 추가납입 금액은 추가납입 최대 한도가 기본 가입 금액의 2배수이므로, 20만 원으로 정하면 납입 효율이 가장 최적화가 된다.**

굳이 이렇게 하는 이유는 기본 가입 금액에서는 일정 기간 동안 일정 비율이 연금이라는 금융 상품의 사업 비용으로 차감이 되지만, 추가납입 금액에서는 금융 회사마다 조금씩 차이가 있긴 하지만, 일반적으로 기본 가입 금액에서 빠지는 사업 비용보다 훨씬 적은 비율이 차감이 되거나, 빠지는 사업 비용 자체가 아예 없기 때문이다.

일부 연금 상품의 추가납입 사업 비용은 차감을 하는 금융 회사 마저도 약 1.5~3% 정도 되기 때문에, 가급적이면 추가납입 비용 자체가 아예 발생되지 않는 금융 회사의 연금 상품이 더 유리하다고 볼 수 있다.

보통 금융 회사마다 추가납입 비용, 추가납입 수수료, 추가납입 사업 비용, 추가납입 사업비와 같이 다른 용어가 사용되기도 하지만, 모두 같은 맥락이라고 보면 된다.

만약 추가납입 비용이 아예 없는 연금 상품일 경우에는 추가로 납입한 금액의 100%가 모두 적립이 되어 운용이 된다.

이는 곧 납입 금액의 전체적으로는 기본납입 금액의 사업 비용을 낮추게 되는 것과 마찬가지이므로, 결국 연금 적립액의 양에도 적지 않은 영향을 주게 된다. 티끌 모아 태산이다. 비록 작은 금액이지만 연금 상품에서는 이 역시도 무시를 못 한다.

추가 비용 및 수수료

구분	목적	시기	비용
펀드변경수수료	펀드변경에 따른 비용	펀드변경시	없음
추가납입보험료	계약유지 · 관리비용	납입시	없음

[그림 2-2] 추가납입에 따른 사업 비용이 아예 없는 금융 회사의 연금 상품이 더 유리하다

예를 들어, 어떤 금융 회사의 개인연금 상품을 기본 가입 금액 30만 원으로 가입하면, 30만 원의 일정 비율이 사업비로 차감이 된다.

그러나, 기본 가입 금액을 10만 원으로 하고, 추가 납입 금액을 20만 원으로 납입하면, 기본 가입 금액 10만 원의 일정 비율이 사업비로 차감이 되고, 추가납입 금액 20만 원에서는 차감되는 사업비가 아예 0원이다.

이와 같이 연금 상품을 최적화하여 추가납입을 하게 되면, 이 20만 원은 사업비가 0원 차감되므로, 납입 금액의 무려 2/3에 해당되는 비중을 최적화된 우수 연금 상품에다가 말 그대로 무임승차를 한 셈이

라고 보면 된다. 끝내주지 않는가?

그래서, 개인연금 상품에 같은 금액을 매월 납입하더라도 기본 가입 금액의 2배수를 추가납입으로 활용하여 납입을 하게 되면, 추가납입을 하지 않고, 기본 가입 금액으로만 가입한 경우보다 연금 적립금이 훨씬 더 빨리 늘어나게 된다.

한편 추가납입을 통한 연금의 최적화에서는 기본 가입 금액보다, 추가납입 금액을 2배나 많이 납입하기 때문에, 추가납입 사업 비용이 0원인 것도 연금을 최적화시키는 데 있어 상당히 중요한 몫을 하게 된다.

굳이 비용을 따진다고 한다면 최적화된 우수 연금 상품에 최대한도인 2배수로 추가납입을 하게 되면, 대국민의 금융 상품인 적립식 펀드보다 더 적거나 비슷한 비용을 부담하고, 연금 상품을 이용하게 되는 것이다. 많은 사람들이 이 적립식 펀드에 대해서 하나만 알고 잘 모르는 경우가 많은데, 추가납입을 한 우수 연금 상품이 적립식 펀드보다 더 적거나 비슷한 비용이 발생된다는 것은 상당히 중요한 사실이라고 할 수 있다.

단기 상품의 장점까지 갖춘 장기 상품

이와 같이 연금 가입의 시작 단계에서부터 추가납입을 하게 되면, 연금과 같은 노후를 위한 장기 상품들의 최대 약점으로 꼽을 수 있는 초기의 낮은 해약 환급률을 약 2년 6개월 정도 만에, 또는 그 이내까지도 납입한 원금 정도까지 거의 다 끌어 올릴 수 있게 된다.

이렇게 되면, 연금 가입자에게 실제로 심리적으로도 높은 안정감을 가져다 준다.

가령, 언제든지 조기에 해약(해지)을 해도 원금이 모두 지급되는 단기 상품의 대명사인 은행의 적금처럼, 가입자 입장에서는 조기의 일정 기간만 지나면 큰 손해를 보고 있다는 느낌은 들지 않는 것이다.

물론 연금 상품은 은행의 적금과는 완전히 다른 상품이다.

이와 같이, 최적화된 연금 상품의 가입 후 평균적으로 약 3년 이상이 경과하면, 납입 원금이라는 수면 위에서 놀 수 있게 된다.

추가납입을 최적화시킨 연금 상품은 시간이 가면 갈수록 수익(이자)이 더 많아지는 장기 상품의 장점과 조기 해지에도 원금이 지급되는 단기 상품의 장점을 거의 흡사하게 모두 지니고 있으니, 금상첨화가 아닐 수 없다.

분명 짚고 넘어가지만, 은행의 적금과 동일하지는 않다. 하지만, 추가납입을 2배수로 하여 납입을 하게 되면, 생각보다 빠른 시간 안에 납입 원금 지점 근처에 도달하게 된다는 점이다.

설사, 조기에 해약을 했다 치더라도, 해약 시점에 정확히 원금은 돌려받지 못하더라도 손해율이 거의 미미하다고 볼 수 있다.

어떠한가? 막상 장기 상품의 단점으로부터 해방된다고 하니 오히려 좀 섭섭하지는 아니한가?

하지만 이것은 지극히 당연한 원리이므로, 아쉬워할 필요는 전혀 없다.

결국 장기 상품의 수익(이자)이 많아지려면 반드시 납입 원금에의 도달은 꼭 거쳐야 될 기본적인 관문이므로, 가급적 빨리 납입 원금에 도달을 하는 것이 무조건 장땡이다.

납입 원금에 빨리 도달을 해야 연금 적립액도 빨리 더 많아진다. 연금 상품을 최적화시키면, 모든 연금 상품 중에서 가장 빨리 납입원금에 도달하게 된다.

한편, 일반적인 방법의 연금 상품에서 해약 환급금이 낮은 것을 강제 저축이 된다고 생각하면 너무나도 어리석은 생각이다. 물론 당연히, 심리적으로 물리적으로 어쩔 수 없이 강제 저축이 되는 면은 있긴 하다.

하지만, 개인연금 상품에서의 해약 환급금은 그 속도가 빠르든지 혹은 느리든지 간에 언젠가는 납입 금액의 원금에 도달한다. 어떻게 설정하느냐에 따라 납입 원금의 지점에 도달되는 속도의 차이가 있을 뿐이다.

그런데 해약을 고민 중인 사람의 일반적인 연금 상품의 경우에는 그속도가 늦어, 해약 환급금이 납입 금액의 원금이 되지 않아서 해약을 하면 손해이기 때문에, 개 끌려가듯이 납입을 하는 것이지, 절대 강제 저축 효과가 있는 것이 아니다.

결국 해약 환급률이 100%가 되어야 외관상 본격적인 복리가 시작되는 것이다.

그 차이는 명확하게 알고 넘어가야 한다. 금융 영업 사원의 얼토당토않은 설득에 넘어가지 않기를 바란다.

결국 시간이 많이 지나 추가납입 유무(有無)의 두 가지 상황을 비교하게 되면 연금 적립금(연금 재원)의 차이가 어마어마하게 많이 벌어지게 된다.

그렇기 때문에 만약 매월 개인연금 상품에 납입 가능한 금액이 20만 원 이상일 때에는 반드시 이유 불문하고 무조건 10만 원을 기본 금액으로 가입하고, 나머지 금액은 추가납입을 하면 된다. 납입 여력이 있다면, 기본 가입 금액 10만 원에 추가납입 최대 한도인 20만 원으로 납입하면 가장 좋다.

이와 같이 연금을 추가납입으로 최적화하게 되면, 해약 환급금도 결국 납입 원금에 조기 도달을 하게 되고, 사실상의 복리 효과는 언급한 것처럼 해약 환급금이 납입 원금이 되는 시점부터 본격적인 시작이므로, 진정한 복리 효과를 하루 빨리 누릴 수 있게 될 뿐만 아니라, 머지 않아서 신세계를 보게 된다.

아울러, 납입을 한 추가납입 금액에서는 해지(해약) 시에 공제되는 금액이 0원이고, 기본 납입 금액에서도 5년이 경과하면 실질적으로 해지 공제 비율이 미미할 뿐만 아니라, 7년 이상이 되면, 해지 공제 비율이 완전히 0이 되므로, 해약 시의 리스크도 거의 없다고 볼 수 있다.

만약, 일정 기간 동안 추가납입을 하지 못하더라도, 이 연금 상품 안에 남아 있는 총 추가납입 한도의 양에 해당되는 만큼을 매월 또는 수시 혹은 일시로 연금 개시 전까지는 추가납입을 할 수 있으므로, 향후에라도 마저 다 납입하도록 하자.

최소 가입 금액이 15, 20, 30만 원짜리인 연금 상품은 가입하지 말자

납입 여력이 웬만큼 충분한 경우가 아니라면, 최소 가입 금액이 15만 원이나 20만 원 또는 30만 원인 금융 회사의 개인연금 상품은 가급적 가입하지 말도록 하자.

사실 납입 여력이 어느 정도 충분해도 15만 원이나 20만 원 또는 30만 원으로는 가입을 할 필요가 없다.

한편, 주변의 설계사나 금융 창구의 영업 직원에게 기본 가입 금액이 15만 원이나 20만 원 또는 30만 원인 연금 상품을 권유받았다 하더라도 기본 가입 금액을 10만 원으로 해 달라고 부탁하거나, 그게 안 된다면 자기자신의 소중한 노후를 위해서 과감하게 최소 가입 금액이 10만 원으로 가능한 다른 금융 회사의 연금 상품으로 눈을 돌리는 것이 좋다.

시중에는 최소 가입 금액이 10만 원인 연금 상품을 판매하는 금융 회사가 얼마든지 존재한다.

이처럼 금융 회사가 최소 가입 금액을 10만 원이 아니라, 15만 원이나 20만 원처럼 조금씩 높게 판매를 하는 이유는 결국 납입 금액 대비 사업 비용을 많이 걷어가기 위한 금융 회사의 사사로운 이익만을 위한 꼼수에 불과하기 때문에, 우리는 이 15만 원이나 20만 원 또는 30만 원짜리 발목 지뢰는 제발 밟지 말도록 하자.

기본 가입 금액의 5만 원이나 10만 원의 차이가 별것 아닌 것 같지만, 최소 가입 금액 15만 원이나 20만 원 또는 30만 원은 상당히 큰 차이나 의외로 참혹한 결과를 불러일으킨다.

가입 금액이 고작해야 5~10만 원 늘어났는데, 뭘 그렇게 대단하게 생각하냐고 물어보는 경우도 있는데, 이렇게 생각하면, 큰 오산이다.

정말 별것 아닌 것 같은 5만 원이나 10만 원 차이가 가입자로 하여금 큰 코를 다치게 만든다.

최소 가입 금액이 20만 원인 상품은 추가납입을 2배수만 하더라도, 기본 가입 금액 20만 원+추가납입 금액 40만 원이므로 월 납입 금액이 사실상 60만 원이 되기 때문에, 장기간 꾸준히 납입하는 데 있어서, 부담이 갈 수 있고, 충분히 무리가 생길 수 있다. 최소 가입 금액 30만 원 이상은 더 언급을 하지 않겠다.

개별적으로 차이야 있을 수도 있겠지만, 일반적인 직장인이나 서민들이 현실적으로 1인 기준 매월 60만 원 이상을 연금으로 납입하기가 말처럼 쉬운 일만은 아니다.

결국 연금 상품의 기본 가입 금액이 20만 원만 넘어가도, 추가납입 금액을 2배수로 최적화하여 납입하는 것은 힘들어질 소지가 높아지게 된다.

하지만 이 연금 상품을 판매한 금융 회사 입장에서는 추가납입 여부와 관계없이 더 많은 사업 비용을 거두어 갈 수 있게 된다.

그래서 일반적으로 고액이 아닌 이상 개인연금 상품의 기본 가입 금액은 무조건 10만 원으로 해야 한다. 여러분은 현재부터 꾸준히, 부담 없이, 장기간 혼자서 월 60만 원을 그것도 하나의 개인연금 상품에 몰아 납입을 할 수 있겠는가?

물론 매월 연금 상품에 납입할 수 있는 여력이 약 200만 원 이상이 된다면 관계없다.

만약 기본 금액이 30만 원인 연금 상품 2개를 2배수로 추가납입까지 한다면 월 180만 원을 납입해야 한다.

금액을 듣는 순간 과부하가 걸리고 불가능하다는 생각부터 들지 않는가?

알고 나면 상당히 간단한데, 이것이 절대 티가 나지 않는 금융 회사의 합법적인 빼도 박도 못하는 꼼수인 것이다.

이래서 기본 가입 금액 20~30만 원짜리 연금도 현재와 같은 소비 시대에 꽤나 여유가 되지 않으면, 추가납입까지 더해서 완납을 하는 것이 얼마나 버거운 일인 것인지 새삼 느껴질 것이다.

그런데, 대부분의 사람들이 추가납입도 하지 못한 채 기본 납입 금액이 20~30만 원짜리 개인연금 상품을 보유하고 있다.

본전 심리는 도움이 안 된다

우리가 연금 상품을 유지하다가 하지 말아야 할 행동이 하나 있다.

사람들은 의외로 사소한 것에 대한 집착과 자만, 그리고 조기만족을 하는 경향이 상당히 많다.

막상 추가납입으로 인한 지극히 간단한 원리의 연금 최적화 방법을 실행에 옮겨 보니 실제로 납입 금액의 원금에 도달하는 기간이 생각보다 오래 걸리지 않는 것을 몸소 확인하고, 해약 환급률(해약 시 납입한 전체 원금의 몇 퍼센트에 해당하는지)이 100%(납입 원금)가 넘으면, 다른 특별한 이유 없이 금세 만족을 하고 해약을 하는 경우가 있다.

금전과 관련해서 인간은 기본적으로 본전 심리라는 것이 있기 때문에 이러한 심리를 가지게 되고, 결국 행동하게 된다.

해약 환급률이 금세 100%가 넘었다고 해서 황금알을 잘 낳은 거위의 배를 절대 가르면 안 된다.

그래서, 처음 가입할 때부터 목적이 연금이어야 하고, 납입 금액을 잘 정하는 것이 무엇보다 중요하다.

야무지게 잘 가입한 연금은 두고두고 애착이 가기 마련이다.

기본 납입 금액은 앞에서 언급한 바와 같이 10만 원으로 설정을 하면 추가납입을 하든 하지 않든 간에 웬만하면 무리가 가지 않는다.

이 본전 심리는 마치 일종의 '수면 위로 뜨려고 하는 부력(물속에서 뜨는 힘)과 중력(공중에서 지표면으로 당기는 힘)을 가진 공기튜브'와도 같다.

금전의 상황이 밑지고 있을 때에는 튜브(=본전 심리)를 물속으로 깊게 집어 넣어도 부력으로 인해 계속 수면(=본전 심리의 종착지) 위로 올라오려고 하고, 튜브를 허공으로 던져서 본전을 넘긴 상태에서는 중력으로 인하여, 그 본전 언저리에서 다시금 더 올라가지 못하게 잡아당겨서 공기 튜브는 수면으로 떨어지게 된다.

사람들이 잘 모르는데, 금융에 있어서 본전 심리는 사실 좋지 않은 영향을 많이 주기 때문에 항상 절대적으로 주의해야 한다. 목적지로 나아감에 있어서 본전 심리는 어쨌든 긍정적인 심리를 방해하기 때문이다. 이 본전 심리로 하여금 얻을 수 있는 이익도 얻지 못하는 경우가 많다. 물론 본전에 정리를 하였을 경우에는 숫자상으로 손해를 보지는 않는다.

이처럼 평소에 우리에게 친숙한 본전 심리는 단어의 어감에서 느끼는 것처럼 꼭 무난하고 만만한 심리는 아님을 알아야 한다.

연금을 최적화시키면 그 효과는 생각보다 파급이 크다.

당연히 해약 환급률은 조기에 100%가 넘어야 하는데, 생각보다 빨리 100%가 되었다고 해서 이에 만족해하니 참 어리석기 짝이 없지 않은가?

우리가 신문이나 광고성 기사에서 볼 수 있었던 맹목적인 연금 상품의 장점을 모두 버리도록 하자. 동시에 연금 상품을 비난하는 기사들도 무시하도록 하자.

연금 최적화는 접근 방법부터가 다르고 차별적이다.

연금 상품에 가입한 후에 접하게 되는 이런 일부의 단점을 확대 해석한 부정적인 기사들은 가입자들을 불안하게 만들면서, 오히려 한편으로는 본전 심리를 부추기게 한다.

기억하라. 우리는 연금 최적화를 통하여, 해약 환급금(연금 적립금)을 300~400%이상으로 만드는 것이 목표지 100%에 도달하는 것이 목표는 절대 아니다.

본전 심리가 반영된 패배주의적 목표는 과감히 버리도록 하자.

차츰 알게 되겠지만, 연금 최적화로 남들보다 연금을 약 3배 이상 더 받는 것은 절대 불가능한 일이 아니다.

더 나아가서는 분명 이 책을 읽게 된 보람이 있을 것이다.

1억의 가치가 있는 커피숍 창업 스토리

이 연금이라는 상품에서 꼭 하나 짚고 넘어가야 할 것이 있는데, 퇴직금과 밀접한 관련이 있는 대명사 중 하나인 주옥같은 커피숍 창업 이야기를 해 보겠다.

어떤 사람이 퇴직금 1억을 투자해서 커피숍을 개업했다. 1억은 창업에 필요한 인테리어와 각종 시설 및 집기 구매 비용으로 고스란히 들어갔다.

개업 후 본격적으로 영업을 시작하고 나서 한 달 동안의 모든 정산을 해 보니, 인건비, 월세, 관리비, 각종 재료, 공과금 등을 다 지불하고 남은 돈이 넉넉하게 잡아 5백만 원이었다.

이때 이 사람은 한 달 동안에 단순히 눈에 보이는 5백만 원은 벌었다고 생각을 하는 경우가 대부분인데, 과연 그렇게 생각하는가?

감가상각비(시간이 경과함에 따른 원가의 가치 감소 비용)와 본인 인건비는 어디에다 갖다 팔았는지 모르겠다. 이 사람은 투자한 퇴직금 1억 원에 해당되는 고정 자산의 감가상각(가치 감소) 비용 약 150만 원 정도와 본인 인건비 약 200만 원 정도를 제외하고 나면, 약 100만 원 정도가 남게 된다.

감가상각 비용도 적게 잡은 것이고, 그렇게 힘들게 고생한 본인 인건비도 적게 잡은 것이다.

가만히 있었으면 받기라도 할 수 있었던 1억에 대한 은행 이자는 계산상에 넣지도 않았다.

물론 투자금 1억 외에도 보증금으로 3,000만 원이 들어가 있다. 혹여라도 이 3천만 원이 대출금이라면 대출 이자도 비용 지출에 포함시켜야 한다. 그리고 권리금이 있었다면 이 권리금과 이자 또한 포함시키지 않은 셈이다.

아직 부가가치세나 각종 세금 및 직원의 퇴직금 등은 계산도 하지 않았다.

만약 이 커피숍이 체인점이라면 로열타나 로열티 명목의 비용도 결국 지출이 되게 되어 있는데, 이 부분도 포함하지 않았다.

이에 아울러, 캡스, CCTV, 통신비, 인터넷, 쓰레기, 수도세, 정수기, 화재보험, 음식물배상책임보험, 직원 식대 등을 비용에 더 추가시켜야 된다.

모든 비용 지출을 제하고 계산해 보니 사실상 첫 달부터 실질 마이너스이다.

주로 재료비나 직원 인건비, 직원 퇴직금, 월세 등은 물가상승과 더불어 올라간다. 집계가 되는 물가상승률이라는 수치 안에, 인건비, 월세, 재료비 등이 물가상승에 기인하는 각각의 구성 요소로 포함이 되어 있으니, 품목마다 차이는 있겠지만, 사실 결국 물가와 같이 올라갈 예정이거나, 올라가고 있거나, 언젠가는 올라간다고 보면 된다.

여기에다가 인테리어 및 각종 집기에 들어간 일체의 비용에 대한 감가상각비는 물가가 상승하는 것보다 더 기하급수적으로 떨어지는데, 사람들은 이런 사실을 잘 모른다.

만약, 장사가 안 되어 가게를 넘긴다 치더라도 권리금을 1억으로 받는 것은 불가능하다고 보면 된다. 그나마 2~3천만 원 받으면 잘 받았다고 본다.

여기에다가 엎친 데 덮친 격으로 커피숍을 다른 사람에게 떠넘기지 못하고, 폐업을 하게 되는 경우에는 철거 비용 약 2~3백만 원 정도까지도 발생이 된다.

이때, 각종 시설 및 집기를 중고로 판다고 해도 냉난방기는 중고 가격보다 이동 설치 비용이 더 많이 들어서 결국 판매를 포기하게 되고 집기는 납득하긴 싫지만 고물값이 되어 버린다.

중고 집기는 잡히는 대로 다 5천 원~1만 원에 사 가거나 공짜로 가져가려고 한다.

한편, 철거를 하게 되면 권리금도 날아간다고 보면 되니, 만약 점포에 들어갈 때 권리금이 있었다면, 권리금 손해도 발생한다. 최소한의 바닥 권리금도 가게를 운영하고 있을 때 살아 있는 것이다.

보통 철거 비용은 죽었다 깨어나도 생각을 못 하니, 이 얼마나 안타까운 일인지 모른다.

아마 이 사람은 이 점포가 있는 지역의 지역경제 활성화 명목의 자선사업을 하려 했는가 보다.

한편 이 사람은 초기 투자금 1억과 권리금만 손해를 본 것이 아니다.

이 사람이 순수익으로 가져가는 금액이 거의 얼마 안 되었거나 실질 마이너스였을 것이니 하다못해 다른 일을 했으면 벌기라도 할 수 있었던 최저 시급까지 못 번 셈이다. 몇 년 동안 벌지 못했던 수입까지 환산하면, 손해액이 2억이 넘을 수도 있다.

더 나아가서는 순수익으로 가져가는 금액은 그동안 물가가 점점 올라감에 따라 조금씩 점점 더 티 안 나게 줄었을 것이고, 물가가 올랐으니, 만약 그동안 다른 일을 했을 때 벌 수 있었을 최저시급은 더 올라 더 받았을 터이니, 구체적으로 따지고 들면 손해액은 점점 더 커진다.

한편, 이 커피숍 운영으로 인한 추가 창업 운영 자금 대출이나, 고금리 대출이라도 없으면 정말 천만다행이다.

만약 이 커피숍이 1억짜리가 아니고, 5억짜리였다면 어떻게 되었을까?

이런 일들은 우리 사회의 자영업 시장에서는 넘쳐 나는 사례들이지만, 정작 대부분은 커피숍이나 카페 등과 같은 자영업을 시작하기 전에는 이와 같은 사실을 거의 정확히는 모른다고 보면 된다. 이게 가장 큰 문제라고 볼 수 있다.

이 간단한 원리도 몰랐다면, 이 사람은 애시당초에 커피숍을 하면 안 되었던 것이다. 그런데도 사람들은 한다.

보통은 다 경험해 보고 이건 아닌 것 같은데 하며, 뒤늦게서야 몸소 값은 후회를 하게 되면서 제대로 뉘우치게 된다.

이런 간단한 내용도 자영업이나 창업 관련해서는 돈을 주고도 이해하고 배워야 하는 실속, 알짜, 지혜, 노하우, 정보라고도 할 수 있다.

너무 당연한 소리 같은가?

너무 극단적인 표현이라고 생각하는가?

하긴, 오픈할 때는 장밋빛 미래가 펼쳐질 것이라는 착각에 빠져 있는데, 어떻게 이 생각을 할 수 있겠는가?

그렇다. 원래 가게(점포)는 장사가 되리라 생각해야만 오픈을 할 수 있으니깐 말이다.

눈에 보이지 않는 물가상승률

커피숍 창업 이야기를 입이 아플지언정 언급한 중요한 이유가 두가지가 있다.

첫 번째가 뉴스나 각종 언론에서 잊을 만하면 들려오는 소리가 바로 '물가(Price)'인데, 이 물가라는 것을 잠시 한번 살펴보자.

물가를 이야기하면 꼭 대중적으로 나오는 사례가 있다. 1970년대에

200원 하던 짜장면 가격이 지금은 30배나 오른 약 6,000원이나 한다.

대략적으로 짜장면 가격이 약 35~40년 동안 약 30배가 올랐으니 물가는 그만큼 무섭게 올라간다는 말이다.

물가상승(Inflation)은 결혼 축가로 사랑을 많이 받고 자주 불리어지는 「지금 이 순간」이라는 유명 뮤지컬의 노래 제목처럼 지금 이 순간에는 눈에 전혀 보이지도 않고, 피부로 잘 느껴지지도 않는다.

꿈이 꿈인지 알려면 꿈에서 깨어나야 하고, 그 흐름이 흐름인 줄 알려면 그 흐름에서 벗어나야 하는 것처럼, 꿈을 꾸고 있을 때 그게 꿈인지 알 수가 없듯이 우리는 물가와 함께 살고 있기 때문에 물가가 계속 상승을 하는 것인지 하다가 마는 것인지는 제대로 인식하고 알기는 어렵다.

하지만, 지금 이 순간에도, 물가는 평균적으로 매년 꼬박꼬박 야금야금 거의 한 해(年)도 빠짐없이 연평균 약 2.5%(약 1~3%)씩 그것도 단리가 아니라, '복리'로 눈덩이처럼 불어나고 있다.

세계적인 투자의 대가 워런 버핏(Warren Buffett)이 "복리는 언덕에서 눈덩이(Snowball)를 굴리는 것과 같고, 작은 덩어리로 시작해서 굴리다 보면, 끝에 가서는 정말 큰 눈덩이가 된다"라고 말한 것처럼 복리라는 눈덩이는 시간이 쌓여 갈수록 무섭게 커지는데, 우리들 눈에는 보이지 않는 바로 이 물가라는 놈이 복리로 눈덩이처럼 굴러가고 있으니, 생각만 해도 힘이 빠지고, 끔찍할 따름이다.

그렇기 때문에 연금 같은 장기 상품에 가입할 때나 주택을 20~30년 장기상환 주택담보대출을 이용하여 매수할 때에는 이 물가라는 것을 반드시 이해하고 짚고 넘어가야 한다.

퇴직금 1억 이상이 들어간 커피숍을 운영하면서 매달 부담해야 될 각종 비용 지출들도 물가가 올라가는 것과 비슷한 속도로 계속 그림자처럼 따라오기 때문이다.

물가상승률을 따라잡는 연금 최적화

한번 보아라. 물가상승률을 반영도 못하는 장기 노후 상품들은 모조리 애물단지가 된다.

현재 '소비자물가변동률'이라는 것을 반영해 물가상승률을 따라갈 수 있거나 능가할 수 있는 개인연금 상품은 연금 최적화의 조건을 적용한 연금 상품밖에 없다.

물가가 상승을 해도 수급자가 받는 최적화된 연금 수령액의 실질가치가 치솟는 물가와 대적할 수 있다는 측면에서 연금 최적화는 정말 대단하다고 볼 수 있다.

개인연금 상품은 아무리 못해도, 이율이나 순수익이 매년 최소 2% 정도는 넘어줘야 물가상승률이라는 놈과 링에서 거우 상대라도 할 수 있다. 그렇지 않으면 링에 올라갈 수 있는 참전권이 주어지지가 않는다.

금융 소비자(연금 가입자) 입장에서 성공적으로 개인연금 상품에 가입하는 데 있어 물가상승률은 상당히 중요한 부분이지만, 공공의 복지를 중요시하는 공적인 국가와는 다르게, 기업의 이윤을 극대화해야 하는 사적인 금융 회사 입장에서는 이런 것까지 일일이 신경을 쓸 시간도, 필요도, 여유도, 이유도, 책임도 없다.

자본주의 사회의 기업에서 가장 중요한 부분은 매출(영업 실적)이므로, 사실상 보기 좋은 포장과 광고만 있을 뿐이다.

만약 한 금융 회사에서 동일한 전 연금 가입자를 추가납입을 2배수로 가입을 했다고만 가정을 해도 매출이 약 1/3로 줄어들게 된다.

여러 가지 연금 최적화의 방법을 다 동원해서 가입을 했다고 가정하면 이익이 약 1/20 정도로도 줄어들 수 있다.

그래서 금융 회사는 두 손 두 발 벗고 나서서 연금 상품 가입자 입장에서의 유리하고 효율적인 방법들을 친절하게 알려 주지는 않는 것이다.

여러분이 금융 회사의 소유주라면, 이익이 약 1/20 정도로 줄어들 수 있는데, 연금을 최적화시키는 방법을 적극적으로 홍보할 수 있겠는가?

알아도 알려 주지 않겠지만, 한편으로는 다행히도 잘 모르기도 한다. 당연히 연금 최적화의 방법 등은 영업 실적과는 관련이 전혀 없으므로 관심 분야도 아니고, 주력 상품과도 거리도 멀고, 각 파트상 제한된 책임 업무만을 하다 보니 실전 스킬은 더 떨어질 수밖에 없다.

가장 중요한 점은 이러한 부분들은 금융 회사에게 있어서 아예 관심 밖의 영역이라는 점이다.

개인연금 상품에 가입할 때 연금 최적화를 하지 않으면, 혹 떼러 갔다가 혹 하나 더 붙여 오는 꼴이 되어 버릴 수 있다.

연금 최적화를 통하여 추가납입을 2배수로 활용한 연금은 그렇지 않은 일반적인 연금 상품보다 출발선상이 약 3~4년에서 많게는 7~8년이나 앞에서 시작하므로, 우선적으로 이 부분만 놓고 보자면, 일단 물가상승률을 추월할 수 있는 가망성이 있는 후보자라고 볼 수 있다.

물가는 천천히 올라가도 결국은 우상(右上)향

한편, 물가상승으로 인한 문제를 이야기하면 또 시작부터 너무 겁을 먹는 사람들도 있는데, 지레 겁은 안 먹어도 된다.

지금은 과거의 급성장기와는 좀 다르게, 저성장, 저금리 기조를 베이스로 하고 있기 때문에, 과거와 같이 물가가 하루아침에 급격히 상승할 가능성은 비교적 많지 않고, 전체적인 물가상승률의 속도도 과거처럼 미친 듯이 빠르지는 않다.

물가상승률은 연평균 약 2~2.5% 정도로 보면, 충분히 적당하다. 일반적으로 통화량은 계속 늘어나고, 화폐 가치는 결국 떨어지기 때문에 물가상승률은 우상(右上)향할 수밖에 없다.

우리가 살고 있는 현재 시점을 기준으로 보면 약 25~30년 이후의 화폐 가치는 대략 1/2(반) 정도로 떨어지게 된다.

어쩌다 정부가 희한한 정책을 전개한다면, 가망성은 떨어지지만, 디플레이션(Deflation, 물가 하락, 통화 수축)이 일어날 수도 있겠지만, 현재와 같은 선진국형 경제 체제에서는 극히 드물 뿐만 아니라, 설사 디플레이션이 발생하더라도 우리나라 정부는 대한민국 경제가 침체되도록 가만히 놔두지는 않는다.

즉, 물가는 앞으로 가다가 잠시 쉬어 가면 쉬어 가지 계속 뒤로는 가지 않는다.

물가상승은 흡사 어린이들이 좋아라 하는 하늘 위로 천천히 올라가는 캐릭터 헬륨 풍선과도 같아서, 풍선에 달린 끈을 살짝 잡아당기면, 잠시 내려왔다가도 다시 놓으면 금세 다시 위로 올라가기 마련이다.

결론적으로 물가상승은 복리로 쥐도 새도 모르게 눈덩이처럼 불어나고 있는 우상향의 현재 진행형이라는 것이다.

단순히 연금을 추가납입으로 최적화시켰다고 해서, 여기서 절대 만족하지 마라. 제대로 된 연금 최적화, 아직 시작도 하지 않았다.

해약 환급률이 100%가 넘는다고 해서 물가상승률을 따라잡은 것이 아니다. 단지 물가상승률을 잡을 수 있는 현실성이 높은 연금 상품에 가입할 쪽에 줄을 잘 섰을 뿐이다. 대한민국에서는 줄을 잘 서야 한다고 하지 않던가?

연금과 관련하여 고민을 하던 중에 이 책을 읽고 있는 사람은 장담컨대, 행운아다.

연금 상품의 장점은 극대화시키고, 단점은 최소화시킨다

앞서 연금 상품의 월 기본 가입 금액의 일정 비율은 사업 비용으로 차감이 된다고 하였다. 이런 사업 비용 때문에, 모든 개인연금 상품이 쓰레기라고 편파 보도를 하거나 이율이나 수익률이 낮고 물가상승률에도 못 미친다는 악성 기사가 나가는 경우도 많이 있다.

이것은 일부는 사실이기도 하지만 연금 상품의 장점과 주요 기능은 전혀 활용하지 못한 상태에서 단지 그 단점 하나만을 단두대 위에 올려놓고 일반화시킨 꼴이라고 보면 된다. 털어서 먼지 안 나는 사람을 본 적 있는가?

모든 연금 상품이 다 그런 것이 아니다. 일부 기사들을 가만히 보고 있으면 무식한 편파 보도가 얼마나 많은 줄 모른다.

그래서 필자는 기사를 믿지 않고, 기사를 판단할 뿐이다.

줏대 없이 색안경을 끼는 바람에, 흙 속의 진주를 구분 못하는 일은 없도록 하자.

한편, 이러한 문제들은 연금 상품 자체의 문제라기보다, 대부분은 제대로 된 적합한 연금 상품의 선택과 기능 설정에 있어서의 무관심과 관리 소홀이 더 문제인 것 같다.

사실, 대기업 금융 회사에서도 광고며, 홍보며, 마케팅 등의 판매에

만 돈과 전력을 쏟아 부을 뿐이지, 누구 하나 연금 상품의 기능이나 유리한 설정 방법에는 관심이 없기 때문이다.

그래서 필자는 개인연금 상품의 기능이나 설정을 최적화시켜 효율적으로 연금을 최대한 가장 많이 받아 낼 수 있는 방법을 연구하여 이 책 한 권에 압축하고 집대성하였다.

그리고, 필자가 단순히 연금 상품의 입장에서만 일방적으로 이야기를 하는 것이 아니다.

모든 물건과 상품에는 언제나 항상 매번 그래 왔고, 앞으로도 그렇겠지만 반드시 장점과 단점이 상존한다.

각종 금융 상품의 장단점과 비교 분석에 있어서는 산전수전 공전화전(山, 水, 空, 火) 다 겪어 본 사람으로서 장담컨대 장점만 존재하는 금융 상품이나 투자 수단은 이 세상에 단 하나도 없다.

반드시 장단점이 상존할 뿐이다.

중요한 것은 장점은 활용하고 실천하여 누릴 수 있는 이익을 극대화시키고, 단점은 이로 인해 발생되는 손해(Damage)를 최소화시키고 보완하여 목적에 맞게 가입을 하는 것이 그 상품을 가장 잘 활용하는 것이라는 점이다.

개인연금 상품에는 일부 단점도 부각되어 있지만, 일반인들이 잘 보지 못하는 여러 매력적인 장점들과 금융 회사에서 알려 주지 않는 가공할 만한 이점들이 많이 숨어 있고 내재되어 있다.

이 장점 중의 하나이자, 가입하는 연금을 최적화시키는 두 번째 방법은 앞서도 강조하였지만, 기본 가입 금액의 2배수인 추가납입 금액의 최대 한도로 납입을 하는 것이다.

설계사나 재무관리사, PB 또는 은행 및 증권사나 보험사 창구 등의 영업 현장에서는 정말 귀에 못이 박히도록 얘기해도 잘 바뀌지도 않고, 변하지도 않는 부분이 있다.

영업 현장에서 연금 상담을 통해 30만 원이라는 납입 가능 금액이 정해지면, 30만 원으로 판매를 한 것이 10만 원에 판매를 하고 20만 원은 추가납입을 한 것에 비하여 영업실적이 물리적인 수치에서 당장 눈으로만 보아도 3배나 차이가 나기 때문에, 십중팔구는 모두 30만 원으로 판매가 된다고 보아도 과언이 아니다. 실제 거의 다 그렇다.

만약 개인연금 상품에 매월, 부담 없이, 꾸준히, 장기간 납입할 수 있는 금액이 30만 원이라면, 기본 가입 금액은 10만 원으로 하고 추가납입 금액은 20만 원이 되도록 설정을 하면 된다.

쓸데도 없는 헛걱정은 하지 말자

일각에서는 이렇게 시작부터 추가납입 금액을 꽉 채우게 되면, 향후에 추가납입을 할 한도가 전혀 없게 되기 때문에, 이렇게 하면 안 된다고도 한다.

단언컨대, 무시해도 좋다.

좀 비관적으로 얘기하자면, 혹시라도 생활비, 자녀 교육비 등의 지극히 피할 수 없는 현실적인 지출 부담이 늘어나서, 추가납입을 못하게 되거나, 최악의 경우에는 납입 중지나 납입 유예를 할 가능성도 배제를 할 순 없는데, 무슨 추가납입 한도까지 지금 걱정하랴?

정말, 추가납입 한도가 걱정이 된다면, 그전에 우선 이 기본 가입 금액 10만 원에 대한 추가납입을 통한 최적화 연금 플랜을 단 하나라도 완성시켜 보도록 하자.

하나만 제대로 완성을 해도 얼마나 깜짝 놀랄 만한 결과가 만들어지는지 알게 되면, 경악을 하게 될 것이다.

더 욕심 내지 말고, 더 욕심 낼 필요도 없이 제대로 하나만이라도 완성을 할 수 있도록 해 보자.

필자가 볼 때는 기본 가입 금액을 늘리기 위한 세일즈 화법에 불과한 것 같다.

제발 하나만이라도 완성을 해 보아라. 그럼 노후가 180도 달라질 것이다.

최적화를 시킨 연금은 고액으로 납입을 하는 것이 아니다. 하찮게 보일지 모르는 기본 가입 금액 10만 원짜리 연금 상품도 어마어마한 파워를 지닌다.

기본 가입 금액은 10만 원으로, 가능하다면 추가납입 금액은 20만 원으로 가입을 해서, 납입 기간 동안 이 부분만 놓치지 말고 끝까지 납입을 잘 마무리하면 된다.

이렇게 2배수로 추가납입 세팅을 최적화하게 되면, 굳이 추가적으로 더 추가납입이 안 되어도 무방하다. 이 정도만 납입이 되어도 어느 정도는 충분하기 때문에, 추가납입 한도가 모자랄 것이라는 걱정은 하지 않아도 된다.

부디, 간곡히 부탁하건대, 추가납입 금액의 한도가 모자라지 않느냐는 기인지우(杞人나라 사람의 쓸데없는 헛걱정) 같은 근심걱정은 제발 하지 말도록 하자.

필자도 상담 건 및 회사 보유분을 포함하여 그렇게 많은 건들 중에 여태껏 추가납입 한도가 부족하다는 사람은 몇 명 보지 못했다. 손에 꼽을 정도였다.

그래도 걱정이 된다면, 그때가 되어서 남는 돈으로 기본 가입 금액 10만 원이나 일시납으로 하나 더 가입을 하면 되지 않겠는가?

즉, 연금 상품에 추가납입 한도만큼을 꽉 다 채우고 나서도 모자랄 것이 예상이 된다면, 향후에라도 신규로 하나 더 가입을 하면 된다.

걱정이지만 그래도 걱정 중에 행복한 걱정이다.

구체적인 추가납입 금액 정하기

1) 현재 매월 납입 여력 가능 금액이 10만 원이라면,
   연금 상품 1의 기본 가입 금액을 10만 원으로 한다.

추가납입을 바로 활용은 못하지만, 어쩔 수 없다. 추가납입 이외의 다른 여러 가지 방법으로 먼저 최적화시키고, 향후에 소득상승으로 인한 납입 여력이 있다면 그때 추가납입을 반드시 활용하도록 하자.

연금 상품은 물가상승으로 인한 화폐 가치 하락이 커버만 된다면, 빨리 가입할수록 유리하기 때문에 빨리 가입할수록 시간을 벌 수 있다.

시간이 곧 돈이다.

어차피 10만 원 10년 납의 경우 총 납입 원금이 1,200만 원이다. 연금 재원으로는 턱없이 부족한 금액이다. 상황이 이렇다고 해서 앞서 언급했듯이 포기할 필요는 없다. 이 작은 금액도 큰 위력을 발휘할 수 있다.

한편 이 10만 원짜리 연금 상품 하나에, 총 추가납입 가능 금액은 10년 납의 경우 2,400만 원, 20년 납의 경우 4,800만 원이다. 향후에 정말 연금으로 활용할 목적이라면, 이 정도는 언젠가는 추가납입을 시켜야 연금으로서 제 구실을 할 수 있다.

비록 납입 여력이 10만 원이라 할지라도 걱정하지 말고 기본 가입 금액을 10만 원으로 가입하면 된다.

2) 현재 매월 납입 여력 가능 금액이 20만 원이라면,
  연금 상품 1의 기본 가입 금액을 10만 원으로 가입하고,
  연금 상품 1에 10만 원을 추가납입한다.

이렇게 했을 경우 10년 납일 때는 1,200만 원, 20년 납일 때는 2,400만 원의 추가납입 가능 금액이 남아 있다.

향후에 소득 상승으로 인하여 납입 여력이 될 때 나머지 부분을 추가납입하면 된다.

걱정하지 말고 납입하자. 추가납입은 매월 자동으로 납입도 가능하지만, 납입 가능 한도 내에서는 일시 또는 수시에 목돈으로도 기간별 한도 내에서 납입이 가능하다.

3) 현재 매월 납입 여력 가능금액이 30만 원이라면,
  연금 상품 1의 기본 가입 금액을 10만 원으로 하고,
  연금 상품 1에 20만 원을 추가납입한다.

가장 최적화된 추가납입 금액이다. 이렇게 납입했을 때 향후에 추가납입이 가능한 한도 금액이 없다 하더라도, 일단, 이렇게 하자.

어쩌면 혹여라도 나중에 생활비, 교육비 등의 필수 고정 지출(빼도 박도 못하며 현실적으로 아낄 수 없는 지출)이 빠듯해져서, 의외로 추가납입을 못할 수도 있다. 이 역시 너무 걱정하지는 말자. 최적화된 연금 상품의 완납을 목표로 하는 것이 중요하다는 말이다.

기본적으로 기본 가입 금액 및 추가납입 금액은 아무리 못해도 최소 '10만 원＋10만 원'으로 시작하기를 추천한다. '10만 원＋20만 원'이면 이보다 더 좋을 순 없다.

기본 가입 금액(10만 원) + 추가납입(20만 원) = 합계 납입 금액(30만 원) 납입만으로도 기본 가입 금액을 30만 원으로 가입한 사람보다 연금 적립 금액이 최소한 약 1.3~1.5배 이상 많아진다.

4) 현재 매월 납입 여력 가능 금액이 40만 원이라면,
ⓐ와 ⓑ 중 선택하면 된다.

ⓐ 연금 상품 1의 기본 가입 금액을 10만 원으로 하고,
연금 상품 1에 10만 원을 추가납입하며,
연금 상품 2의 기본 가입 금액을 10만 원으로 가입하고,
연금 상품 2에 10만 원을 추가납입한다.

향후에 추가납입 여력이 생기면, 하나씩 채워나간다.

ⓑ 연금 상품 1의 기본 가입 금액을 10만 원으로 하고,
연금 상품 1에 20만 원을 추가납입하며,
연금 상품 2의 기본 가입 금액을 10만 원으로 한다.

향후에 나머지 추가 여력이 생기면 연금 상품 2에 일시 또는 수시로 집중해서 채워 나간다.

5) 현재 매월 납입 여력 가능 금액이 50만 원이라면,
연금 상품 1의 기본 가입 금액을 10만 원으로 하고,
연금 상품 1에 20만 원을 추가납입하며,
연금 상품 2의 기본 가입 금액을 10만 원으로 하고,

연금 상품 2에 10만 원을 추가납입한다.

향후에 나머지 추가 여력이 생기면 연금 상품 2에 일시 또는 수시로 채운다. 이 정도만 되어도 상당히 괜찮은 방향을 기대할 수 있다.

6) 현재 매월 납입 여력 가능 금액이 60만 원이라면,
　　ⓐ를 선택해야 한다.
　　ⓑ는 선택해서는 안 된다.

　　ⓐ 연금 상품1의 기본 가입 금액을 10만 원으로 하고,
　　　연금 상품 1에 20만 원을 추가납입하며,
　　　연금 상품 2의 기본 가입 금액을 10만 원으로 하고,
　　　연금 상품 2에 20만 원을 추가납입한다.

　　ⓑ 연금 상품 1의 기본 가입 금액을 20만 원으로 가입하고,
　　　연금 상품 1에 40만 원을 추가납입한다.

같은 금액으로 납입을 하더라도, 연금 상품의 개수가 ⓐ와 같이 두 개일 때가 ⓑ와 같이 하나일 때보다 약 20~30% 이상 더 많은 연금을 수령하게 된다.

똑같은 금액인데 왜 그렇냐고 할 수 있겠지만, 실제로 그렇다. 이는 후반부에 다시 설명하겠다. 즉, ⓑ로 선택하면 절대 안 되고, 반복해서 강조하지만, 반드시 ⓐ로 선택해야 한다.

3)을 두 가지 연금 상품으로 가입하면 6)-ⓐ가 된다. 6)-ⓐ가 3)보다 더 최적화된 연금 상품 조합이다. 연금 상품의 개수가 하나일 때보

다 두 개 이상일 때 가장 최적화가 된다.

만약 현재 매월 60만 원 정도의 납입 여력이 있어서, ⓐ와 같이 실행하고, 다른 최적화 방법들까지 최적화시킨다면, 월 200~300만 원짜리 일반적인 연금에 가입한 사람보다 연금이 더 많이 나오게 하거나 비슷하도록 나오게 할 수도 있다. 정말 기가 막히지 않은가?

ⓒ 연금 상품 1의 기본 가입 금액을 10만 원으로 하고,

연금 상품 1에 10만 원을 추가납입하며,

연금 상품 2의 기본 가입 금액을 10만 원으로 하고,

연금 상품 2에 10만 원을 추가납입하며,

연금 상품 3의 기본 가입 금액을 10만 원으로 하고,

연금 상품 3에 10만 원을 추가납입한다.

경험생명표 개정을 앞두고 있거나, 추가납입 가능 여력이 확보될 것이 예상되거나, 세 가지의 최적화된 연금을 완납하는 것이 목표라면, 이 방법을 선택해도 괜찮다.

경험생명표가 일단 개정이 되면, 상대적으로 좋지 않은 조건으로 가입을 해야 하기 때문에, 이것도 마지막 버스를 탑승하기 위한 하나의 방법이다.

최적화 연금에서는 납입 금액의 양과 이자(수익) 같은 물리적인 양도 중요하지만, 환경적인 힘을 이용해서 연금 재원을 더 끌어 올려야 하기 때문에, 경험생명표가 변경되기 전에 가입을 하게 되면, 훨씬 더 유리하다.

우선은 경험생명표의 변경 전이 변경 후보다 더 유리하다는 것만 기억하면 된다.

7) (생략)

8) (생략)

9) 현재 매월 납입 여력 가능 금액이 90만 원이라면,

    ⓐ 연금 상품 1의 기본 가입 금액을 10만 원으로 하고,
       연금 상품 1에 20만 원을 추가납입하며,
       연금 상품 2의 기본 가입 금액을 10만 원으로 하고,
       연금 상품 2에 20만 원을 추가납입하며,
       연금 상품 3의 기본 가입 금액을 10만 원으로 하고,
       연금 상품 3에 20만 원을 추가납입한다.

    ⓑ 연금 상품 1의 기본 가입 금액을 15만 원으로 하고,
       연금 상품 1에 30만 원을 추가납입하며,
       연금 상품 2의 기본 가입 금액을 15만 원으로 하고,
       연금 상품 2에 30만 원을 추가납입한다.

    ⓒ 연금 상품 1의 기본 가입 금액을 30만 원으로 하고,
       연금 상품 1에 60만 원을 추가납입한다.

같은 금액으로 납입을 하더라도, 연금 상품의 개수가 ⓐ나 ⓑ와 같이 두 개 또는 세 개일 때가 하나일 때보다 약 20~30% 이상 더 많이 연금을 수령하게 된다.

한편, 일반적으로는 ⓑ를 선택하되, 좀 더 기간별로 세분화하고 싶다면 ⓐ를 선택해도 된다.

10) 현재 매월 납입 여력 가능 금액이 300만 원이라면,

ⓐ 연금 상품 1의 기본 가입 금액을 33만 원으로 하고,
연금 상품 1에 66만 원을 추가납입하며,
연금 상품 2의 기본 가입 금액을 33만 원으로 하고,
연금 상품 2에 66만 원을 추가납입하며,
연금 상품 3의 기본 가입 금액을 33만 원으로 하고,
연금 상품 3에 66만 원을 추가납입한다.

ⓑ 연금 상품 1의 기본 가입 금액을 50만 원으로 하고,
연금 상품 1에 100만 원을 추가납입하며,
연금 상품 2의 기본 가입 금액을 50만 원으로 하고,
연금 상품 2에 100만 원을 추가납입한다.

ⓒ 연금 상품 1의 기본 가입 금액을 10만 원으로 하고,
연금 상품 1에 20만 원을 추가납입하며,
연금 상품 2의 기본 가입 금액을 10만 원으로 하고,
연금 상품 2에 20만 원을 추가납입하며,
연금 상품 3의 기본 가입 금액을 10만 원으로 하고,
연금 상품 3에 20만 원을 추가납입하며,
연금 상품 4의 기본 가입 금액을 10만 원으로 하고,
연금 상품 4에 20만 원을 추가납입하며,
연금 상품 5의 기본 가입 금액을 10만 원으로 하고,
연금 상품 5에 20만 원을 추가납입하며,
연금 상품 6의 기본 가입 금액을 10만 원으로 하고,

연금 상품 6에 20만 원을 추가납입하며,

연금 상품 7의 기본 가입 금액을 10만 원으로 하고,

연금 상품 7에 20만 원을 추가납입하며,

연금 상품 8의 기본 가입 금액을 10만 원으로 하고,

연금 상품 8에 20만 원을 추가납입하며,

연금 상품 9의 기본 가입 금액을 10만 원으로 하고,

연금 상품 9에 20만 원을 추가납입하며,

연금 상품 10의 기본 가입 금액을 10만 원으로 하고,

연금 상품 10에 20만 원을 추가납입한다.

만약 현재 매월 300만 원 정도의 납입 여력이 있어서, ⓐ와 ⓑ같이 실행하고, 다른 최적화 방법들까지 최적화시킨다면, 월 1,000~1,500만 원짜리 일반적인 연금에 가입한 사람보다 더 많거나 비슷하게 연금을 받도록 할 수 있다.

매월 납입이 가능한 금액이 고액일 경우에도, ⓒ와 같이 세분화시키면, 보다 섬세한 연금 수령 계획을 세울 수도 있다.

납입 여력이 많이 되는 사람들이 아무리 여유가 많이 된다 한들 이와 같이 더 많이 받는 것이 더 유익하지 않은가? 왜 같은 돈을 내고 돈을 내다 버리는가?

갑자기 노후에 해야 될 좋은 일들이 많이 떠오르지 않는가?

실효 위험도 막아 주는 추가납입

일반적으로 연금 상품을 납입하다가 현금 흐름 등의 상황이 바뀌게 되어 납입 여력이 되지 않는다면, 납입 금액을 줄이는 경우가 있다. 납

입 금액을 줄이는 것(감액)은 결론부터 얘기하자면 신상에 좋지 않다.

로마에서는 로마법을 따라야 되는 것처럼, 이와 같은 연금 상품은 어쩔 수 없이 그 상품의 규칙에 따라야 한다.

즉, 금액을 줄이는 것은 단순히 금액을 줄이는 것이 아니라, 그 줄이는 금액만큼의 전체를 부분 해약을 하는 것이다. 부분 해약도 해약이므로 혹여라도 조기에 부분 해약 시에는 당연히 좋지 않을 것이 뻔하지 않겠는가?

단, 설사 부분 해약을 하게 되더라도 해약 환급률이 100%가 넘었을 경우에는 손해를 보지 않는다.

한편, 연금 최적화에서는 이런 걱정을 할 필요가 없다. 기본 가입 금액 10만 원에 추가납입으로 20만 원을 납입하다가 납입 여력이 안 되어서 기본 가입 금액 10만 원만 납입하더라도 아무런 타격이 없기 때문이다.

향후에 여력이 되면, 다시 추가납입을 하면 된다.

여기서 하다못해 납입 도중에 이것도 여유가 안 된다면, 연금 상품에 내재되어 있는 제도를 사용하면 된다.

만약, 가입한 지 5년이 경과한 후라면 이 10만 원도 1년간 납입중지를 시킬 수 있으며, 2회까지 연장도 가능하며, 기간상으로는 총 3년간 납입을 유예시킬 수도 있고, 예상치 못한 폐업, 실직, 질병 등의 이유로 납입이 도저히 불가능한 경우에는 연금 상품에 따라 조금씩 차이는 있지만, 납입을 더 이상 하지 않고, 완전히 종료시킬 수도 있다.

납입을 제때에 하지 못하면 결국 예상된 시간보다 오래 걸리게 되므로, 납입 유예 제도는 납입이 도저히 불가능한 최악의 상황에만 활용하도록 하고, 이 납입 유예 제도 자체를 사용하지 않는 것을 목표로 해야 한다.

이렇게 얘기했다고 너무 겁은 먹지 말자. 그래도, 추가납입을 하지 않은 연금 상품을 부분 해약한 것보다는 훨씬 더 유익하고 유리하다고 볼 수 있기 때문이다.

추가납입까지 신용카드로 납부하여 일석사조를 얻다

한편 금융 회사마다 제각기 다르고, 주기적으로 변경되기도 하지만, 매월 자동 카드 납부가 가능한 금융 회사도 가끔 있으니, 가능하다면 활용을 해 보자.

이 부분은 무조건 다 되는 것이 아니므로 일단 참조만 하자. 단 운이 좋으면 가입한 연금 상품에 해당되기도 하므로 체크는 해 놓아야 한다. 신용카드 납부가 안 된다고 너무 낙심은 하지 말도록 하자.

기본 납입 금액에 추가납입 금액까지 자동 카드 납부로 신청을 해 놓으면 최적화된 연금 상품에 납입도 가장 효율적으로 하게 되고, 카드로 납입을 하니 카드 실적도 올리고, 이는 곧 신용도에 좋은 영향을 끼치게 되고, 카드로 결제가 됐으니 포인트까지 쌓는 일석사조를 누리는 방법이다.

신용카드로 쓸데없는 소비성 지출을 분별없이 긁어대는 것이 아니라, 연금의 납입 금액이야말로 팍팍 긁어대는 것이다.

한편 수시 카드 납부는 매월 콜 센터에 전화를 해서 출금을 해야 하므로 자동 카드 납부에 비해 많이 불편하기도 하다.

금융 회사에서는 이와 같은 신용카드 납부 제도를 경우에 따라서 유연하게 불시에 풀어 주기 때문에, 해당 금융 회사의 콜 센터에서 자동 카드 납부 신청이 가능하다고 한다면 바로 신청부터 하도록 하자. 미루고 미루다가 보면, 불시에 또 갑자기 신청이 안 될 수도 있기 때문이다.

개인연금 상품의 자동 이체 출금 일자는 보장성보험(실손, 암, 종합, 종신 보험 등)보다는 후순위로 해 놓는 것이 유리하다.

만에 하나 실효(효력이 상실됨)가 되더라도 연금이야 언제든 부활을 하면 되지만 보험은 실효가 되었을 때 병이나 사고라는 지뢰를 밟게 되면, 낭패를 볼 수도 있기 때문이다.

이렇게 개인연금 상품으로 매월 납입 가능한 금액을 기본 가입 금액에 추가납입 금액을 2배수로 무임승차하여, 2가지 이상의 연금 상품으로 가입을 하게 되면, 약 50%에서 많게는 70% 이상 연금을 더 수령할 수 있을 뿐만 아니라, 납입 기간 중에 2회 이상 연속으로 납입하지 못해, 실효가 되는 경우도 없거나 현실적으로 극히 드물다고 보면 된다.

이제 추가납입 금액을 2배수로 납입해서 연금 최척화로 물가상승률을 극복하고, 체감적으로 도움이 되는 연금이 되도록 구체적인 세팅을 해 보자.

납입 기간이
전세(戰勢)를 바꾼다

납입 기간을 제발 10년 납으로는 하지 말자

보통 금융 영업 사원이나 각종 은행 창구, 증권사, VIP 센터 등을 통하여 연금 상품에 가입하거나, 이미 가입한 주변 사람들의 연금가입 증권(증서)의 납입 기간을 살펴보면, 과거의 일부 소액(10만 원 이하) 장기 납입 연금 상품을 제외하고는 파보나 마나 십중팔구 10년 납으로 되어 있음을 어렵지 않게 두 눈으로 확인할 수가 있다.

개인연금 상품의 납입 기간은 언제부터인가 마치 찍어라도 낸 듯 10년 납이 거의 공식화가 되어 버렸다.

일단, 결론부터 말하자면 이렇게 10년 납으로 납입하게 되면 여러 가지로 받게 되는 이익이 줄어들거나 비효율적이게 된다.

특별한 납입 계획이 있거나, 나이가 많아서 납입할 수 있는 기간이 얼마 남지 않아 어쩔 수 없이 10년 납으로 정한 게 아니라면, 이렇게는 하지 말자.

적립금이 많이 누적되어 있는 연금이 애착도 간다

은퇴 이후에는 여러 가지 능력이 퇴화될 뿐만 아니라, 현격히 떨어지게 된다.

타임머신을 타고 노후를 접해 보지 않는 이상, 은퇴 이후의 무능력함은 지금 절대 피부 깊숙이 와 닿지는 않을 것이다.

은퇴 이후에는 이른바 4중고[4重苦: 무위(할 일이 없음), 고독(소외), 빈곤, 질병 중에 2~3가지 이상이 동시에 뭐가 와도 온다고 한다. 생각만 해도 끔찍하지 않은가?

이 은퇴 이후의 길고도 막막한 시간에, 받아야 될 소중한 구명조끼 같은 연금을 무용지물의 애물단지로 전락되도록 방치하는 것이 싫다면, 이렇게 10년 납으로 하면 절대 안 된다는 것을 명심하자.

일단, 이 개인연금 상품의 연금 적립 금액이 시원찮으면 연금으로서의 기능과 역할이 미미해지거나 퇴색이 되기 쉽고, 결국 이 연금 상품에 애착이 덜 가게 되어 있다. 그다음 결과는 불 보듯 뻔하지 않겠는가?

연금은 노후에 접어들면 생명줄 같은 월급이 되기 때문에 특히 우리나라와 같이 연금 취약 계층이 많은 사람들에게는 기댈 수 있는 야무진 연금이 반드시 동반되어야 한다.

잠깐 우리 어렸을 때 학창시절의 기억을 잠시 더듬어 보자. 다른 두 종류의 문제집을 푼다고 하자.

똑같은 내용도 더 재미있게 구성이 되어 있고, 이해도 더 잘 되도록 집필진의 피와 땀이 많이 들어간 문제집이 있다.

이 문제집은 진도도 쑥쑥 나갈 뿐만 아니라, 2/3 정도 보았을 때도 끝까지 어서 다 풀어 보고 싶고, 평소에도 없던 이상한 목표의식까지 생기게 해서 생전 다 풀지도 않던 문제집을 끝까지 다 풀게 되고, 결국은 '한 권을 끝까지 다 봤다!' 하는 성취감까지 맛보게 해 준다.

그런데, 첫 장부터 글씨 크기도 작고, 안 그래도 공부는 하기 싫은데, 내용도 백과사전처럼 복잡하게 구성되어 있는, 어쨌든 고리타분하고 이상한 문제집이 있다.

이 문제집은 하필이면 또 희한하게 풀기 싫게 만들어 놔서 겨우 한 장의 페이지를 넘기기도 힘들다.

그뿐만 아니라, 다른 문제집에 우선순위는 밀려나면서 결국 시간이 흘러, 때도 지나고 못쓰게 되어, 처음 샀을 때의 그 깨끗한 모습 그대로 재활용품장의 폐지로 고스란히 버린 적이 많지 않았던가?

놀랍게도 끝까지 재미있게 열심히 다 푼 문제집은 애착이 생겨서 이상하리만큼 폐지로 버리는 것조차 아까웠던 것 같다. 이렇게 애착이 가는 문제집은 두고두고 애마(愛馬)가 된다.

연금 상품도 마찬가지이다. 어느 정도 연금 적립금도 덩어리 있게 많이 쌓여 있고, 이율(수익)도 잘 나오며, 연금으로서의 기능도 예상했던 바와 맞고, 목표도 명확하며, 실제로 노후에 도움을 줄 수 있는 연금 상품은 볼 때마다 흐뭇해서 한 번 보고 두 번 보고 또 보고 싶고, 해약하고 싶은 생각도 전혀 들지 않는다.

한편, 이 연금 상품은 금융 회사의 콜 센터에도 자주 전화해서 내 살아 있는 귀로 점점 많이 쌓여 가고 늘어만 가는 연금 적립금을 자주자주 확인하고 싶어지며, 이 적립금을 볼 때마다 더 오래 살아야지 하며 한 번 더 다짐하게 되고, 건강관리까지 하게 해 준다.

그뿐만 아니라 연금 개시 일자가 기다려지며 이 상품을 소중하게 생각하고, 연금 수령액이 많이 나와서 남들 다 부러워하는 공무원이나 교사들도 남부럽지 않으며, 그 만족도 또한, 점점 높아지고 더 나아가서는 가치마저 부여되는 것이 믿기지 않지만 사실이다.

그래서, 비록 금액은 작지만, 소액의 개인연금 상품 하나도 제대로 잘 불어나고, 연금을 수령하는 효율이 최고가 되도록 반드시 연금 최적화를 시켜야 한다.

그럼 의외로 이 개인연금 상품으로 깜짝 놀랄 만한 노후를 맞이 할수 있다.

우선 애착이 가는 연금이 되려면, 공무원연금이나 사학연금처럼 그래도 어느 정도 덩어리 있는 크기의 연금 적립액이 되어야 한다.

그런데 이렇게 연금 적립 덩어리를 크게 하려면 당연히 월 납입 금액도 많이 납입을 해야 한다.

그러나, 어차피 대부분의 사람들은 여러 가지 피할 수 없는 현실적인 지출들로 인하여, 지금 당장 쓰지도 않을 노후를 위한 연금이라는 상품에 매월 많은 돈을 납입할 수 있는 여유와 상황이 되지 않는다.

현실적으로 봤을 때, 현실적인 지출들은 큰 변화가 있지 않고서는 하루아침에 줄이는 것이 힘들다. 물론, 그렇게 해서 무리하게 연금 상품에 비중을 싣게 되면, 작심삼일(作心三日)이 되어 중도하차하기에 딱 알맞다.

그래서 현재의 대한민국에서 결국 월 납입 금액을 무리하게 많이 내는 것은 불가능하고, 완납의 실현 가능성이 거의 없다고 보면 된다.

그렇다면, 많은 금액으로 납입은 못 하더라도, 은퇴 직전이나, 소득이 끊어지기 직전까지는 적은 금액을 가급적 최대한 길게라도 납입을 해야 한다.

어차피 노후를 목적으로 하는 연금은 목돈이 되어야 하는데, 이 목돈은 절대 하루아침에 준비를 할 수 없다.

이와 같이, 소액이지만 장기 납입은 최소한 기본적으로 개인연금 상품을 의미가 있고 가치도 있으며 어느 정도의 덩어리가 있게 만들어 주는 연금 최적화의 초석을 다져 주는 기본적인 역할을 한다.

어차피 소액으로 길게 납입을 하기 때문에, 가계 재정에 큰 부담을 주지도 않고, 리스크도 없다.

연금 상품을 애착이 안 가도록 만드는 것도 작지만 사소한 선택으로 인한 것이고, 애착이 가도록 만드는 것도 결국 본인의 현명한 선택이자 몫인 것이다.

그런데 시중에서는 대부분 납입 기간을 10년 납으로만 추천을 해 준다.

거북이 연금이 토끼 연금을 이긴다

한편, 월 50만 원도 아니고, 이를테면, 월 10만 원을 가지고 연금 수령액이 얼마나 되겠냐고 애초부터 포기하는 사람도 많다.

그렇다면 하다못해 이 10만 원을 최대한 길게라도 납입하면 금액의 부족함을 채워 줄 수는 있다.

10년이 아닌 20년 동안 납입을 한다고 가정을 하자. 그러면, 10년 동안 소액으로 납입도 하고, 10년 이후에도 계속 소액으로 납입할 뿐만 아니라, 누적되어 있는 적립금도 장시간 누적 수익 활동을 하기 때문에, 소액의 장기 납입은 의외로 큰 활약을 한다.

마치 토끼와 거북이의 경주에서 토끼가 아닌 거북이가 이긴 것처럼 말이다. 이것은 생각과 발상의 차이이자, 오히려 더 많은 위험을 초래하는 한탕주의에 반대되는 이론이자, 티끌 모아 태산 만들기식의 방법론이다.

사실, 연금 적립금을 만드는 데는 장기 납입이 제격이다.

여러 가지 방법이 있지만, 그중 먼저 부담 가지 않는 금액으로 소득이 끊기는 은퇴 직전까지 개인연금 상품이 허락하는 최대한 가장 긴 납입 기간으로 납입을 하면 된다.

목돈에 해당되는 연금 적립금 약 1.5억 정도는 절대 하루아침에 준비가 되지 않으므로, 무조건 납입 기간을 최대한 길게 설정하도록 하자.

납입을 최대한 길게 설정했을 때, 부담이 되지 않는 금액으로 정한 월 납입 금액이 납입 기간의 후반부까지 동일한 금액으로 계속해서 납입이 되게 된다.

앞서, 물가는 눈에 보이지 않지만 조금씩 상승하므로 결국 화폐의 액면 가치는 떨어진다고 하였다.

이렇기 때문에, 납입 금액에 대한 부담감은 눈에는 보이지 않지만, 시간이 가면 갈수록 조금씩 상대적으로 줄어들면 줄어들었지, 늘어나지는 않는다.

그래서, 경우에 따라서는 소득이 끊기는 은퇴 직전까지 납입을 해도 괜찮고, 은퇴 시점을 조금 넘기는 정도까지는 납입 기간을 물고 있어도 심각한 문제는 없다.

현재 10만 원을 길게 납입하고 있는데, 납입 기간의 후반부에도 똑같이 10만 원을 납입하고 있으므로, 이 10만 원은 약 20년 후에도 동일하게 10만 원을 납입하고 있지만, 현재처럼 액면이 10만 원인 가치를 납입하는 것이 아니라 액면은 10만 원이지만, 약 5만 원 정도의 가치를 납입한다고 보면 된다.

약 25~30년 후의 급여에 임금상승률을 적용하지 않고, 화폐 가치의 하락만 적용하여도 현재 급여의 약 2배 정도의 액면이 된다.

물론 임금상승분이 더 반영이 된다면, 2배가 넘게 된다. 즉, 미래의 시점에도 자기 주머니에서 빠져 나가는 연금 상품의 납입 금액은 가입 시점의 납입 금액과 동일하게 10만 원이므로, 화폐의 액면가가 2배가 되어 버린 급여에 비해 상대적으로 부담감이 떨어지게 되는 것이다. 물론 액면가가 2배나 뛰었기 때문에, 물가도 그 정도 오르게 된다.

그래서 최대한 길게 납입을 하거나 소득이 끊기는 시점보다 조금 더 길게 납입하는 것에 대해서는 큰 걱정은 하지 않아도 된다. 현재 시점을 기준으로 무리하게만 납입을 하지 말자.

어느 정도의 큰 연금 덩어리를 만드는 것에 기본적으로 연금이라는 의미가 부여된다.

결국 연금은 월 연금 수령액이 많이 나오는 연금이 깡패다

현재 공무원이나, 교직원들은 60~65세가 되면, 직급과 재직 기관에 따라 조금씩 차이가 있지만, 평균적으로 현재 가치로 약 200~300만 원 전후의 연금을 받게 된다.

보통은 받기 전부터 어떻게 쓸지 계획부터 세운다고 한다. 생각만 해도 부럽지 않은가? 일단, 일을 하지 않아도 월급에 견줄 만한 금액이 계속 나오니 노후에 큰 걱정은 던 셈이다.

이런 연금을 받지 못하는 사람은 개인연금 상품으로 연금 최적화를 시키면 그렇게 부러워하지 않아도 된다. 믿기지 않는가?

그냥 단순히 개인연금 상품에 가입하면 되는 게 아니고, 우수한 개인연금 상품의 기능을 반드시 최적화시켜야 한다.

우리는 흔히 공무원연금이나 사학연금 같은 특수직역연금이 인기가 많고, 사랑을 받는 이유가 연금 수령액이 많이 나오기 때문이라고 알고 있다.

하지만, 이것은 사람들이 잘못 알고 있는 것인데, 연금 수령액이 더 많이 나와서가 절대 아니다.

실제 공무원연금이나 사학연금은 연금수령 효율이 의외로 생각보다 떨어진다.

연금은 공무원연금과 사학연금이 최고라는 관습적인 인식과 과거의 고정관념으로 인해 착각을 하면 안 된다.

사실 공무원연금이나, 사학연금 같은 특수직역연금이 일반인들에게 많은 부러움을 사는 이유는 국민연금처럼 보통 약 몇십 만 원을 받는 게 아니라, 그래도 최소한 월급 정도에 견줄 만한 200~300만 원 돈 이상이 나오기 때문이다.

그래서 약 몇십 만 원 나오는 국민연금은 효율도 더 좋고, 물가상승 률까지도 더 많이 반영이 되는데도 오히려 푸대접을 받는다.

우리나라 사람들의 독특한 목돈 심리가 반영된 탓이라 할 수 있다.

국민연금의 우수한 가성비 효과를 실감 못 하는 이유는 현재 가치 로 보통 약 몇십 만 원 정도가 나오기 때문이다.

이래서 집중이 중요한 것이다. 어느 정도는 양에 있어 집중이 되어야 만족도도 높일 수 있는 것이다.

결국 국민연금의 몇십 만 원은 현실적으로 기초생활, 아니 최소한의 생존이라고 표현하는 게 더 맞는 것 같다. 국민연금은 이 최소한의 기초 생존을 보장해 주는 정도밖에 안되기 때문에 결국 큰 도움이 안 되는 것이다.

지금 현재, 실제로 납입 금액 대비 효율만 놓고 본다면 현재의 연금 수급자 입장에서는 국민연금이 안정 면에서 봤을 때나 종합적인 면에 서 봤을 때나 거의 가장 우수하다고 할 수 있다. 사업자가 근로자인 연금 수급자의 국민연금 납부 금액의 50%를 의무적으로 납입하는 것도 여기에 한몫을 하게 된다.

한편, 연금 최적화를 모두 적용시킨 개인연금이 얼마나 파급력을 지니고 있는지 사람들은 잘 모른다. 많은 관심을 가지기를 바란다.

한 달에 몇십 만 원 받는 느낌이랑 250만 원 돈 이상 받는 느낌은 확실히 다르다.

즉, 월 연금 수령액이 어느 정도는 큰 덩어리가 있어야 체감 만족도를 더 높게 만드는 것이다.

한 달 치 연금인 200만 원 이상을 계획 없이 소비로 모두 탕진을 해도, 다음 달이 되면 또 이 금액이 불로소득(不勞所得)처럼 계속 나온다. 이 얼마나 좋은가?

반면 일반적인 방법의 개인연금 상품에 납입할 때는 월 30만 원씩도 힘들게 넣었는데, 안 그래도 화폐 가치도 떨어진 마당에 같은 금액인 월 30만 원씩도 안 나온다고 생각해 보아라. 과연 도움이나 되겠는가?

도움도 안 되는데, 어떻게 애착이 생기겠는가? 애착이 생기려야 생길 수가 없다. 욕 안 나오면 다행이다.

애착이 가는 연금이 되느냐 애착이 안 가는 연금이 되느냐는 어느 정도의 연금 덩어리가 되느냐 안 되느냐에서 결정된다. 이는 무턱대고 많은 금액을 납입하라는 말이 아니다.

한편 이와 같은 특수직역연금은 현재도 연금 수령액이 줄어들었지만, 앞으로도 각종 연금개혁 등으로 인해 더욱 줄어들 것이다.

사람들은 국가나 정부, 시청, 구청 등 각종 공공기관은 장사를 하지 않는 줄 아는데, 전혀 그렇지 않다.

눈에 보이지 않거나, 법과 공익이라는 빽을 내세워 자연스러운 독과점 장사를 하고 있을 뿐이다.

이런 측면에서 제대로 최적화시킨 개인연금 상품은 법이나 제도 및 세금 등에 영향을 받지 않으므로 오히려 많이만 나와 준다면 더 독립적이고 유리할 수 있다.

분명 미래에는 개인연금이 노후를 지배하는 시대가 온다.

연금은 연금이다. 연금은 최소한의 납입만으로 그 연금으로서의 기능을 극한까지 끌어올려 최대한의 연금을 받아 써서 사용가치가 풍부하게 발휘될 때가 가장 아름다운 것이다. 즉, 연금은 월 연금 수령액이 많이 나오는 연금이 깡패인 것이다.

그래서, 이 연금 최적화를 통해 개인연금 상품을 빈 깡통이나 애물단지가 아닌 두고두고 애착이 가고 연금 수령액이 많이 나오는 똘똘한 연금이 되도록 하기 위해 기본적으로는 10년 납입이 아닌 장기 납입을 해야 한다.

기존의 연금 공식에서 벗어난 새로운 납입 기간

납입 기간은 거의 모든 연금 상품이 2년 납, 3년 납, 5년 납 등의 단기 납입부터, 10년 납, 15년 납, 20년 또는 그 이상의 장기 납입까지 상품마다 다양하지만, 거의 비슷하다고 보면 된다.

납입 기간을 정할 때는 가입자의 연령, 납입 여력이나 상황, 기존에 납입 중인 연금 상품 등을 고려해서 가입 시점에 미리 정해서 가입할 수도 있고, 중도에 변경을 할 수도 있다.

단, 납입 기간을 변경하고자 할 때는 줄이는 것은 가능하지만, 늘리는 것은 불가능한 경우가 많다.

정말 노후를 위해 '연금'을 목적으로 한다면, 20년 납 이상으로 길게 납입할수록 이 연금 상품은 더욱 최적화되어 연금 적립금은 더 많이 쌓이기 때문에, 연금으로서의 가치가 더 높아지고 제대로 된 연금 덩어리가 되게 된다.

일반적으로는 약 20년 납 정도를 완납하는 것을 목표로 하자. 20년 납이 너무 길다고 생각하는가?

가입금액	보험기간	납입기간	보험료
1,200만원	종신	20년납	100,000원

[그림 3-1] 납입 기간은 20년 납 정도로 가능한 한 무조건 길게 하자

최대한 납입 기간을 길게 해 놓고, 하다못해 도저히 납입이 불가능하면 납입 기간을 줄이면 되므로 일단 모든 이유를 불문하고 최소 20년 납 정도로 정하자.

물론 더 길면 좋겠지만 최적화를 시킨 연금에서는 이 20년 납 정도면 충분하다. 가능한 한 꼭 완납을 할 수 있도록 하자.

20년 납임에도 불구하고 여타의 모든 연금과의 비교에서 전세(戰勢)를 뒤집고 우뚝 설 수 있는 이유는 이 책을 순서대로 끝까지 읽어 보면 알게 될 것이다.

한편, 이 20년이라는 납입 기간은 자연적으로 10년 이상의 가입기간이라는 조건을 충족하기 때문에, 이 연금 상품에서 발생되는 모든 세금을 100% 비과세로 적용되도록 하는 강력한 역할을 한다.

이 부분은 앞으로 많이 언급하겠지만 상당히 중요하다.

평생 동안 연금이 풍부하게 많이 나온다고 부러워하는 공무원연금이나 사학연금도 무려 약 33년 동안이나 한 달도 빠짐없이 쉬지 않고 납입을 해야 대략 월 300만 원 정도가 나온다.

20년 납은 33년 납에 비하면 긴 것도 아니다. 1/2(반)보다 조금 더 내는 것이다.

20년 납은 공무원연금과 사학연금의 납입 기간인 약 33년의 1/2(반, 16.5년)+약 3.5년 정도를 납입하는 것인데, 이 정도 가지고 길다고 말하면 안 된다.

번데기 앞에서 주름 잡지 말고, 20년 납 이상의 장기납으로 납입하도록 하자. 20년 납은 그래도 사학연금보다 훨씬 적게 납입하는 것이다.

소액이라 큰 무리는 가지 않겠지만 완납을 목표로 하고, 그래도 혹시라도 중도에 납입이 힘들어지면 유연성을 발휘하여 납입 중지나 납입 유예를 시키고, 도저히 납입 자체가 불가능해지면, 이때 납입 기간을 줄이는 것이다. 납입 기간을 줄이더라도 최소 10~15년 정도는 납입을 할 수 있도록 해야 한다.

납입 기간을 최대한 길게 하는 것은 꼭 납입 기간을 줄이기는 쉽고 늘리기는 어렵다는 이유 때문만은 아니다.

소액으로 길게 납입을 해서 덩어리 있는 연금 적립액을 만들되, 때려죽여도 도저히 납입 상황이 안 되면 그때 납입 기간을 줄이면 된다.

한편, 10년 납으로 가입을 해서 5년 납이나 3년 납으로 줄이는 것은 더더욱 아무 의미가 없다. 이렇게는 하지 말자.

상식적으로 한번 생각해 보자. 20만 원으로 5년 동안 납입하면 원금만 1,200만 원이다. 물론 적립 금액이 불어나서, 2,000만 원 이상이 되었다고 가정을 해 보자.

현금 2,000만 원과 연금 적립금 2,000만 원은 또 그 느낌이 완전 다르다. 크다면 크고 작다면 작은 금액이다.

이 연금 적립금 2,000만 원을 월 100만 원씩 연금으로 수령한다고 했을 때는 2년 안에 고갈되어 버리는 턱없이 부족한 금액이다.

반면, 연금을 오래도록 받기 위해서, 연금 적립금 2,000만 원을 20년으로 나누어 연금을 수령하게 되면, 그 금액이 한 달에 약 10만 원 이하가 되어 버린다. 하물며 그때의 10만 원의 가치는 지금보다 더 낮은 가치일 것이고, 종신형(죽을 때까지) 연금으로 수령하면, 월 연금 수령액은 훨씬 더 낮아진다.

이와 같이 연금 덩어리가 최소 어느 정도 되지 않으면 실수령금액이 너무 적어서 존재감이 없어지므로, 연금으로서의 역할도 무의미하게 되고, 전혀 도움이 되지도 않는다.

연금은 절대 목표 연금 적립 금액에 목 매면 안 된다

연금 상품 관련 통계 자료나 관련 서적, 은퇴 설계 연구소 자료, 연금 관련 기사 등에서는 연금 적립금의 목표 금액을 연금 수령액의 양에 따라 3억, 5억, 7억, 10억 정도로 구분하여 강조하는 경우가 많다.

대부분은 이 연금 재원을 약 몇 억을 만들기 위해서는 연령대별로 월 얼마씩 불입해야 한다는 식이다.

월 얼마씩 불입해야 하는 금액이 보통 최소 50~80만 원 이상이고 고액을 추천한다. 어이가 없다. 과연 현실 가능성이 있다고 보는가?

여기서 더 큰 문제점은 이렇게 덩어리 있게 납입한다고 해서, 만족스러운 연금이 나오는 것도 아니라는 것이다.

보통은 납입 금액과 거의 비슷한 정도의 금액이 월 연금 수령액으로 나오는 실정이다. 여기에서 떨어진 화폐 금액의 가치까지 고려하면 더욱 심각하다고 볼 수 있다.

판매자가 아닌 전체적인 가입자 중심에서 살펴보면, 목표 연금 적립액을 기준으로 하는 납입은 정말 말도 안 되고, 시작을 어렵게 만들고 현실적으로 불가능한 일이다. 이는 그나마 일부 여유가 많은 사람이나 고소득자에게만 해당되거나, 더 나아가서는 완전 딴 세상 이야기를 하는 것 같다.

납입 효율이라도 좋다면 말을 안 하겠지만, 최적화를 시키지 않으므로 납입 효율도 최악이라고 볼 수 있다. 많은 사람들에게 물어봐도 전혀 와닿지를 않는다고 한다. 과연 몇 명이나 이와 같이 실천하겠는가?

국내에 있는 많은 연금 관련 서적은 여유가 많이 되거나 현금이나 목돈이 많이 있는 사람들을 대상으로 한 연금 상품 홍보를 목적으로 한 기초 사용설명서인 것 같다.

그럼 어떻게 하면 되냐고 질문이 쏟아질 것이다. 결론적으로 연금은 원하는 연금 적립 금액을 목 매고 쫓아가면 절대 안 된다.

쫓아가면 쫓아갈수록 더 불가능해지고, 연금은 더 멀리 도망처 버릴 것이며, 결국 그 연금과 패거리들로부터 몰매를 맞게 된다.

개인연금 상품을 하나씩 하나씩 차근차근 최적화시키면, 어느덧 연금 상품이 오히려 연금 가입자에게 목매고 있을 것이다.

목매다는 연금 상품을 보면서 연금 수령자인 여러분은 그냥 노후를 즐기면 된다. 생각보다 재밌지 않은가? 허황되게 들리는가?

이렇게 되는 이유는 차츰차츰 하나씩 하나씩 알게 될 것이다. 그래서 반드시 연금 최적화를 시켜야 한다.

연금 최적화를 실행하게 되면, 연금 상품이 연금 가입자에게 목을 매다는 광경을 목격할 수 있다.

부담이 없고 유연성이 뛰어난 장기(長期) 납입으로

한편, 20년 납으로 시작해서 10년 납으로 줄여 완납을 하는 것과 10년 납으로 시작해서 10년 납으로 완납하는 것은 유연성 측면에서 완전히 다르다.

10년 뒤의 미래에는 어떠한 상황에 처할지 모르기 때문이다. 예상했던 것과는 많이 다를 수도 있다.

하물며, 20년 납으로 시작해서 10년 납으로 줄일 때에는 이미 기본적으로 10년 납 이상을 하고 있기 때문에, 10년납으로 줄이더라도 아무런 손해(Damage)가 없고 부분 해약에도 해당되지 않는다.

혹시라도 10년 납으로 완납을 하고, 그때 가서 또 가입하는 것보다는, 지금 현재의 좋은 조건을 갖추고 있는 이 연금 상품을 길게 이어가는 것이 가장 좋다. 그래서 납입 기간 측면에서 유연성이 뛰어난 약 20년 납 정도로 하는 것이 유리하다.

만약, 납입을 하는 긴 시간 동안 추가납입을 일부 하지 못했다면, 그래도 연금 개시 전까지 몇 번쯤은 수시나 일시로 추가납입을 할 수 있는 기회(Chance)나 여유가 있을 것이다. 반드시 연금 개시 전까지 추가납입 한도는 꽉 채워서 완납을 하도록 하자.

한편, 영업 현장에서도 개인연금 상품은 대부분 10년 납이 마치 연금공식인 것처럼 알려져 있다.

10년 납 이상에 해당되는 10년 납이나 20년 납은 두 가지 모두 영업 실적은 동일하게 간주되기 때문에, 판매자 입장에서는 영업 실적에 차이가 나는 10년 납이냐, 10년 납 미만이냐를 놓고 고민을 할 뿐이지, 영업 실적이 동일한 10년 납이냐 10년 납 이상이냐를 두고 고민을 하지 않는다.

어떤 사람들은 10년 납을 완납하고 여유도 좀 되어서 더 납입을 원하기도 하는데 이럴 경우에는 신규로 또 가입을 시키면 되기 때문에, 사실 영업 실적이 10년 납과 동일한 20년 납 같은 장기납으로 굳이 권유하지 않는 부분이 많다.

참으로 괘씸하지 않은가? 금융 회사는 당신 편이 아니다. 그래서 알건 알아야 한다.

매월 연금으로 납입 가능한 금액이 만약 30만 원이라면 20년 납만 하더라도 납입 원금만 7,200만 원이고 여기에 불어난 금액까지 계산이 되어 약 1억이라고 가정한다면 적지 않은 금액이다. 힘을 내어 제발 노후를 포기하지 마라.

나이가 젊은 사람은 납입 가능금액 한도 내에서 연금 상품이 허락하는 한 무조건 길게 납입해야 한다.

약 45~50세 정도는 수입이 발생되는 마지노선까지는 최대한 길게 설정을 하는 것이 좋은데, 이게 아니더라도 향후에 납입 기간을 줄이는 것이 가능하므로 가입할 때는 일단 20년 납 이상으로 가장 길게 하는 것이 유리하다.

한편, 나중에 또 추가로 가입한다 하더라도 어차피 납입을 완전히 완료하고 다시 또 추가로 가입하는 개인연금 신상품들은 더 안 좋으면 안 좋았지 절대로 더 좋기는 힘들기 때문이다.

그러므로 이왕 연금을 목적으로 납입을 할 것이라면, 한 세대(부부) 기준으로, 보통 2개 정도의 연금 상품에 집중해서 가능한 한 장기간 동안 오래도록 납입하도록 하자.

이렇게 길게 장기 납입을 하게 되면, 이 개인연금 상품이 유명무실(有名無實)한 골동품이 될 가능성은 현저히 떨어지거나, 나중에 이 얼마 안 되는 돈으로 무슨 연금이냐고 후회하며 해약하는 일은 없거나 줄어들게 된다.

그뿐만 아니라, 살다가 돈이 들어갈 큰일이 닥쳐도 미리 준비해둔 어느 정도의 큰 연금 덩어리가 있기 때문에, 그 고비를 넘길 수가 있다. 공무원연금이나 사학연금도 비상시에는 활용이 가능한 것처럼 말이다.

단, 가급적 중도 인출이나 약관 담보 대출 같은 기능은 특별한 비상시가 아니면 그냥 없다고 생각하고 사용하지 않는 것이 좋다.

그래서 긴급 비상 사태를 자주 만들지 않으려면, 항상 현금 흐름에 여유가 있어야 하고, 현실적으로 가능성 있는 올바른 재무 포트폴리오를 갖추는 것이 중요하다.

이런 이유로 개인연금 상품은 절대 무리가 되면 안 되고, 무리가 되지 않으려면, 최대한 길게 납입을 해야 한다.

아울러, 필자(최적화)의 '보험과 연금 최적화시키기' 네이버 카페에서는 최적화 연금 외에도 부담으로 차지하고 있는 고정 지출 중 하나인 각종 보험과 비효율적인 각종 금융 상품들을 최적화시키는 방법들을 제시 및 안내하고 있다.

친구와 술과 연금은 오래될수록 좋다

연금 최적화의 시작 지점부터 종료 지점까지의 천 리 길을 한걸음부터 시작해서 많은 시간이 흘러 몇백 리 정도만 오게 되면 새로운 보너스가 기다리고 있다.

장기 납입을 하게 되면 장기 납입 보너스라는 것이 연금 적립금에 추가로 쌓일 뿐만 아니라, 장기 유지 운용 보수라는 것도 환급이 되어, 덤으로 또 연금 적립금에 쌓이게 된다.

그래서 우리나라에서는 뭐든지 진득하게 오래 해야 한다. 오래 하는 모든 일에는 깊은 뜻이 숨어 있다. 간단하지만 정말 중요한 진리이다.

개인연금 상품도 마찬가지이다.

길게 납입하면 당장 부담이 가지 않으므로 자금 압박에서도 벗어날 수 있을 뿐만 아니라, 연금 상품이 아닌 연금 가입자가 칼자루 또한 쥐게 된다.

즉, 이렇게 되면 연금 적립금이 또 미미하지만 소폭이나마 늘어나게 된다. 티끌 모아 태산이고, 오래 끓일수록 진국이 된다.

예를 들어, 20년 납 이상으로 길게 납입하는 것이 10년 납으로 완납하고 또 부족함을 느껴 그때 돼서 또 10년 납 정도를 더 납입하는 것보다 더 유리하다.

만약 10년 정도 경과한 시점에 납입 여력이 도저히 되지 않는다면, 20년 납을 10년 납으로 줄이면 된다. 단, 다시 20년 납으로 늘어나지는 않으므로, 충분히 고민을 해 본 후에 결정을 하도록 하자.

보험료 관련 중요사항

○ 장기납입 보너스

장기납입 보너스 투입 시점에 유효한 계약으로서, 회사가 설정한 기본보험료 납입회차에 기본보험료 납입시 회사가 정한 조건 충족시 특별계정적립금에 다음과 같이 계산된 장기납입 보너스를 가산하여 적립합니다.

기본보험료 납입회차	장기납입 보너스
37회차 이상 72회차 이하	월 기본보험료(특약보험료 포함)의 0.3%
73회차 이상 108회차 이하	월 기본보험료(특약보험료 포함)의 0.6%
109회차 이상	월 기본보험료(특약보험료 포함)의 1.0%

○ 장기유지 운용보수 환급액

회사는 계약일부터 10년 이상 지난 유효한 계약에 한해, 연금개시전 보험기간 및 연금지급개시 계약해당일에 다음과 같이 계산된 펀드별 금액을 1년 단위로 환급하여매년 계약해당일에 특별계정적립금에 가산합니다.
- 펀드별 장기유지 운용보수 환급액
= 펀드별 직전 1년간 월별 계약자적립금의 합계 × 펀드별 일단위 특별계정운용보수 × 장기유지 운용보수 환급률

계약일부터 유지기간	장기유지 운용보수 환급률
11~15년	5%
16~20년	7.5%
20년 초과	10%

[그림 3-2] 장기 납입 보너스 및 장기 유지 운용 보수 환급액

납입 기간을 길게 하는 것은 작고 간단한 원리이지만 무시할 수 없

는 나비효과(Butterfly effect, 나비의 작은 날갯짓으로도 엄청난 폭풍우가 일어
날 수 있음)가 나타나게 한다.

연금을
뼛속까지 최적화시키면
믿을 수 없는 일이 벌어진다

두 가지 연금 지급 형태의
환상적인 콤비네이션

원하는 확정 기간 동안 연금을 수령할 수 있는 확정형 연금

연금을 지급하는 연금 지급 형태에 따라 크게 세 가지로 나눌 수 있다.

처음 들으면 용어가 좀 생소할지 몰라도 아래 내용을 이해하면 정말 쉽고 간단하다.

첫째는 모든 금융 회사에서 취급하고 있는 확정(지급)형 연금이다.

확정형 연금은 여태껏 매월 적립해 온 연금 적립금을 가지고, 5년, 10년, 15년, 20년, 25년, 30년, 50년의 확정된 기간 동안 나누어 지급하는 형태를 말한다. 그래서 확정형 연금이라고 한다. 확정형 연금은 짧은 지급 기간을 정할수록 당연히 월 연금 수령액이 많아진다.

가령, 5년 확정형 연금은 짧고 굵게 나누어 주고, 20년 확정형 연금은 길고 가늘게 나누어 준다.

확정형, 확정 지급형, 확정 연금형, 확정 연금 지급형은 금융 회사마다 조금씩 표현 방법이 다를 뿐 모두 다 같은 말인데, 필자는간단하게 확정형이라고 표현하겠다.

대부분의 사람들은 20년 이상의 장기간 지급 형태를 주로 선택한다.

이유는 5년 확정형 연금과 같이 고작 5년의 짧은 기간 동안만 받고 모두 소멸되면 안 된다는 생각을 하기 때문이다.

반면에 연금 최적화에서는 주로 5년 확정형 연금 지급 형태를 활용하는데, 이는 연금으로 수령 시 연금 수령 효율이 가장 높고 유리할 뿐만 아니라, 확정형 중에서는 사실 5년 확정형 연금이 물리적으로도 연금 가입자에게 가장 유리한 형태이기 때문이다.

투자연금 확정형(GMWB, Guaranteed Minimum Withdrawal Benefit)이라는 연금 지급 형태도 있는데, 이는 투자연금 10년과 20년 확정형으로 나뉘어진다.

투자연금 10년과 20년 확정형은 일반적인 10년과 20년 확정형 연금과 거의 95% 이상 흡사하다고 보면 된다

이 투자연금 확정형은 10년과 20년형만 있고, 5년형이 없는 것이 좀 아쉽긴 하다. 하지만, 크게 중요하지 않은 부분이므로, 넘어가도 되고, 무시해도 아무 관계 없다.

죽을 때까지 나오는 종신형 연금도 태생(胎生)은 두 종류!

둘째는 유일하게 생명보험사에서만 취급하고 있는 종신(지급)형 연금이다.

종신형 연금이 개시되면, 연금 적립금을 확정된 기간 동안 나누어 지급하는 것이 아니라, 종신(終身, 평생, 죽을 때까지, 내 생이 다할 때까지, 목숨이 끊어질 때까지)토록 나누어 지급하는 것이 주요 특징인데, 살아 있으면 계속 지급된다.

종신토록 연금이 지급되는 부분은 장점과 단점이 팽팽하게 줄다리기를 하고 있으므로 정말 중요한 부분인데, 제대로 사용을 해야 그 혜

택을 제대로 볼 수 있다.

원래, 무협지에서도 무림 고수들이 장(長)대목봉을 사용하면, 그 무기의 장점을 최적으로 활용하기 때문에, 비록 목(木)봉으로도 얼마든지 거친 상대를 제압할 수 있지만, 어설픈 자들이 사용하게 되면 길이가 너무 길어서 오히려 움직임에 방해를 받게 되고 제대로 한번 써 보지도 못하고, 근접한 적의 보잘것없는 한 칼에 바로 소중한 목숨을 잃어 버린다.

여기서 중요한 점 하나는 이 종신형 연금의 지급 형태는 두 가지라는 점이다. 하나는 종신형 연금으로 선택을 했기 때문에 종신형으로 지급되는 연금 상품이 있고, 나머지 하나는 선택을 한 것이 아니라 아예 태생부터 무조건 종신형 연금으로만 지급되도록 고정되어 있기 때문에 종신형으로 지급되는 연금 상품이다.

즉, 이 두 가지는 결과론적으로 종신형 연금이 지급되는 것은 같을 수도 있겠지만, 지급 형태의 선택 가능 여부를 놓고 보면 완전히 다르다고 할 수 있고, 이로 인해 상당히 큰 차이를 불러 일으킬 수 있다.

이와 같이 연금 상품의 태생부터가 무조건 종신형 연금으로만 지급되도록 못이 박혀 있는 연금을 이른바 '종신 연금'이라고도 한다. 종신 연금은 이러나 저러나 오로지 종신형(평생 분할 지급)으로만 연금이 지급된다.

개인연금 상품에서는 특이한 경우를 제외하고는 선택이 불가능해서 유연성이 떨어지는 종신 연금은 각별히 주의해서 사용해야 한다. 종신 연금이 좋지 않다는 말이 아니다.

종신 연금은 연금 개시 시점이 되었을 때 지급 형태에 있어서의 선택의 여지가 없기 때문에 자칫 잘못하면 심각한 상황이 벌어질 수도 있기 때문이다.

한편, 이 종신형 연금 중에서는 최근 들어 부쩍 부각되고 있는 종신형 투자연금(GLWB, Guaranteed Lifetime Withdrawal Benefit)이라는 연금 지급 형태가 있는데, 제대로 잘 모르는 사람들이 99.9%이기 때문에 결론부터 말하자면, 이름만 좀 더 그럴듯하고 다르게 새로 만들어 놓았을 뿐이지, 일반적인 종신형 연금과 거의 99% 같다고 보면 된다.

마치 한나라당이 새누리당으로 창당을 해도 새누리당은 똑같은 한나라당이고, 민주당이 더불어민주당으로 창당을 해도 더불어민주당은 똑같은 민주당인 것처럼 말이다.

이 투자연금 종신형은 크게 중요하지 않은 부분이니 후반부에서 다시 설명하도록 하겠다.

상속형 연금은 바보들만 선택하는 것이다

셋째는 이 역시 생명보험사에서만 취급하고 있으며, 가장 활용 빈도가 떨어지는 상속(지급)형 연금이다.

상속형 연금이 개시되면, 연금 재원의 원금 정도는 거의 건드리지 않고 원금으로부터 발생되는 이자(수익)만 연금으로 지급하다가 연금수령자가 사망을 하게 되면, 원금 정도는 그대로 상속인에게 상속이 되는 것이 주요 특징이다.

우리는 최소한의 납입 금액으로 최대한의 연금을 수령해야 하기 때문에, 왕창 많이 받아도 아쉬운 마당에 당장 살아 있는 동안 이자만 쥐꼬리만큼 받다가 원금 정도는 그대로 상속이 되는 상속형 연금은 상황에 맞지 않는 경우가 대부분이다.

그래서 상속형 연금은 금액이 어느 정도 커야 활용할 만한 의미가 있고, 연금 재원을 사용하지 않고 모두 상속을 시킨다는 것 자체가 일반적인 취지에 맞지 않기 때문에 연금 최적화에서는 제외하기로 한다.

연금은 사용하기 위해서 있는 것이지, 상속하기 위해서 있는 것이 아니다. 이 상속형 연금은 도구의 쓰임새에 맞지 않는 연금 지급 형태라고 볼 수 있다.

상속형 연금으로 수령을 한다 해도, 상속이 되는 원금 정도에 해당되는 금액은 모두 상속평가자산에 합산이 되므로, 상속형 연금으로 선택하여, 연금은 쥐꼬리만큼도 아닌 쥐새끼의 똥만큼 받고, 자산이 많은 경우에는 결국 상속세로 더 많이 털리게 된다.

이런데도, 굳이 왜 상속형 연금을 선택하려 하는가?

이처럼 상속형 연금은 바보들만 선택하거나 VIP 센터나 WM 센터에서 추천을 해서 선택하는 경우가 많다. 따라서 1억 원 이상의 일시납 상속형 연금을 생각 중인 사람들을 위해 후반부에서 기가 막힌 방법을 다시 설명하겠다.

연금 최적화에서는 최소한의 힘으로 무조건 최대한 연금을 많이 받아 웰리빙할 수 있도록, 연금 수령액은 생전(生前)에 다 쓰는 것을 목표로 한다. 쓸 것도 모자란 마당에 원금을 상속시키는 것은 얼토당토 않다.

이렇게 잘 소비하는 것(Well-spending)은 연금 최적화의 취지에서 바라보았을 때 또한 깜짝 놀라지 않을 수가 없다.

사실 사람들이 잘 몰라서 그렇지, 연금은 원론으로 돌아와서 보면 생전에 모두 써서 소진해 버리는 것을 베이스로 해야 한다. 누구도 알려 주지 않으니 제대로 개념은 잡고 넘어가길 바란다.

정리하면 연금 적립금을 확정된 기간으로만 분할해서 나누어 주는 '확정형' 연금과, 죽을 때까지 종신토록 나누어 주는 '종신형' 연금만 기억하면 된다. 처음 들을 때와는 달리 너무 간단하지 않은가?

연금 최적화에서는 확정형 연금과 종신형 연금, 이 두 가지의 연금 지급 형태가 만나면 완전히 환상의 콤비가 된다.

연금이 평생 지급되는 형태는 양날의 칼

여기서 한 가지 주의해야 할 점은 생명보험사에 있는 모든 개인연금 상품이 종신형과 확정형을 선택할 수 있는 것이 아니라는 점이다. 그래서 연금 지급 형태의 선택 가능 여부를 반드시 확인해야 한다.

확인 방법은 간단한데, 연금 상품의 가입설계서나 카탈로그 같은 곳에 쓰인 확정형과 종신형 글자만 확인하면 된다. 이 두 가지가 확인이 되면, 두 가지 지급 형태 중 하나를 선택할 수 있는 연금 상품인 것이다.

종신형 연금 지급 형태로만 고정이 되어 있는 순수 오리지널 (Original) '종신 연금' 상품에는 확정형이라는 글자가 나오지 않는다.

양날의 칼이라고 들어 보았는가? 어떻게 사용하느냐에 따라 자신에게 득이 될 수도 있고, 반대로 자신에게 해가 될 수도 있다는 말인데 앞서도 언급했지만 종신 연금은 마치 양날의 칼과도 같다.

종신형 연금은 연금 개시 후 죽지 않고, 오래 살면 오래 살수록 연금 개시 시점에 약정된 월 연금 수령 금액은 죽을 때까지 계속 지급이 되기 때문에, 선택한 약정에 따라 일정 기간이 경과하면 이른바 '생존이익'이라는 것을 얻을 수 있다.

보통 암에 걸리면 보험 상품에서는 암 진단금이 지급되듯이, 종신형 연금은 곧 생존보험(생존만 하고 있으면 계속 보험금이 지급됨)이므로, 생존을 오래하면 오래할수록 생존 보험금(=연금)을 더 많이 받을 수 있는 것이다.

단, 연금 상품의 연금 적립금이 많지도 않은데, 종신형 연금으로 선택을 하게 되면, 지급되는 연금이 형편없는 수준의 금액이 되어 버릴 뿐만 아니라, 물가상승률에 난도질을 당하게 된다. 이래서 종신형 연금(종신 연금)의 연금 지급 형태는 마치 양날의 칼과도 같은 것이다.

하지만 너무 걱정하지 말도록 하자. 연금을 최적화시키면 장점만을 부각시켜 그 기능의 최고치로 활용할 수 있게 된다.

확정형 연금과 종신형 연금, 환상의 콤비네이션

우리는 앞으로 두 가지 연금 상품으로 연금을 최적화시킬 때, 기본적으로는 이 확정형과 종신형 두 가지의 연금 지급 형태를 모두 사용한다는 것을 잊지 말도록 하자.

반드시 확정형 연금 하나와 종신형 연금 하나를 조합해서 사용해야 환상의 콤비가 된다. 물론, 기본적으로는 5년 확정형 연금 지급 형태를 주(主)로 사용한다.

연금지급형태							
확정(지급)형 연금						종신(지급)형 연금	
5년	10년	15년	20년	25년	30년	개인연금형	부부연금형

[그림 4] '연금 최적화'에서는 기본적으로 5년 확정형과 종신형 연금으로 수령한다

이 연금 지급 형태 및 수령 기간은 가입 시점에도 지정할 수 있지만, 실제로는 '연금 개시일의 전일'까지만 정하거나 변경하면 된다.

확정형 연금은 보험개발원의 보험 가입자 통계를 바탕으로 하는 경험생명표의 적용을 받지 않기 때문에, 연금 개시 후에라도 이자를 공제하고 일시금으로도 받을 수 있고 지급 형태의 변경이 가능하다.

하지만, 종신형 연금은 경험생명표의 영향을 직접적으로 받고 있기

때문에, 일단 연금이 개시가 되면, 죽을 때까지 연금으로만 받아야 할 뿐만 아니라, 일시금으로는 받을 수도 없고, 지급 형태의 변경도 아예 불가능하며, 보증 기간 이후 사망 시에는 연금이 한 푼도 나오지 않으며 연금 지급은 모두 종료가 된다.

한편, 보증 기간 내에 사망 시에만 아직 보증 기간이 남아 있는 미지급된 연금 부분은 유족이 계속 연금 형태로 받을 수 있으며, 이때 보증 기간 내의 미지급된 연금 부분에 이자를 공제하고, 일시금으로도 수령이 가능하다.

요즘에는 연금 상품들의 기능이 좋아지다 보니, 확정형과 종신형의 두 가지 또는 상속형 까지 세 가지의 연금 지급 형태의 비율을 지정해 동시에 받을 수 있는 기능들도 있다.

하지만 가지고 있는 연금 상품이 하나라면 어쩔 수 없이 상황에 맞게 이런 기능을 활용하는 것도 하나의 방법이지만 효율이 썩 좋지는 않기 때문에 큰 의미는 없다.

하나의 덩어리에 어느 정도의 집중이 되지 않으면, 여러 가지의 기능을 사용하지 않은 것만 못하다.

즉, 연금 지급 형태의 비율은 분산해서 사용하지 않는 것이 좋다.

이외에도 체증, 체감, 집중, 정액응용, 질병형 등 여러 지급 방식이나 기능들이 있고 이런 세부적인 형태들은 자세히 몰라도 되니 걱정하지 말자.

매월 월급처럼 받는 연금이 진짜 연금이다

흔히 연금은 매월 받는 것이라고 알고 있다. 하지만 매월이 아니라 만약 3개월, 6개월, 12개월(1년)마다 연금을 받기 원한다면 이 역시 선택할 수가 있다.

월 연금 수령액이 얼마 되지 않는다면, 어쩔 수 없이 연(年) 단위로 받아야 될 수도 있겠지만, 이렇게 되면 사실 연금으로서 도움이 되지 않는다.

연금을 매월 소액으로 받아도 최소한의 단순 생존을 위한 수단밖에 되지 않지만, 해마다 받아도 존재감 없는 연금이 되어 버리기 일쑤이다.

필자는 연금 최적화를 통해 '매월' 최대한 가능한 한 많은 연금을 받을 수 있도록 세팅을 하도록 하겠다.

진짜 연금은 글자 그대로 연(年)마다 받는 것이 아니라, 월급처럼 월(月)마다 받는 것이고, 이처럼 매월 월금(月金)을 받을 때 그 효용 가치는 연금으로서 빛을 발하게 된다.

순서를 잘 배치하면 훨씬 더 많은 연금을 받을 수 있다

병법에서는 한 사람이 길목을 잘 지키면, 천 명도 두렵게 할 수 있다고 하였다. 말도 안 되는 게 아니라, 실제 명량대첩에서의 충무공 이순신 장군도 빠른 조류와 좁은 목을 지혜롭게 이용하여, 조선 수군 12척으로 일본 수군 133척을 이긴 하나의 사례라고 볼 수 있다.

마찬가지로 필자는 대한민국에 있는 연금 상품들과 기능들을 오랜 시간 동안 연구한 끝에 이와 같은 결론을 내렸다.

연금에서는 여러 가지 연금 최적화를 잘 적용한 연금 상품들의 순서를 최적화 조건에 맞게 잘 배치해서 효율적으로 수령하게 되면 연금 수령액을 2~3배에서 많게는 4~5배 또는 그 이상까지도 더 많이 받을 수도 있다.

이 역시 몇 배나 더 많이 나오는 것이 어디 있는 것이 아니라, 실제 연금 최적화를 시킨 연금은 연금 수령액이 훨씬 더 많이 나오는 원리이다.

단순히 연금 수령액의 총량이 많은 것이 아니라, 매월 수령하는 연금의 금액도 가히 기가 막힐 지경이다.

그 연금 최적화의 원리를 조금씩 알아보기로 하자.

큰돈을 들이지 않고 납입을 완료한 하나의 개인연금 상품을 가지고 원하는 시점(남자 나이를 기준으로 약 65세)에 5년 확정형 연금으로 개시를 하면, 주로 은퇴 직후 상대적으로 활동이 왕성하고 평균적으로 돈이 가장 많이 들어가는 시기인 약 60~70세 구간에서는 연금 수령액으로는 남부럽지 않은 액수인 약 월 300만 원 대의 연금도 매월 집중적으로 받을 수가 있어, 진정 돈을 써야 될 때에 값어치 있게 효율적으로 사용을 할 수 있게 된다. 약 월 300만 원 대면 끝내주지 않는가?

인생에 있어서 은퇴 이후의 약 30년 중에 은퇴 바로 직후의 집중 활동 기간은 은퇴 이후의 기간 중에서도 과연 화양연화(花樣年華), 가장 꽃다운 청춘이라고 할 수 있다.

집중의 정도는 총량과 아무 관계가 없다. 주요 구간에서의 집중의 정도가 어머어마하게 큰 결과의 차이를 불러 일으킨다.

그리고 이 5년 확정형 연금의 지급이 끝남과 동시에 다른 하나의 연금 상품을 종신형 연금이 지급되도록 설정을 해 놓으면, 그때부터는 죽을 때까지 매월 종신 연금을 받을 수 있게 된다.

요약하면, **은퇴 직후의 집중 활동 기간에는 5년 확정형으로 연금을 개시하여, 풍부하게 집중적으로 수령하게 되는데, 5년 확정형 연금이 지급되는 5년이라는 기간 동안 나머지 다른 연금 상품은 아직 연금을 개시하지 않았으므로, 복리로 더 많은 이자(수익)가 누적이 된다.**

5년 확정형 연금이 종료됨과 동시에 종신형 연금을 개시하면 5년 동안 더욱더 많아진 연금 적립금을 종신형 연금으로 개시하여, 죽을 때까지 받게 되는 것이다.

물론, 월 연금 수령액은 종신형 연금이 5년 확정형 연금보다는 더 적지만, 종신형 연금 적립금의 장기 운용 후반부인지라, 5년 동안 돌아가는 수익 활동이 연금 적립금에 적지 않은 영향을 주게 된다.

한편 약 70세 이상의 노인이 되면, 지출되는 비용도 상대적으로 줄 뿐만 아니라 적게 들어가고 자녀들도 모두 독립을 했기 때문에 연금 수령액이 좀 낮아졌다고 해서 큰 문제가 되지는 않는다.

70세가 넘어서면 지금과 똑같은 생활 패턴이 아니다. 그때는 지금과는 생활 패턴 자체가 완전히 다르다.

오히려 연금을 사용하는 효율에 있어서는 더 최적화가 된 셈이다.

돈은 뒤늦게 많이 버는 것보다 제때에 벌고 제때에 쓰는 것이 중요하다고 하지 않던가?

돈은 있어야 될 때에 있어야 한다. 돈이 제때에 없으면 어떤 값을 치러도 치르게 되어 있다.

흔히 연금을 다 써서 없애 버리면, 막연한 생각으로 말미암아 연금 상품이 소멸되어 없어지는 것 같다는 심리적인 이유로 대부분은 5년 확정형 연금을 선뜻 선택하지 못한다.

이는 마치 많은 사람들이 사망하고 나면 집이 없어진다는 이유로, 주택연금(역모기지론, Reverse Mortgage Loan)을 선뜻 신청하지 못하는 이유와 일맥 상통하기도 한다.

연금은 마치 암(癌, Cancer, 악성종양, 악성신생물) 완치 환자들이 마치 언제 또 다시 암이 재발할지 몰라 최대한 삶을 즐기고(Enjoy life), 감사해 하며, 순수 소멸성의 삶처럼 무겁지 않고 가벼우며 모든 것을 내려놓은 느낌의 마음으로 소비하는 것처럼 미련 없이 뒤도 돌아보지 말고 소비해야 한다.

연금을 가지고 저축을 하려고 하면 안 된다. 유익하고 아름답고 보람차게 쓰는 법을 익혀야 한다.

이 외에도 이미 조금씩 불어나고 있는 부동산 및 기타의 자산들도 있지 않은가?

얼마나 많은 자산을 남겨 주려고 하는가?

최적화된 연금 상품으로 풍부하게 나오는 연금과 국민연금 등의 연금만은 최소한 후회 없도록 모두 다 쓰도록 하자.

대부분의 사람들은 연금을 개시할 때 두 가지 연금 상품을 모두 종신형 연금이나, 두 가지 모두 20년(또는 장기간) 이상의 확정형 연금을 복층으로 겹쳐서 동시에 받을 수 있도록 선택을 한다고 보면 된다.

보증 기간은 100세 시대라 그런지 100세 지급 보증형이 가장 인기가 많다.

명심하고 또 명심해라. 남일이 아니다. 또 명심해라. 이렇게 하게 되면 보기 좋게 노후를 망치게 되고 아무 잘못도 없는 연금 상품만을 탓하게 된다.

연금 최적화의 방법은 상대적으로 적은 돈을 가지고 최적의 효과를 내는 것이지 매월 고액의 큰돈을 불입하는 것이 아니다.

만약 납입 여력이 되어 고액으로 불입하여 연금을 최적화시킨다면 그냥 기절초풍의 연금이 되어 버린다.

연금 최적화에서는 적은 돈을 불입했기에 부담도 없고 후회도 없다.

첫 번째 연금은 반드시 5년 확정형 연금으로 신청해서 매월 모조리 다 써 버리자. 사치를 하라는 것이 아니다.

죽을 때는 어차피 연금은 못 가져가고, 원천적으로 연금은 매월 다 쓰기 위해서 가입하는 것이다.

5년 확정형 연금은 그동안 못 쓴 곳이 있다면 매월 다 써 버리자.

60세든, 63세든 67세든 언제든지 간에 은퇴 직후, 본인이 원하는 시기와 집중적으로 돈을 쓰고 싶은 기간만 심사숙고해서 잘 정하면 된다.

만약 개인연금 상품이 총 3개라면, 첫 번째 5년 확정형 연금이 종료되면, 바로 두 번째 5년 확정형 연금이 이어서 지급되도록 하면 된다.

세 번째 연금이자 마지막 연금은 일부의 경우를 제외하고는 반드시 종신형 연금으로 개시해야 한다.

세 가지 연금 상품이 있을 때, 만약 첫 번째 5년 확정형 연금을 받는 동안 5년 확정형으로 연금을 받고 있음에도 불구하고 연금 수령 금액의 부족을 느낀다면, 첫 번째 5년 확정형 연금 지급이 종료되지 않았더라도 그 부족함을 느낄 때에 바로 중복해서 연금 수령이 가능하도록 두 번째 5년 확정형 연금을 신청하면 된다.

이렇게 되면 중복해서 받는 약 몇 년 간은 두 배 이상으로 연금을 수령하는 것이고, 중복 수령 기간이 종료되면 다시 두 번째 5년 확정형 연금만 나오게 되는 것이고, 이 연금 지급이 종료되면 바로 이어서 종신형 연금이 나오게 되는 것인데 이 종신형 연금도 두 번째 5년 확정형이 지급되고 있는 동안 중복해서 신청을 해도 된다.

다시 언급하겠지만, 이러한 이유들로 하여 연금 개시 시점도 미리 정하면 안 된다.

종신형 연금은 경험생명표의 영향을 받기 때문에 한번 개시를 하게 되면 생존보험으로 적용이 되어 생존보험금(=연금)이 지급되므로, 아쉽게도 변경이나 일시금 수령이 불가능하고, 계속 죽을 때까지 연금으로 받아야 한다고 하였다.

65세부터 연금 개시인 4개의 연금 상품을 모두 종신형 연금으로 복층으로 동시에 개시를 해 버려서 그 연금 적립금도 많은 돈을 가지고 많이 써야 될 때 팍팍 쓰지도 못하고 이 종신형 연금에 묶여서 찔끔찔끔 받다가 두고두고 후회하면서 다시 소일거리 하러 나가며 연금 이야기가 나올 때마다 이 연금 상품들을 쓰레기 취급하며 욕하는 사람도 보았다.

필자가 앞에서 모든 금융 상품(또는 어떤 기능)은 장점과 단점이 항시 상존한다고, 얘기하지 않았던가?

즉, 우리는 연금 상품의 장점을 최적화시켜 최대한 잘 활용만 하면 된다.

연금 최적화를 적용한 연금 달리기 선수는 장거리 마라톤 선수임에도 불구하고, 100m 단거리도 잘 뛰고, 10,000m 장거리도 잘 뛰니 진정한 팔방미인(八方美人)이 아닐까 싶다.

장기 생존에 따른 생존 이익은 연금 최적화의 레버리지를 올린다

필자가 좀 더 기가 막히고 현실적인 이야기를 해 주겠다.

지금 우리나라는 고령 사회(7명 중 1명이 노인)이고, 2026년부터 초고령화 사회(5명 중 1명이 노인)에 진입을 하고, 세계에서 가장 빨리 고령화 사회(약 15명 중 1명이 노인)에서 초고령화 사회(일본이 36년 걸렸고, 우리나라는 26년이 예상됨)가 될 예정이다. 의료기술과 생명공학, 인공지능의 발달로 인해 평균수명이 100세로 연장이 되는 2030년 이후에는 한국사람이 전 세계 국가 중 평균수명이 1위가 되며, 한국여자는 지구상 인간들 중에도 가장 오래 사는 여자가 되며, 2045년에는 평균수명이 130세까지 늘어나며(『유엔미래보고서 2050』, 박영숙/제롬 글렌), 기대여명(생존할 것으로 기대되는 평균 생존 연수)이 점점 늘어날 것이다. 1년 뒤인 2020년에는 최빈사망연령(가장 빈번하게 사망하는 연령)이 90세 이상이 되고, 점점 높아지니 이제 진짜 현실로 100세 시대가 곧 열렸다고 할 수 있다. 스트레스와 음식관리만 하면, 유전적으로 프로그램된 인간의 수명은 약 115세(출처: 국제학술지《네이처》) 정도이고, 20~30년 안에 인간의 수명을 30% 정도 연장시키는 약이 개발되면(출처: 미국 텍사스대 노화연구재단), 약 150세까지도 기록은 세울 것이라고 하니, 대한민국에 있는, 종신형으로 연금을 지급하는 금융 회사(생명보험사)에는 연금 수령자의 장기 생존에 따른 장수 리스크가 발생된다.

이는 곧 해석하면, 일부 유리하게 종신형 연금을 수령하게 되는 연금 수령자에게는 어마어마한 생존이익이 부여될 수 있음을 잠재적으로 암시하는 것이다.

국민연금도 고갈이 예정되어 있는데, 훨씬 더 범위가 한정적인 생명보험사는 리스크가 더 크기 때문에, 사실 여러 가지 방법으로 개인연금 상품 가입자를 교란시키거나 가입자에게 유리한 사실들은 묵인할 수밖에 없다.

이처럼 금융 회사는 분명 규칙에 입각하여 책임을 회피하고 방관을 할지언정 고객의 입 속에 이익이 되는 부분을 친절하게 넣어 주지는 않을 것이다.

종신형 연금을 판매하는 생명보험사에 있어서, 대한민국의 연금 상품에 가입한 한국인의 장기 생존에 따른 장수 리스크는 어쩌면 멀지 않은 미래에는 정말 생각지도 못한 상당히 큰 족쇄가 될지도 모른다.

마치 2000년도 이전에 판매되었던 6~9.5%의 확정이율형 연금 상품(2001년 저금리 기조로 인해 판매 중지되었고, 아쉽게도 지금 이런 상품은 판매를 하지 않음) 때문에, 금융 회사들이 지금까지도 골머리를 앓고 있는 것처럼 말이다.

종신형 연금을 받는 가입자 입장에서는 오래 살수록 더 많은 연금을 받을 수 있어 여간 좋은 게 아니다.

　하지만, 종신형 연금도 역시 장점과 단점이 극단적으로 상존하는데 기본적으로는 연금 적립금을 상당히 긴 기간(종신)으로 쪼개기 때문에, 연금 적립금이 어지간히 많지 않으면 만족할 만한 금액으로 받기 힘들고 연령 및 시기별 연금 수령이 상당히 비효율적이기 때문에 최소한의 금액으로 최대한의 효과를 보기 위해서는 맹점을 강점으로 변환시켜 효과를 극대화시켜야 한다.

　그래서 첫 번째 연금 상품은 최대한 짧은 5년 확정형 연금으로 연금이 집중될 수 있도록 하고, 다른 하나인 두 번째 연금 상품은 반드시 종신형 연금으로 선택하여 후반부에 배치해서 연금 수령 형태를 최적화시켜야 한다. 그러면 실제로 연금 수령 금액을 극한까지 끌어올릴 수 있다.

　연금 최적화에서는 한국인의 평균수명이 늘어난 만큼 단순히 종신형 연금으로만 배치하여 오랫동안 소액의 연금을 받는 것이 아니라, 중요한 구간에서는 잘 쓰고 잘 먹고 잘사는 것이 중요하기 때문에 특히 은퇴 직후의 집중 활동 기간에는 5년 확정형 연금으로 삶의 질을 최적으로 올려주게 된다.

　여기서 끝이 아니다.

유아와 노인은 반드시 통제를 받아야 한다

　한편 거치식 예금과 확정형 연금으로만 되어 있는 연금 구조에서 빈번히 발생되는 문제는 반드시 언젠가는 돈에 손이 타게 되어 있다는 점이다.

'손이 가요. 손이 가. 예금으로 손이 가요. 아들 손 친구 손 자꾸만 손이 가' 이런 노래를 들어본 사람이 있을 것이다.

그래서 확정형 연금을 수령 중인 사람이 다른 목적이 생겨 일시금으로 수령을 하게 되면, 보통 10년 안에 후회를 많이 한다고 한다.

노후가 되면 지금의 시야에서는 아닐 것 같지만, 사기도 정말 많이 당한다. 젊어서 사기를 당하면 차라리 경험으로 생각하면 되지만 노후에 사기를 당하면 평생 가슴에 못이 박히게 되고 되돌릴 수가 없게 되며 두고두고 후회를 하게 된다. 남일이 아니다. 너무 슬플 따름이다.

즉, 화폐 가치를 떠나서, 지금의 1,000만 원과 노후의 1,000만 원은 그 의미가 완전히 180도 다르다.

노후에는 4중고에 시달릴 뿐만 아니라, 제반적인 상황이 사실상 더 안 좋아지기 때문에 똑같은 돈이라 치더라도 그 가치가 더욱 커지는 것이다.

한편, 계란을 한 바구니에 담지 말라는 투자 격언을 교훈 삼아, 보통 몇 가지 연금 상품으로 동시에 개시를 하는 이들이 있다. 그들에게 왜 이렇게 몇 개로 나누어 개시하냐고 물어보면 분산을 했다고 한다. 이를 어찌할 것인가? 해석도 나름대로이다.

사람들은 대부분 금융 회사나 연금 상품 자체의 분산을 많이 하지만 이는 잘못되어도 한참 잘못된 판단이며, 큰 오산이다.

상품의 분산을 하는 것이 아니라 5년 확정형 연금과 종신형 연금으로 분산하여 바로 연달아 순차적으로 배치하여 연금 개시를 하면 실로 그 효과는 예술적이고 환상적이다.

확정형 연금과 종신형 연금의 조합은 토끼와 거북이가 협심하여 A 지점에서 중간에 강을 건너 B 지점으로 이동을 하는데 땅에서는 토끼가 거북이를 등에 업고 발 빠르게 뛰고 강을 건널 때에는 거북이가 토끼를 등에 업고 강을 건너 B 지점까지 가장 효율적으로 빠른 시간 안에 도착하는 것과 같은 최적화된 조합이다.

이처럼 순차적인 연금 수령의 배치는 연금을 최적화하는 데 있어 상당히 큰 공을 세우는 역할을 하게 된다.

확정형 연금으로 남부럽지 않은 연금이 지급되는 동안은 받아 쓰느라 정신이 없고, 종신형 연금으로 영원한 월급 같은 연금이 지급되는 동안에는 종신토록 연금을 타 먹을 수 있어서, 심리적으로도 상당히 안정적이고 편안하다.

한편, 종신형 연금이 지급되는 동안에는 나이가 많기 때문에 모든 활동이 수비의 자세로 돌아갈 뿐만 아니라 혹여나 뒤늦게 손이 탈려고 해도, 아시다시피 해약이 안 되므로, 손이 탈 수가 없다. 정말 좋은 안전장치이다.

금융 회사의 영업 현장에서는 종신형 연금은 사기를 당할 염려가 없다며 무조건 종신형 연금으로 몰아둘 것을 추천하는데 상당히 좋지 않은 방법이다. 60세나 65세에 종신형 연금으로 모두 연금 개시가 되었다고 생각을 해 보라.

이와 같이 보유하고 있는 연금 상품을 모두 종신형 연금으로 개시를 하게 되면, 상당히 비효율적으로 연금을 수령하게 된다. 답답하고 미칠 지경이다.

한편 경우에 따라서는 확정형 연금 두 가지를 가지고서 응용을 할 수도 있다.

사람은 유아기 때와 노년기 때는 적절한 통제를 받아야 한다.

특히 약 70세 이상의 노년기 때에는 종신형 연금의 강제적인 통제를 받는 것이 가장 안전하고 안정적이면서도 효율적이고 그르칠 일이 없다.

제대로 효자 노릇 하는 최적화된 연금의 조건

연금 최적화를 적용한 연금은 당연히 일반적인 방법의 연금보다 전체적으로 나오는 총량도 현저히 많지만, 필요한 시기에 집중적으로 더 많은 연금이 제때에 나오도록 하는 것을 기본으로 한다.

이렇듯 필자가 생각하는 효자 노릇하는 연금은 눈덩이처럼 불어나는 물가상승률을 상대할 수 있어야 하고, 무조건 한 푼이라도 더 많이 나오는 것이 중요하고, 상대적으로 돈이 많이 필요한 기간에는 집중적으로 더 많이 나오는 등의 타이밍 또한 상당히 중요하다.

돈은 제때에 있어야 하기 때문이다. 잊지 말자. 연애도, 사랑도, 결혼도, 사업도, 부모님께 하는 효도도, 연금 수령도 타이밍이다.

여기서 감이 조금 오는가? 최소한의 금액인 10만 원으로 가입을 해도 되지만, 이왕이면 추가납입도 하고, 최소 한 세대(부부)에 연금 상품을 2개까지는 가져가는 것을 목표로 삼아야 한다.

이 최적화된 연금 세트만 완성을 시켜도 정말 지금도 먹고 살기 힘든데 무슨 은퇴 이후까지 지금 생각하냐고 자포자기하던 노후를 기가 막히고 코가 막히고 기다려지고 기다려지는 노후로 변화시킬 수가 있다.

설레지 않는가? 이렇게 5년 확정형 연금과 종신형 연금으로 동시의 복층이 아닌, 반드시 '순차적으로(하나를 다 써 버리고, 또 바로 이어서)' 연금이 개시되도록 배치를 하게 되면, 최소한 연금 실수령액의 총량을 최소 약 30%에서 많게는 70% 이상까지도 끌어 올릴 수 있게 된다.

많은 사람들이 관습적인 습성과 무의식 속에서 비최적화된 방법으로 많은 연금 상품을 이용하고 있는 동안 금융 회사는 저 멀리 뒤에서 음흉하고 흐뭇한 미소를 머금고 있는 것이다.

잊지 말자. 선발 투수와 구원 투수는 5년 확정형 연금으로, 마무리 투수는 종신형 연금으로 배치하면 된다.

이와 같이 5년 확정형 연금과 종신형 연금의 두 가지 연금 지급 형태의 조합을 연금 최적화에서는 환상적인 콤비네이션(Cobination, 결합)이라고 한다.

한편, 하나의 개인연금 상품을 보유하고 있다면, 반드시 5년 확정형 연금으로 연금을 수령하는 것이 물리적, 효율적, 종합적으로 가장 유리하다.

연금 개시 시점의
용병술

80세부터 받기 위해 연금 개시를 80세로 정하는 것이 아니다

연금 상품에서 일정한 이자나 수익을 발생시켜 계속 연금 적립금을 늘려가다가 일정 기간에 도달하면 이러한 수익 활동을 거의 중단하고 안전한 연금 바구니로 연금 적립금을 모두 옮겨 최소한의 이율로 연금 재원을 보존하면서, 본격적으로 연금을 지급하는 것을 '연금(지급) 개시'라고 한다.

보통 연금가입증서(증권)를 보면, 연금 개시 시점도 십중팔구 55세나 60세 또는 65세라고 되어 있는 것을 쉽게 접할 수 있다.

2000년도에 들어와서는 10년 납 55세, 60세, 65세 연금 개시가 마치 연금 상품의 일반적인 세팅(Setting) 공식처럼 자리 잡고 있지만, 앞으로 이렇게는 절대 하지 말도록 하자.

예를 들어, 가지고 있는 개인연금 상품 3개를 모두 다 장기간 동안 지급이 되는 형태로 55세부터 수령하게 되면, 최악의 상황이 벌어지게 된다. 물론 가지고 있는 돈이 넘쳐 난다면 이렇게 하더라도 관계없다.

연금 개시 시점은 처음 연금 상품에 가입할 때 정해 버리면 앞으로 당길 수는 있지만 뒤로 연장하는 것은 거의 불가능하기 때문에 각별히 주의하고 또 주의해야 한다.

그래서 무엇이든지 처음 정할 때는 제대로 알고 첫 단추를 잘 꿰는 것이 너무나도 중요하다.

앞에서 납입 기간은 가능하다면 약 20년 납 이상으로 좀 여유롭고 길게 잡는 것이 연금 재원의 충분한 확보와 납입 기간의 유연성 차원에서 중요하다고 하였다.

연금 개시 시점도 마찬가지이다. 연금 개시 시점은 연금가입자의 상황에도 딱 맞고 가장 적합하게 변경할 수 있는 유연성 측면과 연금 수령을 집중적으로 더 많이 할 수 있는 효율성 측면에 있어서 중요도가 상당히 크다.

그렇기 때문에, 연금 개시 시점은 가급적 75세나 80세로 정하도록 하자. 75세나 80세에 연금을 개시하려고 이때로 연금 개시 시점을 정하는 것이 결코 아니다.

보험종류	적립형
납입주기	월납
연금개시나이	80세

[그림 5-1] 연금 개시 시점은 반드시 여유롭게 75세나 80세로 정하자

한편, 연금 개시 시점은 늦어지면 늦어질수록 연금 적립금이 점점 더 많아지고, 많은 시간이 흘러, 연금 개시 직전의 후반부에는 복리 효과도 상당히 커진다고 하였다.

그러나, 단순히 연금 적립금을 더 많아지게 하기 위해서 75세나 80세로 연금 개시 시점을 정하는 것은 더더욱 아니다.

요즈음은 일반적으로 국민연금의 연금 개시 시점이 하나의 기준 시

점이 되어 버려서, 개인연금 상품의 실제 연금 수령도 국민연금과 마찬가지로 보통 65세를 연금 개시 시점으로 많이 선택한다고 보면 된다. 하지만, 이 역시도 또 언제 서서히 바뀌게 될지는 모른다.

여러 가지 정황으로 보았을 때 국민연금의 연금 개시 시점도 향후에 언젠가는 분명 70세로 연장이 될 것이다.

즉, 연금 가입자가 65세가 되어 연금 수령을 희망할 경우에는 가입 시 정한 연금 개시 시점 80세를 65세로 변경하면 된다.

이와 같이 연금 최적화에서는 연금 개시 시점의 유연성을 상당히 중요하게 여기고 있다.

코리안 연금의 미스테이크(오류)

보통 연금 개시 시점이 65세부터인 개인연금 상품을 2개 보유하고 있는 사람이 드디어 65세가 되어 연금을 받을 때가 되었다.

이때 선진국들 중에 유달리 대한민국에서 많이 범해지는 희한하면서도, 관습적이며, 무지하고, 안타까운 코리안 파이낸셜 미스테이크(Korean financial mistake)가 몇 개 있다.

그중 대표적인 하나가 코리안 연금의 미스테이크(Korean private pension mistake)이다.

개인연금 상품의 연금 개시를 할 때 거의 대부분이 연금 상품 1과 연금 상품 2를 동시에 개시한다는 점이다.

더 심각한 것은 앞에서도 언급했지만 두 가지 연금 상품 모두를 종신형 연금이나, 100세 보증형 연금 같은 장기간 동안 지급이 되는 연금으로 개시를 한다는 점이다.

꼭 생명보험사의 종신형 연금이나 100세 보증형 연금이 아니더라도,

20년 이상의 확정형 연금 같은 장기간 확정형의 연금도 종신형 연금과는 월 연금 수령액의 차이가 많이 나지 않기 때문에 거의 비슷한 결과를 불러 일으키는 것과 마찬가지라고 볼 수 있다.

그리고, 이와 같이 노후를 책임져야 하는 개인연금 상품에 의존을 더욱더 많이 해야 하는 연령대가 높은 분들이 이와 같은 선택을 많이 하셔서 필자의 가슴을 더욱 아프게 한다.

다른 부분은 일단 배제하고, 주로 이와 같은 선택을 하는 이유 중의 하나가 종신형 연금과 같은 장기간 지급 형태로 선택을 하게 되면 연금 수령액을 죽을 때까지 길게 받을 뿐만 아니라 연금을 받는 총량이 많으니 월 수령액도 많을 것 같은 시각적이자 심리적인 착각을 불러 일으키기 때문이다. 하지만, 실제로는 전혀 그렇지가 않으므로 절대적으로 주의하기를 바란다.

상당히 중요하기 때문에 다시 한번 강조하지만, 특히 종신형 연금(종신 연금)으로 조기에 한번 연금 개시를 하게 되면 변경 자체가 불가능하다. 한편, 이 종신형 연금은 연금 개시를 하고 나면 아예 해약(해지)이라는 기능 자체가 불가능하게 되며 종신형 연금에서 산출된 비교적 적은 양의 월 연금 수령액을 죽을 때까지 울며 겨자 먹기로 받아야 한다.

결론적으로, 종신형 연금은 한번 개시를 하게 되면, 무조건 죽을 때까지 변경 없이 그 약정대로 가야 하는 것이다.

종신형 연금의 지급 형태가 가입자의 상황과 희망 연금 수령 기간 등에 맞게 정해지면 문제가 없는데, 그렇지 못한 경우에는 월 납입 금액이 어지간하게 많지 않으면 결국 연금수령금액이 아주 적어 거의 도움이 되지 않는 경우가 실로 많다. 그래서 반드시 연금 최적화를 시켜 연금을 배치해야 된다.

사실, 이러한 60세, 65세 등의 연금 개시 시점은 시작부터가 잘못되어도 한참이나 잘못된 것이다.

예를 들어, 처음 가입할 때부터, 두 가지의 연금 상품을 모두 다 60세를 연금 개시 시점으로 정해 놓았는데, 어찌 다른 길을 선택할 여지가 있겠는가? 그렇지 아니한가?

마치 마지막 시간의 기차표를 끊어다 줘 놓고, 기차를 타라고 하면 어쩔 수 없이 마지막 기차를 탈 수밖에 없는 것과 동일한 이치인 것 같다.

이렇게 되면 대부분은 어쩔 수 없이 두 가지 연금 모두 60세에 연금 개시를 할 수밖에 없고, 결국 또 하는 수 없이 두 가지 연금 모두를 종신형 연금이나 100세 보증형 연금의 지급 형태 같은 장기간 연금 수령 형태로 정하게 되는 것이다.

즉, 효율성이 떨어지는 금액을 죽을 때까지 연금으로 수령하게 되고 그렇지 않아도 월 연금 수령액도 형편이 없는데 그 금액의 값어치마저도 화폐 가치의 하락으로 인하여 점점 더 떨어지게 되므로 설상가상(雪上加霜)이 아닐 수 없다.

이것은 따지고 보면 선택의 폭을 원천적으로 완전히 봉쇄시키는 것이고, 연금 개시 시점의 선택을 유연하지 못하게 하도록 고착화시키는 것이고, 결국 또 금융 회사만을 포식시키는 것이다.

한편, 연금 개시 시점이 다르더라도 많은 사람들이 두 가지 연금 상품을 모두 20~30년 확정형이나, 100세 보증형 또는 평생토록 죽을 때까지 지급되는 종신형 연금으로, 그것도 복층으로(동시에 겹쳐서) 중복되게 받는 방법으로 선택한다고 보면 된다. 제발 이렇게는 하지 말도록 하자.

코리안 연금 미스테이크를 조금만 제대로 알고 활용을 해도 가만히 앉아서 많은 이익을 볼 수 있다. 그래서 연금을 최적화시키면 얼마나 유용한 점들이 많은지 모른다.

이에 아울러 장담하건대, 날고 긴다는 금융 전문가들도 자세히는 잘 모르는 부분인 코리안 파이낸셜 미스테이크에 조금만 관심을 가지고 일찍부터 주의를 기울이면, 굳이 재테크나 투잡 및 쓰리잡을 하지 않아도 평범한 직장인이나 자영업자가 본업에 집중하면서 자신의 자산을 동료보다 몇 배나 차이 나도록 할 수가 있을 뿐만 아니라, 사회 진입 후 초·중기에 약 1~3억 이상의 자산이 추가로 생성되도록 할 수도 있다.

코리안 파이낸셜 미스테이크에는 연금의 오류 외에도 주택 마련의 오류, 청약통장의 오류, 종신보험의 오류, 소득공제의 오류, 보험 만기 환급의 오류, 잘못된 분산투자의 오류, 로또 복권의 오류, 자동차 구입의 오류, 투자의 오류 등이 있는데 이 오류들만 기본적으로 바로 잡아도 최소 아무리 못해도 약 몇억 원 이상의 이익을 볼 수 있다.

사실, 필자가 한 사람의 평생 구간을 코리안 파이낸셜 미스테이크로 모두 잡아낸다면, 당연히 찾아 먹을 수 있는 10억 정도가 보이지 않게 허공으로 사라진다는 사실만 기억하도록 하자. 1억이 아니라, 10억 정도이다. 명심하고 또 명심하도록 하자. 분명 이야기하지만, 허황된 얘기가 아니다.

코리안 파이낸셜 미스테이크를 피해 가는 것은 불로소득을 얻어가는 것이 아니다. 이는, 최적화된 금융 노하우와 지혜가 녹아 들어 있으며, 돈으로는 살 수 없는 위대한 유산이라고 볼 수 있다.

만약, 여러분의 자식에게 물려줄 자산이 없거나, 자산을 물려주기 싫거나, 자식들이 이 대한민국(South Korea)의 자본주의 사회에서 자본주의 사냥꾼들에게 먹이감이 되지 않기를 바라거나, 자식들이 살아가는 이 한 세대에서 스스로 생존해 나갈 수 있는 자생력을 키우기를 바란다면, 필자가 연이어 출간할 책을 꼭 읽어 보기 바란다.

이 세상은 자기 자신이 살아 있을 때만 존재하는 것이다. 일단 내가 죽고 나면 내가 이 세상에 없기 때문에 내가 죽으면 이 좋은 세상도 없는 것과 마찬가지이다.

분명 여러분의 자식들은 이로 인해 좀 더 보람찬 삶을 살 것이며 더 많은 일들을 할 수 있을 것이며 더 많은 것들을 경험해 볼 수 있을 것이고 자본주의 사회에서 지혜로워질 것이다.

우리 대한민국 사회에서 잘못된 금융 상식과 재테크 관습이 얼마나 많은 자리를 차지하고 있는지 제대로 알면 기절할 정도이다.

많은 돈을 들이지 않고, 꼭 많은 돈을 벌지 않아도, 충분히 어유롭게 부자가 될 수 있다.

필자는 한 개인이나 부부가 고위험성 사업이나 불안하고 힘이 많이 들어가는 자영업 또는 각종 위험한 투자 등을 하지 않고, 근무하는 직장이나 자영업에 충실하면서, 가장 안정적으로 빨리 최적화된 방법으로 보험, 연금, 부동산, 펀드 및 각종 금융 상품 등의 자산을 안전하고 빠르게 형성 및 증식하는 개인 자산관리 분야에서는 실전 종합 능력 국내 1위임을 확실히 자부한다.

목숨을 걸지 않고서는 절대 이렇게 할 수가 없고, 이렇게 하는 사람은 절대 없음을 확신한다.

이것은 현재 연금 최적화를 설명하는 이 책의 내용보다 많이 벗어나기 때문에, 궁금한 사람은 따로 문의를 하기 바란다.

용기 있는 자가 미인을 차지하는 것처럼 먼저 최적화 자산관리에 관심을 가지는 자가 얼마 지나지 않아 자신의 동료보다 몇 배나 많은 자산을 가질 수 있다.

아직도 믿기지 않는가?

아직도 허황된 소리로 들리는가?

1억을 모으려면 약 9년 동안 한 달도 쉬지 않고 100만 원씩을 저축해야 하는데, 서울시 집값이 평균 약 5억이라고 가정하면 20~30년 동안 저축을 해도 이 집을 살 수 없다는 등의 바보 멍청이 같은 소리는 하지 말자.

연금은 릴레이 경기에서 바통 터치 하듯이 개시해야 한다

확정형 연금도 장점과 단점이 상존한다.

만약, 차라리 가지고 있는 연금 상품이 두 가지 모두 확정형 연금일 때, 매월 받는 연금 수령액의 부족함을 느끼면 하나의 연금을 더 짧은 기간의 확정형 연금으로 변경을 하거나 하다못해, 목돈이 급하면 일시금으로라도 찾아 쓸 수가 있어서 생전(生前)에 집중적으로 급전 활용이라도 가능은 하다.

그래도 저승보다는 이승에서 필요할 때 쓰는 것이 낫지 않겠는가?

이처럼 확정형 연금은 하다못해 연금 개시 후에 연금을 수령하고 있는 도중이라도 원하는 지급 형태로 변경하거나 일시금으로 찾을 수가 있으므로 상황이 여의치 않으면 변경해 버리면 그만이다.

하지만 무조건 변경을 하거나 일시금으로 찾아 쓰라고 이 말을 하는 것이 아니다. 그래서 첫 단추가 너무나도 중요하다.

안 쓰고 못 써서 똥 되는 것보다는 어떻게 보면 처해진 상황이 급하다면 이렇게라도 쓰는 게 현실적으로는 낫다는 뜻이다.

물론 노후에 연금이 부족한 사람이 일시금으로 몽땅 찾아 쓰게 되면 또 반드시 10년 안에, 99% 후회하게 되어 있다.

일시금으로 찾아 쓴 목돈이 결과적으로는 쓸데없이 몽땅 소진이 되거나, 가치 없이 소멸이 되는 경우가 많기 때문이다.

하지만, 연금 최적화를 적용하게 되면 일시금으로 찾아 쓰지 않아도 연금이 황금알을 계속 2개씩, 3개씩 더 많이 낳는 '황금알을 더 많이 낳는 거위'가 되도록 할 수 있다.

원하는 연금 개시 시점이 64세라고 가정한다면, 64세가 다가오면 80세로 되어 있던 연금 상품 1의 연금 개시 시점을 64세로 변경한다. 이때 연금 상품 1을 5년 확정형 연금으로 개시하고, 이 연금 상품 1의 연금 지급이 끝나자마자, 릴레이 경기에서 선수들이 바통 터치 하듯이 쉬지 않고 바로 순차적으로 이어서, 연금 상품 2를 종신형 연금으로 69세부터 개시되도록 하면 된다.

여기에서 연금 수령에 있어서는 한 달도 공백 기간이 없도록 바로 이어서 지급이 되도록 한다.

노후에는 한 달이라도 연금 수입의 공백이 있으면 안 된다. 노후의 한 달은 지금의 한 달과는 완전히 다르다.

한편, 노후의 하루는 지금처럼 술렁술렁 보내는 그런 하루가 되면 절대 안 된다.

5년 동안 연금을 받다가 1년 뒤부터 연금이 나오는 등 이렇게 공백 기간이 있으면 절대 안 된다. 노후에는 1년을 기다릴 시간적 여유가 전혀 없다.

개인연금 상품이 2개일 때 반드시 첫 번째 5년 확정형 연금이 끝나자마자, 바로 이어서 두 번째이자 마지막인 종신형 연금이 지급되도록 해야 한다.

이때, 연금 상품 1에서 연금이 지급되고 있는 동안 연금 상품 2는 손발이 근질거려도 가급적 연금 상품 1의 연금 지급이 거의 종료될 때까지 꾹 참고 기다려야 한다.

이렇게 해서 연금 수령 금액을 집중적으로 더 많이, 양도 효율적으로 훨씬 더 많도록 할 수 있다.

35세인 사람이 10만 원을 기본 가입 금액으로 하고 추가납입을 20만 원으로 하여 20년 동안 완납을 하게 되면 연금 개시 시점에 연금 적립금이 약 1.5억 정도가 되는 것을 기대 폭표로 하고 있는데, 5년 확정형 연금으로 개시하면 5년 동안 매달 꼬박꼬박 약 300만 원 정도의 연금이 지급된다. 여기에다가 국민연금까지 합하면 꽤나 괜찮지 않은가?

이때도 노후이지만, 더 늙기 전에 연금 수령액으로 세계 여행도 가능하지 않겠는가?

극단적인 사례를 들어 보겠다. 정말 하다못해 5년 동안이나 세계여행을 하는 도중에 첫 번째 연금인 5년 확정형 연금과 국민연금까지 매달 싸그리 다 쓰고도 남는 돈이 없어서, 예를 들어 만약 5개월 정도를 마저 꼭 세계 여행을 하며 보내야겠다면, 종신형 연금으로 예정되어 있는 두 번째 연금을 종신형 연금으로 두는 것이 아니라, 또 5년 확정형 연금으로 바로 지급 신청을 하여, 세계 여행을 끝까지 다 하고 돌아와서 이 5년 확정형 연금을 종신형 연금으로 변경 신청하면 된다.

앞서 언급했듯이 확정형 연금은 언제든지 변경이 가능하다.

5개월(5회) 받았다고 해서 연금 재원의 큰 삭감은 없다. 물론, 종신형 연금의 월 연금 수령액은 당연히 조금 더 줄어들겠지만, 충분히 두 마리 토끼를 다 잡은 방법이라고 볼 수 있다.

이처럼 연금 최적화는 여러 가지의 노후 상황에 맞게 연금 수령의 효율을 유연하게 극대화시킬 수 있다는 초(超)장점이 있다.

노후의 5년은 상당히 긴 시간이다. 지금의 5년과는 비교도 할 수 없다. 앞서, 노후가 시작되어도, 본격적으로 노후의 시기에 접어든 시간

내에서도 특히 은퇴 직후의 집중 활동 기간이라는 것이 있다고 하였다. 이때가 상대적으로 돈도 가장 많이 필요한 시기이다.

약 1억 5,000만 원 이상을 약 57개월(이율도 적용되기 때문에 60개월로 나누지 않고 약 57개월로 나누어 계산을 함)로 나누게 되면 거의 약 월 300만 원 정도가 된다. 지극히 현실적인 계산이다. 이때 여기서 내야 되는 연금소득세도 0원이다.

여러분은 은퇴 직후 노후에 진입하는 65세부터, 연금을 월 30만 원씩 받을 것인가? 아니면 월 300만 원씩 받을 것인가?

65세부터 연금을 약 300만 원 정도를 받고 싶다면, 연금을 최적화시키면 된다. 그럼 여러분은 연금 최적화로 매월 남들보다 연금을 약 3배 이상을 더 받을 수 있게 된다.

물론, 일찍 가입하면 일찍 가입할수록 연금 적립금은 더 많기 때문에 연금 수령액은 더 많아지게 된다.

한편, 물가상승으로 인한 화폐 가치의 하락도 어느 정도 감안은 해야 한다. 그런데 연금 최적화는 이 부분도 극복이 된다.

라면을 동시에 끓여 먹을 때 나머지 라면은 식고 있다

여기서 이 책을 읽는 독자들은 조금씩 점점 더 많은 의문과 질문이 생길 것인데, 천천히 집중을 해 보기를 바란다.

확정형 연금은 종신형 연금(종신 연금)처럼 생존보험(사망하지 않고, 생존만 해 있으면 약정된 연금은 계속 지급함)이 아니기 때문에, 납입 금액의 원리금(원금+이자)은 다 받아가지만, 종신형 연금처럼 생존이익(일종의 생존 보너스)을 얻어 갈 수는 없다.

그리고, 연금 상품은 연금 개시가 되고 연금이 지급되고 있는 동안에는 연금 적립금의 실질적인 수익 활동은 거의 중단이 되고, 최소한의 최저보증이율로 굴러가기 때문에, 사실 확정형 연금은 장기간 지급형인 20년 확정형 연금보다는 단기간 지급형인 5년 확정형 연금이 실리적으로는 가장 효율적이고 유리하다.

이를 테면, 20년 확정형 연금으로 개시를 하게 되면 적은 연금이 나오고 있는 동안 연금 적립금은 거의 놀고 있기 때문이다.

물론, 이 확정형 연금이 지급되는 기간 중에서도 5년 이내의 최저보증이율이 10년 이내의 최저보증이율보다는 0.25%가 더 높고, 10년 초과의 최저보증이율보다는 0.5%가 더 높으니 5년 확정형 연금이 금리적인 측면에서도 미미하지만 연금 수령의 효율을 최적화시키는 데 영향을 미치게 된다.

그렇다고 너무 걱정은 하지 마라. 그래도 최저보증이율도 비록 이율은 1.5%대로 좀 낮지만, 연복리로 굴러는 간다.

그래서 한편으로는 연금 적립금의 덩어리가 너무 커도 연금이 지급되는 동안의 연금 재원 운용이 비효율적이게 된다. 조금 이해가 되는가?

아파트 중에서도 계단식이며 전용 면적은 60㎡ 이하에 평수는 약 24평 정도가 되며 남향이고 대단지이며 화장실은 하나에 방은 3개이고 이왕이면 인지도 있는 브랜드이면서 학군도 좋고 교통이 편리한 입지의 아파트가 여러 가지 종합적인 측면에 있어서 가장 뛰어난 가성비를 자랑하는 것처럼, 기본 가입 금액 10만 원에 추가납입 금액 20만 원을 20년 정도 납입으로 완납을 하여 5년 확정형 연금으로 지급을 할 때의 연금 적립금이 모든 확정형 연금 중에서는 가성비가 최고가 된다.

이것이 바로 연금 최적화의 가장 최적화된 사이즈인 것이다.

보유하고 있는 연금 상품이 3개로 나뉘어져 있다고 가정하자. 하나의 연금 상품이 개시되어 연금이 지급되는 동안 나머지 2개의 연금 상품은 계속 수익 활동을 하고 있게 되지만, 연금 상품이 3개가 아닌 1개로 되어 있다면, 이 하나의 연금이 연금 개시가 되면 연금 적립액 전체가 물가상승률에도 못미치는 최저보증이율로만 굴러가고 수익 활동을 거의 하지 못하게 된다.

즉, 연금 상품을 1개로 가입을 하게 되면 총 납입 금액이 꽤 많다 하더라도, 이 전체의 연금 적립액이 놀고만 있게 되므로 결국 비효율적인 가성비가 나오게 된다.

새로 가입하는 개인연금 상품은 실제 연금 개시 시점과는 관계없이 연금 개시 시점을 75세나 80세와 같은 후반부로 정하도록 하고 만약 보유 중인 연금 상품의 연금 개시 시점을 뒤로 늦출 수 있다면(소수 일부 상품만 가능하므로 해당 금융 회사의 콜 센터에 확인을 해 봐야 한다), 변경 가능 여부도 미리 알아보도록 하자.

하지만, 연금 개시 시점을 뒤로 늦추는 것은 거의 대부분은 불가능하다고 보면 된다.

어찌 되었든, **연금 개시 시점은 나중에 얼마든지 원하는 시점이나 그 상황에 맞게 앞당기는 것이 가능하므로 개인연금 상품에 신규 가입할 때는 걱정하지 말고 반드시 75세나 80세를 개시 시점으로 설정하도록 하자.**

라면도 혼자서 여러 그릇을 먹을 거라면 하나씩 하나씩 끓여 먹어야 최적의 맛을 볼 수 있듯이 원하는 시기에 하나씩 끓여 먹으면 먹고 있지 않는 라면이 식을 일도 없고 라면을 동시에 끓여서 먹는 것보다 훨씬 더 맛있고 효율적인 것처럼 말이다.

연금 개시 시점은 5년이 아니라 1년 단위로 정하는 것이다

연금 개시 시점의 선택은 55세, 60세, 65세 등과 같이 일반적으로 5년 단위로 끊다 보니 5년 단위로만 선택이 가능한 줄 아는 경우가 많은데 전혀 그렇지 않고 1년 단위로도 선택이 가능하다.

대부분의 영업 담당자는 거의 전부 다 5년 단위로 연금 개시 시점을 정해서 추천해 준다고 보면 된다.

하지만, 이 역시 이렇게 5년 단위로 연금 개시 시점을 정하면 절대 안 된다.

필자가 실제로 개인연금 상품의 연금을 수령할 때 발생되는 예상치 못한 여러 사례들을 살펴보니, 연금이 지급될 때에는 1년이라도, 아니 단 한 달이라도 공백이 있으면 안 되기 때문이다.

반드시 연금은 노후의 원하는 시기에 1년 단위로 선택을 할 수 있어야 하고, 직전의 5년 확정형 연금의 지급이 끝나자마자 바로 지급이 되도록 설정해야 한다.

연금 개시 시점을 1년 단위로 선택하는 부분은 첫 번째 연금과 두 번째 연금이 바로 이어서 지급이 될 때에 연금 최적화를 더욱 아름답고 예술적으로 완벽하게 만들어 준다.

이것이 여러분이 가지고 있는 연금 선수들을 개시할 때의 최적화된 용병술인 것이다.

히딩크 감독도 용병술을 잘 써서 대한민국을 4강 신화로 만들어 놓지 않았던가?

선발 투수는 5년 확정형 연금으로! 마무리 투수는 종신형 연금으로!

사라져 버린 고정금리의 확정이율형 연금

개인연금 상품은 운용하는 방식에 따라 크게 3가지로 나뉘어진다.

첫째는 금리가 변하지 않고, 말 그대로 계속 고정되어 있는 '고정금리'로 운용이 되는 '확정이율형' 연금 상품이다.

연금 상품이 타 금융 상품과 다른 점 중의 하나는 복리로 굴러가는 것이다.

복리는 낮은 금리로 굴러가도 눈덩이처럼 커지는데, 하물며 확정이 된 6~10%대의 높은 고정금리가 복리로 굴러가면 그 결과가 불 보듯 뻔하지 않겠는가?

그래서, 과거에 높은 고정금리의 확정이율형 연금 상품을 판매한 금융 회사는 아직까지도 이 연금 상품으로 인하여 골머리를 앓고 있다.

반대로 높은 고정금리의 확정이율형 연금 상품에 가입한 사람의 입장에서는 시간이 가면 갈수록 상당히 유리한 구조로 흘러가고 있다.

지금은 확정이율형 연금 상품이 멸종되어 가입할 수 없어서 아쉽지만 혹시라도 가지고 있다면 이 고정금리의 확정이율형 연금 상품은 절대 해약(해지)은 하지 말도록 하자.

한편 확정이율이 7.5%인 연금 상품에서 약관 담보 대출을 받게 되면, 대출이율도 7.5%를 기준으로 하기 때문에, 무려 약 9.5%가 된다.

즉, 확정금리형 연금 상품으로는 약관 대출을 받으면 안 된다.

만약, 이 연금 상품의 연금 개시 시점이 도래하면, 연금 개시를 바로 하지 말고, 그냥 3년을 더 두면, 이 3년 동안은 연금 적립금이 연복리 8.5% 정도로 굴러가게 된다.

연금 개시 시점이 60세일지라도, 연금 개시를 하지 않으면, 연금이 개시가 되지 않으므로, 반드시, 연금 개시를 먼저 하지 말도록 하자.

물론, 연금이 개시가 되고 나면, 이 금리의 적용은 받지 못하게 된다.

공시이율형 연금은 고정금리가 아니라 변동금리이다

둘째는 금리가 고정되어 있는 게 아니라 계속 변동이 되는 '변동금리'로 운용이 되고, 이 변동되는 금리를 매월 1일마다 공시한다고 하여 이름이 붙여진 '공시이율형' 연금 상품이라는 것이다.

현재 대부분의 금융 회사에서 공시이율형 연금 상품은 공통적으로 많은 비중을 차지하고 있을 뿐만 아니라, 대표적인 상품으로도 유명하다.

확정이율형 연금의 고정금리와 공시이율형 연금의 변동금리 둘 다 금리의 영향을 받는다는 것은 공통된 특징이라고 볼 수 있다.

현재와 같은 저성장 시대에서의 금리는 과거의 고성장 시대와는 달리 선진국처럼 저금리 또는 제로금리(물가상승률을 반영하면 실질 마이너스 금리)를 향해 조금씩 조금씩 변동이 되면서 다가가고 있다.

그래서 변동금리인 공시이율형 연금 상품의 이율은 중장기적으로 점점 떨어지게끔 되어 있다.

한편, 이와 같은 변동금리의 공시이율형 연금 상품에서는 금리가 0(Zero)까지 떨어지더라도 일정 부분의 최소 이율까지는 보증을 해주기 위해서 최저보증이율(1~1.5%)이라는 것을 적용해 두었다. 그렇기 때문에, 이 최저보증이율보다 아래로는 떨어지지 않는다고 보면 된다.

하지만, 물가상승률(연 평균 약 2.5% 정도, 보통 약 1~3%)이 최저보증이율(1~1.5%)보다는 거의 웃돌기 때문에, 이러한 변동금리를 따라가는 공시이율형 연금 상품은 막상 연금을 수령할 때쯤에 연금 수령액을 확인을 해 보면, 가입할 당시의 가입설계서에 나와 있는 대로 계산된 연금 수령액보다는 훨씬 적을 수 있으므로, 각별히 주의해야 한다.

가입설계서에 나와 있는 연금 수령액은 가입 시점의 공시이율대로 계속 적용을 받았을 때를 가정하여 산출된 금액이므로, 실제로 오랜 시간이 지난 뒤에는 연금 수령액이 차이가 날 수 있다.

물론, 금리도 인상은 되기 때문에 단기적으로는 공시이율도 올라갈 수는 있지만 중장기적으로는 떨어질 수밖에 없으므로 연금과 같은 장기 상품의 연금 수령액을 계산하는 데 있어 가입 시점의 공시이율을 평생 동안이나 적용해 버리면 당연히 많은 오차가 발생이 된다.

최근 미국발 금리 인상으로 인한 금리 상승을 장기적으로는 보면 안 된다.

그래서 변동금리인 공시이율형 연금 상품의 예상 연금 수령액은 가입설계서의 금액보다 더 낮게 잡거나, 가입 시점의 공시이율과 최저보증이율의 약 중간 정도 이하로 가정하고 연금 계획을 세워야지 큰 차질을 막을 수 있다.

많은 금융 소비자들이 이 공시이율형 연금 상품의 금리는 고정인 것마냥 착각을 하는 경우가 있는데 고정금리가 아니라 변동금리라는 것을 잊지 말도록 하자.

즉, 현재 우리나라에서 금리에만 적용을 받는 연금 상품은 모두 다 변동금리인 공시이율형이라고 보면 된다.

수익의 영향을 받는 실적배당형 연금

셋째로 연금 상품 내에 속해 있는 펀드로 운용이 되고, 금리가 아니라, 이 펀드의 수익에 따라 실적이 적용되는 '실적배당형' 연금 상품이라는 것이 있다.

2010년도 이후부터 특히 이 실적배당형 연금 상품들은 말도 많고 탈도 많았던 것이 현실이었다.

대표적으로는 증권사의 연금펀드와 생명보험사의 변액연금이 있다.

이 두 가지의 연금 상품은 얼핏 보기에는 비슷해 보이지만 자세히 알고 보면 큰 차이가 있다.

증권사의 연금펀드는 연간 정해진 한도(현재 최대 400만 원) 내에서 납입 금액의 100%가 세액공제 대상금액에 해당이 된다.

예를 들어, 연소득 5,500만 원 이하인 사람이 연간 400만 원을 연금펀드에 납입하면, 16.5%의 세액공제를 받아 66만 원을 돌려받게 되는 것이다. 달콤한 유혹으로 느껴질 수 있다.

납입 금액이 연간 400만 원이면, 월 34만 원 정도에 해당되는 적지 않은 납입 금액이다.

한편, 이 월 납입 금액 34만 원과 연금 최적화를 시킨 30만 원(=10만 원+20만 원)이 얼마나 큰 차이가 있는지 곧 알게 될 것이다.

이에 반해, 생명보험사에서만 판매를 하는 변액연금은 세액공제가 아예 되지 않는 대신 이자 및 배당소득과 연금소득이 모두 100% 비과세가 되고 종합과세되지 않는다.

일반적으로 실적배당형 변액연금은 연금이 개시되고 나면, 연금 적립금이 실적배당형으로 수익 활동을 하는 것이 아니라 최저보증이율로 천천히 돌아가면서 최소한의 수비만 하며 운용하게 된다.

즉, 일반적으로 대부분의 변액연금은 연금 개시 전까지만 일반적인 수익 활동을 한다고 보면 된다.

한편, 요즈음의 변액연금은 연금 개시 후에도 연금 적립금을 실적배당형으로 수익 활동을 하게끔 가능한 선진국형 기능들이 속속들이 탑재되고 있는 실정인데 이는 큰 장점이 없으므로 신경은 쓰지 않아도 무관하다.

연금 개시 후에도 이 실적배당형으로 수익 활동을 하게 하려면 연금 개시 시점에 이 연금을 반드시 실적배당형 연금 전환 특약으로 계약 전환을 시켜야 한다.

물론, 연금 개시 후의 실적배당형으로 돌아가는 연금 적립금에서 지급되는 비율만큼의 월 연금 수령액은 보증이 되고 있으므로 최저보증이율과 거의 흡사하게 연금을 지급한다고 보면 된다.

반면, 증권사의 연금펀드는 연금 개시 후의 연금 적립금이 줄어들 경우 결국 월 연금 수령액이 줄어들거나 지급이 중단될 수 있으므로 특별히 주의를 해야 한다.

연금펀드에는 보이지는 않지만 2가지의 무서운 불합리한 법칙이 작용하고 있기 때문에, 가입하지 말거나 납입을 하고 있다면 납입을 중단하거나, 지금이라도 빨리 해약(해지)을 하는 것이 좋다.

이에 대한 명확한 사실적 근거와 원리는 후반부에서 차차 이해하게 될 것이다. 순서대로 넘어가야 이해가 된다.

골치 아픈 증권사의 연금펀드와 하수인들

시중에서는 항상 세액공제 혜택이 주어지는 연금 상품류(세제적격)들이 관심을 많이 받는다.

이러한 연금 상품에는 대표적으로 연금저축, 연금신탁, 연금저축보험, 연금펀드가 있는데, 이 중에서 최근에는 연금펀드가 가장 인기가 많은 편이고 연금저축이나 연금저축보험에서 연금펀드로 옮겨가는 금융 소비자들도 점점 늘어가고 있는 추세이다.

하지만, 우리가 연금 상품을 최적화시킬 때에는 이와 같은 분위기와는 정반대로 증권사의 연금펀드와 같이 세제혜택이 주어지는 모든 연금 상품들은 완전히 배제시키도록 하고 되도록 무조건 멀리해야 한다.

세제혜택이 주어지는 연금 상품들 중 현재까지 가장 많이 판매가 되었던 보험사의 연금저축보험은 비교적 높은 사업비나 유연하지 못한 의무 납입 기간 및 낮은 수익률로 인하여 엄청나게 욕을 많이 먹었고 해약(해지) 시에는 이때까지 돌려받은 소득공제 금액의 환수와 여기에다가 해지가산세까지 부과가 되어 금융 소비자로부터 욕도 바가지로 먹었다.

그런데도 해마다 어마어마한 사람들이 세제혜택이 주어지는 세액공제형(or 소득공제) 연금 상품에 가입한다.

많은 전문가들은 연금저축이나, 연금저축보험을 무조건 연금펀드로 갈아타라고까지 하는데, 세제혜택이 되는 세제적격 연금 상품류들은 이놈이 그놈이고, 그놈이 이놈이며, 다 똑같은 놈들인데, 그중에서 연금펀드가 악질 중에 악질이다.

그런데, 많은 사람들은 이렇게 얘기하면 필자를 이상한 사람으로 본다.

사실, 이러한 세제혜택이 주어지는 연금 상품류들은 치명적인 문제가 있다.

당장 세액 환급이 된다는 달콤한 유혹에 눈이 멀어 가입을 하게 되면 오랜 시간이 지나 노후에는 알거지가 되기 딱 쉽다.

필자가 현재를 기점으로 단언컨대, 곧 증권사의 연금펀드가 몰락하는 시기가 반드시 도래할 것이다.

그래서 여러분은 집중해야만 한다.

이 연금펀드는 애시당초에 연금을 수령하는 데 있어 적합하지 않게 설계가 된 정부와 증권사의 마치 쥐덫 위의 치즈 같은 합작품이라고 볼 수 있다.

세액공제가 되는 연금 상품들 중 특히 연금펀드는 막상 연금의 수령을 최적화시키는 데 있어서는 더욱 더 비효율적일 뿐만 아니라 여러 가지 문제점이 있다.

증권사의 연금펀드는 연금저축이나 연금저축보험 또는 연금신탁, 각종 공제보다 더 치명적이고 불합리한 원리와 법칙, 그리고 환경들이 내재되어 있다.

먼저 이 증권사의 연금펀드는 확정형 연금으로만 연금을 수령할 수 있어서 연금을 최적화시키는 데 많은 제약이 따른다.

이는 별거 아닌 것 같지만 의외로 큰 영향을 미친다.

물론, 연금 개시 순서를 첫 번째 개시하는 연금은 5년 확정형 연금펀드로, 두 번째이자 마지막으로 개시하는 연금은 종신형 연금(종신 연금)으로 조합하는 방법도 있지만 막상 받아보면 상당히 불리하기 짝이 없다는 것을 바로 인지하게 된다.

반대로, 두 번째 개시하는 연금을 연금펀드로 배치를 해서 장기간 지급형으로 연금을 수령한다 하더라도 보잘것없는 월 연금 수령액에다가 생존 이익조차도 얻을 수가 없으므로 그렇고 그런 별 도움도 안 되는 일반적인 애물단지 연금이 되어 버리거나 연금 개시 후에도 실적배당형으로 운용을 했을 때 연금 계좌가 녹아버릴 수도 있는데 이는 운용을 못해서가 아니다.

이 연금펀드에서의 연금 지급 방식이 확정(지급)형으로만 지급되도록 해 놓았으면, 그에 대한 뭔가의 메리트(Merit)가 있어야 되는데 그렇지는 않고 단기간의 5년 확정형으로는 선택을 하기 힘들도록 정증(정부와 증권사) 합작으로 판을 짜 놓아 결국 장기간 확정형으로 선택을 할 수밖에 없도록 만든다.

최적화된 연금은 첫 번째 연금 상품의 연금 개시 후 연금 적립금이 가령 약 1.5억 이상일 때 실제 월 연금 수령액도 약 월 300만 원 정도를 수령하는 것처럼 전혀 추상적이지도 않고 현실적으로 도움이 되며 일반적인 연금 상품의 두 가지를 합한 양(量)보다 연금 수령액이 약 5배 이상 많다고 할 수 있다.

그렇기 때문에 연금 상품을 최적화시킬 때에는 반드시 실제 연금 수령 시 연금소득세는 100% 비과세가 되어야 하며 월 연금 수령액이 몇백 만 원 정도 되어도 종합과세가 되지 않도록 100% 비과세 연금 상품으로 구성해야 한다.

만약 동일한 조건의 증권사 연금펀드를 65세에 5년 확정형 연금으로 월 약 300만 원 정도를 수령한다고 가정하면, 연금소득세(70세 미만: 5%, 70~79세: 4%, 80세 이상: 3%)가 5%이고, 항상 모든 소득에는 주민세(해당 소득의 10%)가 따라가기 때문에 합계 5.5%인 165,000원 정도는 항상 매달 원천징수(먼저 떼이고 나옴)가 되고 지급되게 된다.

5.5%이면 얼마 안 되는 것 같지만, 사실상 '165,000원×60개월=990만 원'이므로, 연금소득세로만 5년 동안 순수하게 약 1,000만 원 정도

가 원천징수되고 나오는 것이다.

이것만 있는 것이 아니다.

추가납입분을 포함하여 세제혜택을 받은 개인연금저축, 연금저축보험, 연금펀드와 IRP는 물론이고, 퇴직연금의 운용수익으로 인한 연금 수령액이 연간 1,200만 원(월 100만 원)을 넘게 되면 종합과세 대상에 포함되어 연금소득세를 5.5%만 떼이는 것이 아니라, 이외에 훨씬 더 높은 세율의 세금(종합과세)을 추가적으로 또 내야 한다.

여기서 종합과세가 될 때에는 그냥 되는 게 아니라, 공적연금(국민연금, 특수직역연금)의 연금 수령액과도 합산되어 과세된다.

이것은 대상금액이 1,200만 원만 초과되었다 하면 종합과세로 합산될 때 모조리 합산되는 구조이므로 5년 확정형 연금으로는 아예 받지 말라는 말과 같다.

즉, 월 300만 원씩을 4개월만 받아도 1,200만 원이 되고 나머지 8개월분은 2,400만 원이며 여기에 국민연금과 같은 공적연금도 종합과세 대상금액에 합산되어 추가적인 세금이 발생되는 것이다.

개인연금으로 300만 원 정도는 받아야 되지 않겠는가?

연금으로 300만 원 정도는 나와야 된다고 생각하지 않는가?

퇴직연금과 세제혜택이 있는 개인연금으로 순수하게 세후로 300만 원씩 받아도 모자랄 판에 이리저리 다 뜯기게 된다.

금융창구 등의 현장에서는 과세이연 효과(납입 기간이 끝날 때까지 운용수익에 대한 과세를 미루어 둬서, 연금 적립금이 커지는 효과)도 많이 강조하는데 이것은 높은 수수료는 수수료대로 장기간 다 받아 먹고 불리고 키워 놓았다가 세금으로 더 털어 먹는 구조라고 볼 수 있다.

장기간 운용이 되면 이 수수료로 인해서 사실 알고 보면 잘 불어나지도 않는다.

국민연금의 수령액까지도 종합과세에 포함되는 것은 마치 꼭 5년 확정형 연금은 받지 말라고 하는 것과 같다.

한편, 개인연금 상품의 상품안내장에 나와 있는 대로 연금 지급 형태를 선택했는데 월 연금 수령액이 좀 많다고 해서 은퇴 이후 피부양자로 등재되어 있던 국민건강보험도 지역가입자로 변경이 되어 또 비싼 건강보험료도 추가로 납입을 해야 한다.

이렇게 되면, 결국 철 없이 멋도 모르고 10년간 고작 세액공제 금액약 몇백 만 원 받으려고 했던 것이 실제로 노후를 망치게 하는 꼴이 되어 버릴 수 있다. 완전 노후의 연금 계획이 무산이 되어 버리는 것이다.

5년 확정형 연금을 만들어 놓고 고액 자산가도 아닌데 세금을 왕창 때려 버리니, 장난감을 선물로 줘 놓고 가지고 놀지 말라는 것과 같고, 먹을 수 없는 먹이를 주고 먹으라고 하는 것과 같은 이치이다.

아직 끝난 것이 아니다.

일반 직장인으로 은퇴를 해서 퇴직연금이 있다면 앞서 언급한 것처럼 **퇴직연금의 운용수익 부분(퇴직연금의 원금 제외)과 IRP(Individual Retirement Pension, 개인형 퇴직연금계좌)의 불입금액도 이 종합과세 기준 금액인 1,200만 원에 모조리 포함된다.** 그래서 과세표준 구간도 높아지게 되므로, 당연히 종합과세로 납부할 세액이 더 많아진다.

한편, IRP에 자기 부담으로 추가적으로 납입 가능한 최고금액인 1,800만 원까지 납입을 하더라도 세제혜택 한도로부터 초과된 금액에 대해서는 세액공제를 못 받았음에도 불구하고, 이자나 수익 부분은 사적연금의 종합과세 기준 한도인 1,200만 원 안에 포함된다.

즉, 퇴직연금(DC형, IRP)이나 세제혜택이 있는 연금펀드 같은 연금 상품류에는 추가납입 자체를 아예 하면 안 된다.

이런데도, 많은 직장인이 당장 눈에 보이는 순간의 세제혜택을 보고 추가납입을 하고 있다.

그뿐만 아니라, IRP 계좌에 세제혜택을 목적으로 1,800만 원 한도 내에서 예치 시에는 연간 300만 원까지만 추가로 세액공제가 가능한데 추가납입을 하고도 이를 증명해야 하므로 상당히 까다롭기 짝이 없다.

IRP는 절대 일부 출금이 되지 않고 IRP 계좌에 납입한 전액을 해지 후에 일시금 전액을 수령할 수밖에 없을 뿐만 아니라 환급받았던 세금도 다시 모두 토해내야 하고 IRP의 원금보장형은 약 0.5% 정도의 수수료가 매년 부과되고 누적되어 약 30년 유지 시에는 수수료가 납입 원금의 무려 약 20% 정도가 되니 세액공제 받으려 했다가 수수료로 털리고 일부 출금도 안 되고 연금으로 수령 시에는 연금소득세도 과세되고 초과되는 부분은 종합과세 대상이 된다. 물론, 중도 해지 시에는 기타소득세 15%가 부과되고 모든 소득에는 10%의 주민세가 따라가기 때문에 16.5%의 세금이 발생이 되고 1,200만 원 기준 초과 시 종합과세된다.

IRP는 전 직장의 퇴직금 수령 용도로만 활용하면 되지 그 이상도 그 이하도 아닌 직장인 퇴직금의 거치 및 이동을 위한 단순 중간 매개체일 뿐이다.

한편, 연금 외 일시금으로 수령 시에는 연금소득세보다 높은 퇴직소득세로 과세된다.

퇴직소득세는 분류과세되어 종합과세는 되지 않지만, 절대 낮은 세율의 세금이 아니고, 탈만 바꿔 쓴 일시의 종합과세라 할 수 있다.

그럼에도 불구하고, 아직도 세제혜택이 있는 연금 상품이나 퇴직연금의 IRP 계좌에 추가납입을 하고 싶은가?

이에 아울러, 당연히 현업에 종사를 하고 있어서 근로소득이 있거나 자영업을 하고 있어서 사업소득이 있거나 이게 아니더라도 은행의 이자와 주식의 배당과 같은 금융소득이 있거나 하다못해 노후의 재테크 수단의 대명사인 오피스텔이나 원룸이라도 있어서 부동산 임대소득이 있거나 그외 기타 소득 등이 있으면 또 종합과세에 추가 합산되어 더 많은 세금을 내야 한다.

여기에 뒷북까지 치는 순한 노란색의 탈을 쓴 놈이 있는데 바로 중소기업중앙회의 노란우산공제다.

과거, 민간 금융 회사의 세제혜택이 있는 연금저축(보험)에서 염증을 느낀 자영업자들이 노란우산공제로 발길을 많이 돌렸고, 세제혜택의 한도 금액인 연 300~400만 원을 넘어서 최고 한도인 월 100만 원으로도 납입을 많이 하였다.

하지만, 노란우산공제도 중도해지 시에는 개인연금저축(연금저축보험, 연금펀드)과 마찬가지로 세제혜택을 본 금액은 모두 토해내야 함은 물론이고 해지환급률로 적용되며 10년 이상이 지난 해지환급금도 제 딴에는 소득이라고 기타소득으로 간주되어 15%의 기타소득세가 적용되고 모든 소득에는 또 주민세(해당 소득의 10%)가 따라가므로 합계 16.5%를 기타소득세로 원천징수하고 나머지를 지급한다.

한편, 폐업, 노령, 사망 등의 지급 조건에 충족이 될 때에도 2016년 이전 가입자는 **일시금이든 분할 지급이든 이유 불문하고 이자소득세 14%가 적용되는데 모든 소득에는 주민세 10%가 따라가므로 합계 15.4%가 원천징수되고 나머지를 받게 된다.**

분할지급에서 15.4%의 이자소득세가 적용되는 것은 하다못해 세제혜택이 있는 연금 상품의 연금소득세(5.5%)보다 3배나 더 먼저 원천징수해 간다는 말이다. 도둑놈과 다를 게 없지 않는가?

물론 이것만 있는 게 아니다.

노란우산공제를 퇴직연금 및 노후의 연금을 목적으로 두고 정상적으로 집중해서 납입한 사람이 일시금이나 5년 분할지급으로 받으면 결국 이자소득이 많아져 금융소득 종합과세 대상자에 해당이 되니 결국 더럽고 아니꼬와서 세금 다 내고 욕을 하거나 소액으로 장기간 분할지급으로 받게 되는 경우도 많다.

한편, 세금은 다 떼어 가는데 이율은 물가상승률에도 못 미치는 약 2%대를 상회하는 공시이율의 적용을 받는다.

결국, 그나마 마지막으로 믿었던 놈도 그놈인 줄 알았을 때에는 이미 힘없는 노인이 되어 있다.

노란우산공제는 앞으로 더 많은 자영업자들의 속을 쓰라리게 할 것으로 예상이 된다.

하지만, 아무리 네이버를 뒤져 봐도 노랑우산공제의 세제혜택만이 판을 칠 뿐 이런 내용은 잘 나오지 않는다.

2016년 이후 가입자는 퇴직소득세의 과세율로 적용이 되는데 이 역시 분류과세가 되어 단지 종합과세만 안 될 뿐이지, 일반인들에게는 거의 일시로 먼저 종합과세하라는 것과 마찬가지일 뿐이다.

노란우산공제는 납입 금액에 한도가 있기 때문에 역시나 중저소득층 자영업자들의 세금을 더 먼저 받아가게끔 프로그래밍이 되어 있다. 노란색의 탈을 쓴 놈은 그놈이 그놈일 뿐이다. 지금부터는 노란우산공제의 가입은 아예 생각조차 하지 말기를 바란다.

이 외에도, 각 지방 및 지역의 각종 공제들도 거의 마찬가지라고 볼 수 있다.

한편, 단어를 그럴듯하게 포장해서 순진한 예비 은퇴자분들과 금융 소비자들에게 두 번 피눈물을 흘리게 하려고 작정하고 새롭게 판을 평정하는 놈이 있는데, 바로 초특급 인기절정의 TDF(Target Date Fund)다. 최근에 어디선가 한 번쯤은 들어 봤을 것이다.

말 그대로 은퇴 날짜(Date)를 겨냥한(Target) 펀드(Fund)라는 그럴싸한 뜻을 지니고 있는 강력한 브랜드의 연금펀드이다.

이 인기 가도(街道)를 달리고 있는 TDF는 생애 주기에 맞춰 자금을 운용하는 펀드를 말하고, 현재 연간 400만 원 한도 내에서 세제혜택도 주어지지만, 필자가 장담컨대 **TDF에 노후를 모조리 맡겨 버린 사람은 피눈물과 쌍코피를 흘리며 쌍욕을 하게 될 것이고 최악의 상황을 맞이하게 될 것이다.**

소중한 연금으로 활용할 자산을 TDF 연금펀드에 올인하게 되면, 세금으로 털리고 비싼 수수료에 털리고 말만 그럴듯한 보이지 않는 손실에도 털리고 펀드운용 원칙에 털리고 실적배당형 연금펀드라는 속임수에 털리게 되어 나의 사적(私的)연금(퇴직연금과 개인연금)은 손과 발이 모두 묶이고 이빨과 손톱이 모두 빠진 호랑이가 되어 버려 그냥 속수무책(束手無策)으로 정부와 증권사의 보기 좋은 먹잇감이 되어 버린다.

이런데도 많은 전문가들이 수수료 때문에 TDF를 초(超)적극적으로 추천하고 있고, 맹목적인 금융소비자들은 막무가내로 TDF를 가입을 하거나 TDF로 갈아타고 있다.

명심하도록 하자. 절대 노후를 목적으로 TDF에 가입하거나 TDF로 갈아타면 안 된다.

이 TDF에 대해서는 다시 후반부에 설명을 하겠다.

하물며, 2019년부터는 갭(Gap)투자로 하다못해 아파트, 빌라와 같은 주택이나 오피스텔을 전세만 끼고 있어도 이 전세금에 해당되는 금액은 간주임대료(세입자의 전세금도 1.8%의 이자가 발생된다고 간주함)라는 것이 적용이 되어, 간주임대료로 인한 보이지 않는 소득도 금융소득에 포함되니 세금이 더 나오면 더 나왔지 덜 나오지는 않는다.

여기에다가 예상치 못하게 또 추가되는 것이 있다.

필자의 많은 상담 사례를 통해 보면, 대부분은 지금 생각했던 것보다 종합과세 대상금액은 늘어나게 되는 경우가 많은데, 그 이유는 이 연금 수령 대상자도 나이를 먹기 때문에 연금을 수령할 때쯤의 전후에 이 연금 수령자의 부모님께서 돌아가시게 되면 크고 작은 자산을 상속받게 되어 결국 이 자산으로 인한 수입이 뭐가 들어와도 들어오는 경우가 꽤 많아지게 되기 때문이다.

여기에서 금융소득종합과세의 기준 금액도 이미 2013년도부터는 연간 4,000만 원에서 2,000만 원으로 줄어들어 여러 가지로 더욱더 불리해졌다.

한편, 우리나라의 세금 징수율은 선진국들에 비하면 종합적으로 한참 낮은 편이라서 세율이 높아질 가능성이 농후하다.

이 세법은 조금씩 조금씩 진화를 하고 2015년부터는 연말정산 보완대책으로 세액공제라는 것이 보완이 되었는데 소득공제보다 세액공제가 대부분은 더 불리한 것이 사실이다.

이러한 조그마한 정책들이 모여서 가면 갈수록 세금으로부터 자유롭지는 못할 것이다. 조세강화의 징후라고 할 수 있다.

꼭 이게 아니더라도 화폐가치의 하락과 물가의 상승으로 인해 세율도 때가 되면 같이 동반 상승하게 되며 시간이 지나가면 지나갈수록 국가의 운영 근본 원리상 조세 정책은 무조건 강화되게 되어 있다.

결국 다시 원론으로 돌아와서 세제혜택이 있는 연금저축(보험)이나 TDF를 포함한 각종 연금펀드 및 노란우산공제를 가지고 있다가 연금 개시 시점이 다가왔는데 종합과세 대상금액을 그나마 줄이거나 피하려고 하면 결국 20년이나 30년 확정형 연금 등의 장기간 지급형으로 수령하는 방법밖에 없는데 이렇게 되면 이 연금 상품은 물가상승률에도 적응을 못 하고 실질적으로 도움도 안 되고 존재감도 없는 쓰레기

연금이 되어 버린다.

반면에, 돈이 급하거나 일시금으로 수령했을 때는 연금 혜택도 제대로 보지 못하고 16.5%의 기타소득세와 종합과세까지 합세하여 세금폭탄을 맞아 버린다.

필자가 앞서 계속 강조했지만, 이렇게 되니 소비의 나라 대한민국에서의 노후가 힘들어질 수밖에 없는 것이다.

금융 창구 등의 현장에서는 세액공제가 되는 연금저축(보험)이나 연금펀드 및 노란우산공제를 열렬히 추천해 놓고, 연금 개시 시점이 되면 장기간 지급형 연금으로 수령하면 세금을 덜 낼 수 있으니 절세가 된다며 병 주고 약을 주니 정말 갑갑하고 답답할 따름이다.

어쨌든, 차 떼고 포 떼고 앞으로 빼고 뒤로 또 모르게 빼어서 연금 가입자가 연금과 관련 법령으로부터 배신을 당하게 되는 것이다.

분명 얘기하지만, 나이가 들면 힘도 없고 봐도 모르고 판단력이 무조건 떨어진다.

이와 같은 세액공제 상품들의 시나리오는 곧 세금을 더 걷기 위한 일책(一策)인 것임이 틀림이 없으므로 앞으로는 개인연금 상품에 가입할 때에는 비록 세제혜택은 없지만 반드시 연금 수령 시 연금소득세가 100% 비과세되는 연금 상품으로 구성을 하는 것이 연금과 세금을 최적화하여 현실적으로 도움이 되게 연금을 수령하는 데 있어 훨씬 더 큰 도움이 된다.

그러므로, 반드시 개인연금 상품을 배치할 때에는 연금 수령 시의 연금소득세도 철저히 독립적으로 최적화를 시켜야 된다.

여러분은 노후에 가난하고 싶은가? 좀 더 여유를 가지고 싶은가? 여유를 가지고 싶다면, 독립성을 꼭 기억해야 한다.

미래에는 이 독립성(Indepenedce)이 상당한 파워를 지니게 된다. 각

종 4차 산업뿐만 아니라 개인연금도 마찬가지이다.

 분명 독립성을 지닌 최적화된 개인연금 상품이 자본주의의 금융게임을 지배하는 금융 환경이 곧 도래할 것이다.

 "다른 사람도 다 저렇게 불리하게 가입하는데 뭐 어때?"라고 하며 대중이나 다수(多數)가 한다고 해서 그것으로 위안을 삼거나 당연하게 생각을 해서는 안 된다. 우리 사회에는 다수의 잘못으로 묻어 가는 오류가 참으로 많다.

 여러분은 만약 같은 반 학생이 모두 다 같이 힘없는 한 명의 친구를 집단으로 따돌리고 있다면 같이 동참해서 그 친구를 따돌릴 것인가?

 결론적으로 증권사의 연금펀드는 5년 확정형 연금으로는 선택을 하기 힘들게 설계되어 있고, 은퇴 시점에 운 좋게 연금펀드의 수익이 많아져도 그만큼 세금에서 더 많이 떼이고, 중장기적 수익은 오히려 떨어지기 마련이며, 납입의 자유로 인하여 결국 큰 연금 적립금은 만들기 힘들며, 이 자유는 오히려 족쇄가 되어 꾸준한 장기 납입이 힘들게 되고, 금융위기를 맞아 재수가 없으면 오히려 큰 손실을 볼 수도 있고, 이렇게 되면 또 심리적으로 붕괴되어 납입이 중단이 되는 경우가 많고, 금융위기가 아니더라도 구조적으로 무조건 손실이 발생되게 되어 있고, 연금 개시 후에는 보이지 않는 불합리한 조건으로 계좌가 녹아내리는 전세(戰勢)에 처해 있으며, 연금은 적립식 펀드라는 금융 상품의 관리 방법과 운용 취지와도 사실 맞지 않고, 개인이 관리하기에는 현저히 전문성이 떨어질 수밖에 없으며, 추가납입을 많이 한다 해도 납부할 세금이 더 많아지니 또 문제가 발생하고, 장기유지 상품으로는 적합하지 않고, TDF와 같이 계속 헷갈리는 상품을 도입 및 출시하여 가입자에게 2중으로 혼선을 빚어, 본질적으로는 연금을 효율적이고 집중적으로 많이 받아 갈 수 없도록 태생적으로 프로그래밍이 되어 있기 때문에, 소중한 노후의 연금을 최적화시키는 데 있어서는 과감히 배제시켜야 한다.

특히, 증권사의 연금펀드는 연금 개시 전뿐만 아니라 연금 개시 후에도 전통적인 오리지널 실적배당형으로 유명한데 만약 연금펀드로 연금 개시를 하여 실적배당형으로 운용을 하면서 연금을 수령하는 경우 마치 카지노에 입장한 사람처럼 대부분의 사람들은 손해를 보게 되어 있다고 보면 된다.

아니라고 생각하는가?

연금펀드를 연금 개시 후에도 실적배당형으로 운용을 하면 불 속에서 휘발유를 들고 있는 꼴이 되어 버린다.

일단, 펀드의 운용수익을 무시하더라도 연금으로 지급되는 금액 자체가 연금 적립금을 기준으로 하였을 때 마이너스로 작용을 하기 때문에 불리한 수익률 게임으로 젖어드는 경우가 대부분이다.

한편, **설상가상(雪上加霜)으로 연금펀드의 연금저축계좌에서 운용하고 있는 펀드들도 마이너스일 경우에는 해당 연금 지급일의 7일 이전에 자동 환매가 되어, 계속 도미노처럼 연쇄적으로 마이너스로 매도가 되므로, 금세 연금 적립금이 고갈될 뿐만 아니라, 연금 지급이 조기에 중단될 수도 있다.**

한편, 마이너스로 자동 환매가 된 이후에 이 펀드의 수익률이 올라온다 해도 이미 지나간 버스인데 여기서 울며 겨자 먹기로 지급되어야 할 시기의 연금이 지급이 되니 연금 적립금이 기하급수적으로 떨어지게 된다. 이 부분은 다시 설명을 하겠다.

반면, 실적배당형태가 싫어서, 연금펀드의 연금저축계좌에서 연금MMF 같은 원금보존형 펀드로 운용을 하면, 수수료도 매년 약 0.2~1.0% 정도 부과가 되고, 이율도 약 1~1.5% 정도라서 오히려 연금저축 등과 같은 일반적인 세액공제 연금 상품으로 연금을 개시할 때 적용이 되는 1~1.5%대의 최저보증이율보다도 못한 꼴이 되어 버리거나 겨우 비슷할 뿐이다.

그래서, 역사적으로도 도구는 그 도구에 가장 맞게 사용하는 것이 가장 효율적으로 사용하는 것이다.

세제혜택이 주어지는 연금저축(보험)에 가입하라는 것이 아니라, 이보다 더 못하다는 것이다.

최적화를 시킨 연금은 이런 부분들이 티가 나지는 않지만 하나씩 하나씩 모이고 쌓여서 실제로 약 2~3배 이상이나 많게는 5배 이상까지도 더 많이 연금 수령액으로 지급되는 것이다. 그래서 티끌도 무시하면 안 된다.

요약하면, 연금펀드는 세액공제가 되기 때문에 결국 연금을 수령할 때에도 연금소득세가 비과세되지 않고 연금소득세가 부과가 되며 종합과세도 될 수 있고 질질 끌려서 쥐꼬리만 한 연금을 받게 되고 이게 싫어서 무턱대고 집중적으로 받으면 세금폭탄을 맞게 된다.

이 세액공제에서 정말 많은 사람들이 낚이는 것 같은데 얼마 되지도 않는 세액공제는 약 10년이지만 연금소득세와 세금 빚쟁이들은 평생이라는 것을 명심하자. 노후에 접하게 되는 세금 납부 고지서는 칼만 안 들었지 강도일 뿐이다.

국가나 국세청 입장에서도 어쩔 도리가 없다. 그래서 반드시 연금은 세금 부분도 최적화를 시켜야 한다. 연금은 끝이 좋아야 하기 때문이다.

필자는 연금펀드 같은 세제적격 연금 상품을 볼 때마다 마치 인생을 결정하는 초중고등학교 공부는 약 10년인데, 이때 결정된 대학교와 이로 인한 직장은 평생 따라다니는 것과 흡사하다는 생각이 많이 들곤 한다.

다시 반복하지만, 찔끔찔끔 받는 연금은 의미가 없다. 길게 받는 다고 유리한 것이 아니다. 저승보다 이승이 낫다.

돈이 남아 돌아서 고액으로 가입해서 찔끔찔끔 받는 것은 상관은 없다.

제2의 인생인 노후는 생각보다 그리 길지 않은 것 같지만, 의외로 상당히 길다.

연금은 제때 받아야 하고 많이 받아야 하고 필요할 때 받아야 하고 가급적 빨리 받아야 하고 첫 번째 연금은 반드시 5년 확정형 연금으로 집중적으로 받아야 하고 첫 번째 연금이 끝나자마자 두 번째 연금을 이어서 받아야 하고 비과세가 되어야 하는 등의 이유를 역설하지 않았던가?

연금소득세와 종합과세를 줄이기 위해 연금을 찔끔찔끔 받으며, 장기간 지급형 연금을 논하는 그 자체가 눈 가리고 아웅하는 것과 마찬가지이다.

여러분은 전쟁터에서 팔 다리 짤리고 피 질질 흘리고 있는데, 모르핀을 한 방울씩 투여할 것인가?

한마디만 더 하면, 완전히 미친 짓이다.

최적화된 첫 번째 연금은 집중적으로 받아야 하므로 늦게 연금 개시를 하면 연금소득세를 줄일 수 있다고 하는 연령 구간별 연금소득세도 아무 의미가 없고, 도움도 되지 않는 부분이다. 저 구간을 가지고 이야기 자체를 아예 하지를 마라.

어찌 보면 우리의 노후를 농락하는 것같이 보이기까지도 하다.

세액공제가 되는 연금 상품은 각별히 주의하도록 하고, 꼭 명심하도록 하자.

이런데도 아직 세액공제를 받게 되는 16.5%를 연 수익률로 따지면

16.5%가 나오는 고수익 상품이 어디 있냐는 말에 고민을 하고 있을 것인가?

세액공제가 되는 증권사의 연금펀드와 나머지 하수인들을 사랑하면 사랑할수록 노후의 연금은 더욱더 멀어만질 뿐이고, 풍요로운 노후와는 가질 수 없는 사랑을 하게 될 대한민국의 세제적격 연금 상품의 연금 수령자 1.5세대가 될 것이다.

마지막으로 개시되는 연금 주자를 배치하는 방법

가령, 동일한 금액으로 납입한 개인연금 상품을 3개 보유한 사람이 완납도 하고, 65세부터 매월 연금으로 수령하기를 원할 때, 어느 정도 연금 개시 시점이 가까워지면 반드시 확인해야 할 사항이 있다.

먼저 확정이율형, 공시이율형, 실적배당형와 같은 연금 상품의 운용 방식에는 관계 없이 각 개인연금 상품의 연금 적립금이 증가한 '비율'만 확인하도록 한다.

어떤 상품이 연금 개시 시점의 직전에 연금 적립금의 증가율이 1등일지 꼴등일지는 현재는 미리 알 수가 없다.

단, 저금리, 저성장으로의 흐름은 크게 꺾이지는 않을 것이기 때문에 변동금리인 공시이율형이 높은 고정금리인 확정이율형을 절대로 이길 수는 없다.

그래서 일부 특별한 경우를 제외하고는 변동금리인 공시이율형을 적극적으로 추천해 주고 싶지는 않다.

연금의 수령을 최적화시키는 데 있어서 안정되고 우량한 운용수익만 뒷받침이 된다면 생명보험사의 실적배당형 변액연금이 가장 적합하다.

그러나 실적배당형은 어떤 연금 상품이냐, 어떤 펀드이냐, 어떤 운용 방법이냐, 어떤 설정이냐에 따라 1등을 할 수도 있지만 꼴등을 할 수도 있다.

하지만, 연금 상품을 제대로 최적화만 시키면 실적배당형 변액연금을 1등으로 만들 수도 있고 버금가게 만들 수도 있다. 이는 다시 설명하겠다.

만약 세 가지 연금 상품을 모두 같은 금액으로 같은 시기에 가입했다면, 적립 금액의 양만 확인하면 된다. 간단하다. 이 부분에 대해서는 너무 어렵게 생각하지 않도록 하자.

어떤 개인연금 상품의 성과가 가장 좋았는지만 구분하면 된다.

똑같은 배에서 태어난 쌍둥이도 성격이나 취향이 다른 것처럼, 만약 연금 상품에 가입한 금액과 시기가 같더라도 운용 설정을 조금이라도 다르게 하면 전체 연금 적립금의 증가율은 다르게 나타난다.

만약 실적배당형인가 공시이율형인가와는 관계없이 연금 적립액의 증가율이 거의 비슷하다면 연금 지급 개시 순서에는 큰 신경을 쓸 필요는 없다.

그리고 연금이 최적화되도록 세팅을 하고 관리를 해 왔기 때문에 연금 개시 시점에 가까워지면 이미 어느 연금 상품이 '잘 달리고(연금 적립금의 증가 속도가 상대적으로 빠름)', 어느 연금 상품이 '못 달리고(연금 적립금의 증가 속도가 상대적으로 느림)'를 어느 정도는 알고 있을 것이다.

완전히 똑같은 연금 상품에 똑같은 세팅이 아닌 이상, 연금 적립금의 금액 차이가, 어느 정도는 벌어지게 되어 있고, 갈 놈은 가고 안 갈 놈은 다 안 가게 되어 있다.

비슷한 학생들에게 똑같이 가르쳐도 학생들의 성적은 1등에서 꼴찌까지 차이가 나며, 아무리 놀아도 공부할 놈은 할 때 되면 다 알아서 공부하는 것처럼 말이다.

연금 적립금의 증가율 차이가 수면 위로 드러나서 1등과 꼴등 간 연금 적립금의 증가율 차이가 따라잡을 수 없을 만큼 벌어진다면 연금 개시 시점을 미리 변경해 놓을 수도 있다.

우선 보유하고 있는 개인연금 상품의 연금 개시 순서를 정해 보자.

제일 잘 달리는 연금을 연금 상품 A+, 2등으로 잘 달리는 연금을 연금 상품 B, 제일 못 달리는 연금을 연금 상품 C라고 정하고 이야기를 하겠다. 잘 달리는 순서가 앞에서부터 A+, B, C-인 것이다.

어떤 사람이 A+와 C- 두 가지 연금 상품을 보유 중이고 가입 시에는 둘 다 연금 개시 시점은 80세로 정했으며 실제로는 64세부터 연금을 받기 원한다고 가정을 하자. 이 사람이 이제 드디어 64세가 되었다. 이제 연금 개시 시점을 변경하고 연금을 받아야 하므로 어떤 연금 상품이 더 잘 달려 왔고, 못 달려 왔는지를 이미 익히 알고는 있었지만, 그래도 한 번 더 확인해보니 연금 상품 A+가 '잘 달리는 연금'이고, 연금 상품 C-가 '못 달리는 연금'이었다.

여기에서 상대적으로 못 달려서 연금 적립금의 증가율이 낮은 연금 상품 C-를 64세부터 69세까지 먼저 5년 확정형 연금으로 매월 집중적으로 지급되도록 하고, 나머지 상대적으로 더 잘 달려서 연금 적립금의 증가율이 높은 연금 상품 A+를 첫 번째 연금 상품 C-의 연금 지급이 끝나는 69세에 맞추어 끝나자마자 바로 다음 달부터 연이어 종신형 연금으로 매월 죽을 때까지 지급되도록 하면 된다.

이렇게 하게 되면, 64세부터 사망 시까지는 매월 연금이 끊기지 않고, 평생 지급이 되지만, 64세부터 69세 사이의 은퇴 직후인 집중 활동 구간에서는 5년 확정형 연금으로 집중적으로 풍부하게 연금을 받기 때문에, 월 수령 금액도 꽤나 많아서 만족스러울 것이다.

돈이 있는 상태에서 게임장에 있으면 10시간도 금방 지나가는데 돈이 없는 상태에서 게임장에 있으면 1시간도 지루하고 긴 것처럼 은퇴 이후 노후의 5년은 아이러니하지만 상당히 길고도 짧다.

연금이 풍부한 사람의 노후는 취미나 운동 및 여행, 여가 등에 빠져 시간이 홀라당 지나가 버리지만, 빈곤한 사람의 노후는 벌을 서고 있을 때처럼 지독하리만큼 시간이 가지 않는다.

이 못 달리는 연금 C로 5년 확정형 연금을 받고 있는 동안에도, 잘 달리는 연금 A+는 수익 활동을 멈추지 않고 계속해서 잘 굴러가고 있기 때문에 첫 번째로 개시된 5년 확정형 연금 C의 지급이 끝날 때쯤이 되면 연금 상품 A+의 연금 적립금은 복리로 더욱 많이 불어나 있게 된다.

그래서 69세부터 죽을 때까지의 긴 기간 동안 더 많이 불어난 잘 달리는 연금의 연금 적립금으로 연금을 수령하게 되니 이때 두 번째로 수령하는 월 수령 연금의 양도 두 가지의 연금을 동시에 개시했을 때보다 더 많아지게 되는 것이다.

이 사람은 64세부터 죽을 때까지 필요한 시기에 연금을 집중적이고 효율적으로 훨씬 더 많이 받아 사용했을 뿐만 아니라, 연금을 받은 총량도 원리금[원금+이자(수익)]보다 많은 양을 받았을 것이다. 이로 인해 돈도 오히려 갈증 없이 잘 썼을 것이라고 예상이 된다.

물론 종신형 연금으로 분류되는 국민연금도 받고 있을 것이다.

그래서, 가급적 개인연금은 절대 동시에 복층으로 연금 개시를 하면 안 되고, 연금 상품 개수는 2가지는 되어야 연금 상품의 연금 지급 효율이 최적화가 된다.

이 2가지의 연금 상품을 은퇴 직후 집중 활동 구간에는 5년 확정형 연금으로 집중적으로 수령하고 나머지 구간에는 종신형 연금으로 죽을 때까지 수령하게 되는 것이다.

한 명이 2가지의 연금 상품을 가지고 있으면 좋겠지만, 꼭 그렇지 않더라도 한 부부(2명)가 2가지의 연금 상품을 가지고 있어도 나쁘지 않다.

한 명은 개인적인 상황에 따라 다르겠지만 직장인 기준의 한 부부가 2가지의 최적화된 개인연금 상품을 가지고 있는 것은 크게 어려운 일은 아니다.

지금 당장 운행도 하지 않을 예정인데 몇 시간 전부터 시동을 미리 켜 놓고 있는 자동차처럼 당장 쓰지 않을 연금 상품은 미리 연금 개시를 해 놓으면 안 되고, 어떤 연금 상품이 먼저 개시가 될지 마지막으로 개시가 될지는 지금 당장 알 수가 없기 때문에 연금 지급 형태(확정형 연금, 종신형 연금)의 선택에 있어서 반드시 유연성이 뛰어난, 확정형 연금과 종신형 연금의 선택이 가능한 생명보험사의 비과세(연금소득세 0원) 연금 상품으로 선택을 하면 최적화가 된다. 이는 무시를 못 한다.

대부분의 사람들은 보유하고 있는 개인연금 상품을 모두 동시에 연금 개시를 하는 경우가 많은데 특별히 염두에 두고 주의하도록 하자.

그래서 처음부터 연금 개시 시점도 유연성이 뛰어난 75세나 80세로 세팅을 하여 가입을 해야 된다.

앞서 강조했지만, 은퇴 직후부터 약 70세 이전에는 상대적으로 가장 많은 돈이 필요하므로, 5년 확정형 연금으로 집중적으로 받는 연금을 매월 모조리 왕창 남김없이 보람차게 펑펑 다 써 버려도 된다.

돈의 사용은 때가 있는 법이다. 제발 좀 저축을 안 해도 좋으니, 펑펑 다 쓰도록 하자. 노후에 참 할 것들이 많을 것이다.

규칙적으로 매월 풍부한 연금이 나오기 때문에 최적화된 연금 수령액을 받는 사람들은 계획적인 시간을 보낼 수 있다.

그리고, 약 70세 이후에는 상대적으로 돈이 덜 필요하므로 비록 월 수령 금액은 5년 확정형 연금보다 많이 적지만 오래 살면 오래 살수록 계속 받을 수 있는 종신형 연금(생존연금)으로 안정적으로 죽을 때까지 계속 받는 것이다.

물론 이때 종신형 연금이 나오는 동안 국민연금도 동반자처럼 계속 같이 나오게 되고, 집중적인 연금수령을 원할 경우 5년 확정형 연금을 연달아서 두 번 받아도 된다.

이럴 경우에도 세제혜택이 주어지는 연금 상품으로는 이와 같은 구성과 배치가 불가능하고, 억지로 하게 되더라도 상당히 비효율적으로 연금을 수령하게 된다.

요즈음은 개인연금 상품의 기능이 점점 화려해지다 보니 하나의 개인연금 상품으로 확정형 연금과 종신형 연금의 두 가지 지급 형태로도 받을 수 있지만 이렇게 되면 이미 연금 개시가 되어 버려 연금 적립금이 최저보증이율로 연명을 하게 되고 금액도 그렇게 크지 않기 때문에 누릴 수 있는 효과는 사실 떨어지므로 이왕이면 하나의 연금 상품은 하나의 지급 형태로 독립시키는 것이 가장 최적화에 적합하다.

기본 납입 금액 10만 원에 추가납입 금액 20만 원을 20년 납입 정도로 한 하나의 연금 상품으로 풀(Full) 완납을 하고, 하나의 연금 지급 형태로 연금을 수령하는 것이 그 효율을 극한까지 올리는 방법이다.

우리는 어느 정도의 규모(덩어리)가 되지 않는 '분산'은 안 한 것 만 못하다는 것을 알아야 한다.

우리나라에서는 맞지도 않는 어설픈 분산투자도 꽤 많이 하고 있다. 이 부분은 연이어 출간할 도서에서 상세하게 다룰 예정이다. 잘못된 분산투자는 자산의 증식을 방해하고 수익을 저하시킨다.

물론 어느 연금 상품이 잘 달리는 연금인지 또는 못 달리는 연금인지 예측도 가능하지만, 정확하게는 뚜껑을 열어 봐야 제대로 알 수 있기 때문에 가입하는 모든 연금 상품의 연금 개시 시점을 미리 고정을 시켜 버리면 안 된다.

그래서, 향후의 알 수 없는 여러 가지 상황에 맞추어 유연하게 변경할 수 있도록 75세나 80세 정도로 세팅했던 것이다.

마찬가지로, 어느 연금 상품을 먼저 연금 개시가 되게 할지 아직 정해진 바가 없기 때문에 가능하면 연금 상품이 확정형 연금과 종신형 연금 둘 다 선택이 가능한 비과세 연금 상품이면 가장 이상적이라고 할 수 있다.

물론, 선택이 아예 불가능한 확정형 연금 상품과 종신형 연금 상품 이렇게 두 가지 연금 상품을 가지고 있다면 확정형 연금 상품은 첫 번째로 개시하고 종신형 연금 상품은 두 번째이자 마지막으로 개시하면 된다. 이때에 첫 번째 확정형 연금은 5년형으로 받기 때문에, 반드시 연금소득세가 비과세가 되는 연금 상품이어야 한다.

강조하건대, 연금소득세가 비과세가 되지 않으면 5년 확정형 연금으로 수령하기 힘들어진다.

단순히 5.5%의 연금소득세 때문이라기보다 더 나아가서는 종합과세에도 영향을 미치기 때문이다.

만약 70세까지 운 좋게 여유로운 수입이 발생된다고 가정하자. 일반적인 경우에는 수입과 관계없이 미리 지정해 놓은 연금 개시 시점인 65세가 되어 모든 연금 상품의 개시를 복층으로 동시에 하게 되므로 수입원이 충분히 있음에도 불구하고 지금 당장 굳이 필요도 없는 연금이 찔끔찔끔 지급되고 돈은 이유도 없이 거의 놀고 있는 셈이 된다.

물론, 여유로운 수입이 늦게까지 발생이 되어서 천만다행이긴 하다. 이럴 때에는 이 수입이 부족하게 느껴지거나 수입이 거의 종료가 되는 시기가 되면 연금을 개시해도 좋다.

당장 필요도 없는데 미리 연금 개시가 되어 버리면 연금 개시와 동시에 연금 적립금의 수익 활동이 사실상 급격히 저하되기 때문에 자연적으로 발생되는 수익 효과도 덜 누리게 되므로 평생 그렇게 힘들게 모아서 만든 연금 적립금을 막판에 가서 상당히 비효율적으로 사용하게 된다. 수입원이 있었기에 망정이지 얼마나 안타까운 일인가?

모든 일은 항상 마지막 끗발이 좋아야 된다.

처음부터 연금 최적화로 연금 개시 시점을 80세로 해 놓았기 때문에 원래 연금 개시를 하고 싶었던 65세가 되었을 때 아직 다른 수입원으로 연금 없이 생활이 가능하다면 바로 연금 개시를 하지 말고 절대 이 연금은 없어지지 않으므로 일단 그냥 그대로 두면 된다.

그리고 마침 70세에 수입 발생이 종료되면 못 달리는 연금을 5년 확정형 연금으로 70세에 개시하여 원래 예정된 월 연금 수령액보다 더욱 많아진 연금을 받으면 된다. 그러곤 더 많은 연금을 매월 펑펑 쓰면 된다.

5년 확정형 연금을 받는 이 기간 동안에 잘 달리는 연금은 계속 수익 활동을 하며 더 잘 달리고 있게 된다. 75세가 되면 5년 확정형 연금이 종료되므로 바로 이어서 이 잘 달리는 연금을 종신형 연금으로 개시하면 된다. 마찬가지로, 더 많이 불어난 연금 적립금으로 더 많은 종신형 연금을 받게 된다.

혹자는 못 달리는 연금을 두 번째 순서인 종신형 연금으로 개시해야 하는 것이 아니냐고 많이 물어보지만 전혀 그렇지 않다.

황금알을 잘 낳는 잘 달리는 연금 A+를 65세에 먼저 5년 확정형 연금으로 개시하여 다 소모해 버리면 보잘것없는 못 달리는 연금 C만 남게 되고, 이 못 달리는 연금은 연금 적립금이 증가하는 속도가 상대적으로 느리기 때문에 쌓여 있는 연금 적립금은 상대적으로 불어나는데 어려움을 겪을 것이고 월 연금 수령액도 더 적으며 총 연금 수령액도 더 적을 것이다. 여러 가지로 비효율적이라고 볼 수 있다.

연금 최적화에서 **첫 번째 연금을 못 달리는 연금 C로 개시하더라도 5년 확정형 연금이라는 월 연금 수령액이 상당히 높다는 특징이 있기 때문에 월 연금 수령액의 차이는 의외로 미미할 뿐이고 이는 곧 두 번째 개시하는 종신형 연금의 연금 적립금이 더 많아지도록 하여 월 연금 수령액도 더 많아지도록 하고 생존이익**(종신형 연금에서 손익분기점 이후에 발생되는 이른바 공짜 연금)**의 양을 더 많게 해 줄 뿐만 아니라, 첫 번째와 두 번째로 개시되는 연금의 월 연금 수령액의 금액 차이**(Gap)**를 조금이라도 줄여 주는 역할을 한다.**

이렇게 해서 연금의 최적화는 일반적인 연금 상품들보다 몇 배나 많이 나올 수 있도록 해 준다.

우리가 은퇴 시점부터 죽기 직전까지 평생 한 번 다가오는 정말 중요한 순간들에 써야 할 소중한 돈이 연금인 것이다.

이 소중한 돈을 정말 잘 쓰기 위해서는 최적화를 시켜 효율적으로 제때에 사용해야 한다.

이와 같이 65세가 되면 이미 가지고 있는 연금 상품을 동시에 같이 연금 개시를 해서 수령하지 말고 더 못 달리는 연금을 먼저 수령하도록 하자.

어차피 이러나 저러나 둘 중 하나는 연금 개시가 먼저 이루어져야 하고 그 연금 적립금을 소모하는 것은 동일하다.

하지만, 두 가지 연금 상품의 연금 적립금이 불어나는 속도에는 엄연히 차이가 존재하기 때문에 그중 증식 속도가 더 빠른 잘 달리는 연금이라는, 황금알을 더 빨리 잘 낳는 거위의 배를 가르지 않는 것이다.

그럼 더 잘 달리는 연금은 두 번째 연금 개시 시점인 70세가 될 때까지나 계속 수익 활동을 하며 더 잘 달리기 때문에 어마어마한 결과가 일어나게 된다.

물론 대부분의 사람들은 일반적으로 연금 상품 가입 시점에 55세, 60세, 65세로 연금 개시 시점을 정해 버리고 연금 상품의 개수가 하나 이든 둘이든 모두 동시에 연금을 개시해 버리기 때문에 연금 개시 시점을 75세나 80세로는 거의 하지 않는다.

만약 연금 상품의 개수가 세 가지라면, '2등으로 잘 달리는 연금' B를 첫 번째로 5년 확정형 연금으로 개시하고, 제일 '못 달리는 연금' C-를 두 번째로 5년 확정형 연금으로 바로 이어서 개시하거나 일정 기간만 중첩되도록 개시하고, 제일 '잘 달리는 연금' A+를 종신형 연금으로 바로 이어서 개시하거나 일정 기간만 중첩되도록 개시하면 된다.

여기서 첫 번째 개시되는 연금을 2등으로 잘 달리는 연금 B로 개시를 한 이유는 대부분 연금 개시 직후에 가장 많은 돈을 쓰기 때문이다. 혹시라도 좀 풍부하게 연금을 쓰고 싶다면 어차피 최적화를 시켜 완성된 연금 상품이 3개나 되기 때문에, 이 첫 번째 연금이 끝나기 전에 개인적인 상황에 맞추어 조금 중첩되도록 두 번째 연금을 개시해도 괜찮다.

5년 확정형 연금의 월 연금 수령액이 중첩이 되면 어떻게 되는지 아는가? 생각만 해도 든든하고 행복할 따름이다. 그냥 끝내준다고 보면 된다. 월 연금 수령액을 고액으로 받는데 내는 세금도 없다.

이런데도 세액공제형 연금 상품에 가입할 것인가?

일반적으로 두 번째 연금 개시를 할 때 정도만 지나도 소비력이 많이 줄어들 뿐만 아니라, 세 번째로 개시가 될 제일 '잘 달리는 연금'은 안 그래도 제일 잘 달리는데 이 정도 기간이 되면 진정한 복리 효과도 제대로 한몫을 하기 때문에 세 번째 개시가 될 연금의 적립액 양은 상당히 늘어나 있게 된다.

연금 상품의 개수가 4개일 때도 마찬가지다. 가장 중요한 키 포인트는 마지막으로 개시가 되는 연금 상품이다.

마지막으로 개시가 되는 연금 상품은 반드시 제일 잘 달리는 연금 A이어야 되고, 상황에 맞게 종신형 연금으로 개시를 해야 한다.

연금을 수령할 때에는 자신에게 쓰든지 배우자에게 쓰든지 자녀에게 쓰든지 손자와 손녀에게 쓰든지 이웃에게 쓰든지 친구에게 쓰든지 제발 좋은 곳에 유익하게 다 쓰도록 하자.

이제 곧 마지막으로 개시할 연금인 종신형 연금에서도 뽕을 뽑을 것인데, 더 아껴서 무엇을 하겠는가?

이와 같이 연금을 최적화시키면 65세에 동시에 같이 개시를 하는 것보다 30~50% 이상 또는 심한 경우 100% 이상까지도 연금을 더 수령하게 된다.

그럼, 모든 연금 상품의 연금 개시 시점을 처음 가입할 때부터 75세나 80세로 정해서 원하는 연금 개시 시점이 되면 개인 상황에 잘 맞게 하나씩 1년 단위로 연금 개시를 하고 끝나면 또 바로 이어서 연금 개시를 하면 된다.

혹여나, 연금 개시 시점을 80세로 설정을 해 놓았는데 연금을 수령하는 것을 잊어 버렸다 하더라도 이 사실을 알고 나서 늦게라도 언제든지 연금 개시 시점을 변경하여 연금 개시를 신청하면 된다. 이럴 경우 월 연금 수령액은 더 많을 수 있다.

그동안은 연금 적립금의 수익 활동도 이루어졌을 것이다.

하지만, 보통은 노후가 생각보다 힘든 경우가 많고 힘들면 어딘가에 묻어둔 돈을 생각하게 되며 현금 흐름은 더 안 좋은 경우가 많고 받아야 할 연금은 기다리고 있고 장기간 동안 연금의 납입 금액을 납입해왔으며 국민연금도 수령하고 있기 때문에, 연금 개시 시점을 80세로 해 놓았다고 해서 80세까지 연금이 나오는 것을 잊어버리는 경우는 없다고 보면 된다.

향후에, 연금 적립금의 증가율 차이가 수면 위로 확연하게 드러나게 되면 연금 상품의 개시 순서를 구체화할 수 있게 되므로 이때에는 연금 수령 계획을 세워 미리 연금 개시 시점을 정해 놓는 방법도 활용을 할 수 있다.

결론적으로, 선발 투수는 5년 확정형 연금으로!

구원 투수도 5년 확정형 연금으로!

마무리 투수는 종신형 연금으로 배치시키면 된다!

부부는 누가 받아도
많이만 받으면 그만이다

심리적으로 선택될 수밖에 없는 부부연금형

생명보험사에서만 판매를 하는 종신형 연금(종신 연금)에서는 중요한 선택 항목이 있다.

연금을 수령하다가 이 연금 수령자가 사망을 하게 되면 더 이상의 연금은 지급되지 않게 되는데, 이를 '개인연금형'이라고 한다.

한편, 이 연금 수령자가 사망을 하게 되더라도 유족인 배우자에게 지급되고 있던 종신형 연금을 그대로 이어서 지급을 하게 되는데, 이를 '부부연금형'이라고 한다.

일단 단순히 이름만 들었을 때는 대부분의 사람들이 부부연금형이 더 범위도 넓고 아무튼 이래저래 좋은 것이 아닌가 하는 생각부터 하는 것이 사실이다.

이 부부연금형은 연금을 수령하는 대상자의 범위가 개인연금형처럼 개인 한 명이 아니라, 부부(夫婦)로 두 명이기 때문에, 개인연금형보다 월 연금 수령액과 연금 수령액의 총량이 더 적을 수밖에 없다.

세상에 공짜는 없기 때문이다.

경우에 따라 연금 수령액의 많고 적음의 차이는 있을 수 있겠지만,

결과적으로는 연금을 수령하는 대상자의 범위를 두 명으로 넓힘으로써 월 연금 수령액의 비용을 깎아 먹게 되는 것이다.

대부분의 사람들이 막상 종신형 연금(종신 연금)을 연금 개시할 때 사실 폐쇄적인 선택을 할 수밖에 없는 이유가 있다.

앞서, 여러 차례 언급했지만 보통은 시작부터 연금 개시 시점이 정해져 있기 때문에 이 연금 개시 시점이 되면 어쩔 수 없이 개인연금형과 부부연금형을 선택해야 하는데, 노부부의 심리는 부부연금형을 선택하는 쪽으로 많이 기울어지게 되는 것이 어쩔 수 없는 현실이다.

금융 회사에서도 형식적으로 연금 개시 가이드 라인에 따라 그저 앵무새처럼 읊어 줄 뿐이다.

예를 들어, 한 부부가 60세가 되어 가지고 있는 연금 상품 두 가지 모두를 종신형 연금으로 선택을 해서 마음이 쓰라린데 여기에다가 또 부부연금형으로 선택을 하니 참으로 설상가상(雪上加霜)에 진퇴양난(進退兩難)이 아닐 수 없다.

이렇게 선택을 하게 되면 정말 말로만 듣던 미친 짓을 또 하게 될 뿐만 아니라 다시는 되돌아올 수 없는 강을 건너게 된다. 명심해야 한다. 다시는 되돌아올 수 없는 강이다. 연금 수령자가 죽은 뒤에야 되돌아올 수 있다. 무섭지 않은가? 사실 별거 아닌 것 같은데, 정말 무서운 선택인 것이다.

한데, 이렇게들 많이 하고 있으니 불쌍한 우리 대한민국의 종신형 연금의 연금수령자들을 어쩌면 좋으랴? 노인이 되면 억울함도 묻히게 된다. 노인은 힘이 없기 때문이다.

하지만, 너무 걱정은 하지 말자. 필자가 연금을 최적화시켜 여러 가지 문제들을 해결해 주겠다.

옛말에 돈 빌려 주고 돈 못 받으면 돈 안 갚은 놈은 천하에 때려 죽일 놈이지만 돈 빌려준 놈도 조금의 잘못은 있다고 하지 않던가?

마찬가지로 연금 개시 시점에 불리한 형태로 연금을 수령한다 해도 그 선택은 분명히 연금 수령자 본인이 한 것임에 틀림이 없다.

어쨌든, 본인이 선택한 것이다. 향후에 금융 회사 탓을 한다 해도 금융 회사는 완벽한 방어태세를 지니고 있고 털어도 먼지 하나 나지 않는다. 서류나 녹취 내용도 보란 듯이 고스란히 증명을 하고 있을 뿐이다.

가입할 때와는 다르게 연금 개시 같은 돈 안 되는 서비스는 어쩔 수 없이 기계적이고 수동적일 수밖에 없고, 콜 센터나 금융 회사의 고객 응대 창구, 금융 프라자 등에서는 형식적으로 건성건성 속전속결로 진행이 될 수밖에 없다.

회사의 이윤을 추구하는 그 금융 회사와 수동적인 그 직원들도 누군가의 가족일 수도 있으므로, 그 직원들에게는 유감스러운 말이지만 사실 그들은 이 연금 개시 문제에 대해서는 별 관심이 없다. 아니 전혀 관심이 없다. 빨리 마무리를 하고 넘길 일거리밖에 되지 않는다.

결국 보유 중인 두 가지 개인연금 상품을 종신형 연금의 부부연금형으로 연금 개시를 하면, 억울은 하겠지만 본인 잘못도 있으며 딱히 다른 방법이 없는 것이다. 그냥 받아야 된다. 너무 슬픈 현실이다.

절대로 부부연금형은 그냥 공짜로 해 주는 것이 아니다. 세상에 공짜는 없다. 너무 공짜를 좋아하지 마라.

부부연금형 같은 개인연금형 연금

연금 개시를 하면서, 8할(80%)은 65세 이전에 정해진 55세, 60세, 65세의 연금 개시 시점으로 개시를 하고, 은행, 증권사, 손해보험사의 확정(지급)형 연금일 경우에는 20년 정도의 장기간 지급 형태로 개시를 하며, 생명보험사의 연금 상품일 경우에는 주로 20~30년의 장기간 지급 보증 형태나 종신형 연금으로 많이 개시를 한다.

한편, 이 종신형 연금에서는 부부 가입자일 경우 주로 부부연금형을 많이 선택한다고 보면 된다.

이 자체가 간단해 보여도 얼마나 무의미하고 바보 같은 선택인지 알고 있는가? 이렇게 하게 되면, 금융 회사의 호구가 되고, 낭패를 보게 되며, 머지 않아 연금이 배신을 했다며 동네방네 떠들어 대게 될 것이다.

개인연금형 (10년보증형)	173	100세 생존시	43,631	부부연금형 (10년보증형)	133	100세 생존시	33,543
개인연금형 (20년보증형)	130	100세 생존시	32,903	부부연금형 (20년보증형)	122	100세 생존시	30,921
개인연금형 (30년보증형)	98	100세 생존시	24,863	부부연금형 (30년보증형)	98	100세 생존시	24,842
개인연금형 (100세보증형)	126	100세 생존시	31,871	부부연금형 (100세보증형)	120	100세 생존시	30,380

[그림 기] 종신형 연금에서는 특별한 경우를 제외하고는 개인연금형으로 선택을 하자

한 예로 동일한 조건에서 개인연금형은 매월 173만 원씩 종신형 연금이 지급되고 부부연금형은 매월 133만 원씩 종신형 연금이 지급된다.

즉, 동일한 조건의 개인연금형이 부부연금형보다 월 연금 수령액의 양도 약 10% 정도에서 연금 상품의 종류와 여러 조건에 따라 많게는 약 40% 이상까지도 높게 지급이 된다.

물론 개인연금형은 이 연금 수령 대상자가 사망을 하게 되면 모든 연금 지급이 완전히 종료된다.

이 부분은 정말 중요하면서도 중요하지 않은 부분이기도 한데, 결정적으로는 부부가 개인연금형을 심리적으로도 선택할 수 없게 만드는 작용을 강하게 하고 있다고 보면 된다.

한편, 보증 기간이라는 것이 있는데, 연금 수령 대상자가 이 보증 기

간 내 조기 사망 시에는 남아 있는 보증 기간만큼의 미지급 연금을 유족이나 배우자에게 동일하게 지급을 하거나, 일시금 수령을 희망 시에는 미지급 연금 부분에서 이자를 공제하고 일시금으로도 지급한다. 어쨌든 종신형 연금에서는 사망을 해야만 일시금으로 지급이 된다.

부부연금형의 경우에는 어차피 이 부부가 모두 사망을 해야 종신형 연금의 지급이 종료가 된다. 즉, 한 명이 사망을 하더라도 나머지 한 명이 사망할 때까지 연금을 동일하게 지급하기 때문에 느낌상으로 안정적이기는 하다.

하지만, 보증 기간을 100세로 하게 되면 어차피 100세까지는 연금 수령 대상자가 사망을 해도 배우자에게 연금이 지급되기 때문에, 경우에 따라서는 부부연금형이라는 기능 자체가 크게 의미 없다고 봐도 된다.

이 부부 중 더 오래 사는 한 명의 사망 시점은 이 부부의 마지막 생존자의 사망 시점과 동일하다.

그렇다면, **더 오래 사는 한 사람을 연금 수령자로 해서 종신형 연금을 개인연금형으로 수령한다면, 부부연금형으로 선택한 것보다 월 연금 수령액이 더 많을 뿐만 아니라 사망 시점까지 받아 간 연금 수령액의 총량도 훨씬 더 많아지게 된다.**

대한민국 사회에서는 일반적으로 일부의 경우를 제외하고는 남자가 여자보다 먼저 사망을 하고, 이 남자가 사망을 한 이후에는 여자 혼자서 평균적으로 약 10년 정도는 더 홀로 생존을 한다.

물론, 여자의 평균수명이 남자보다 긴 이유도 있지만 많은 부부들의 나이가 꼭 같지는 않은 점도 한몫을 한다. 대부분은 남자가 일반적으로 여자보다는 몇 살 정도가 많다.

그럼 남자가 사망을 한 뒤로도 홀로 남은 여자가 약 10년 정도는 더 생존을 하고 남녀의 나이 차이가 더 길게 생존을 하는 데 영향을 주게 되며 나이 차이가 많이 날 경우에는 더욱 더 길게 혼자 생존을 하게 된다.

더더구나, 우리는 대한민국의 개인연금 상품에 대해서 이야기를 하고 있는데, 앞서 대한민국의 여자는 앞으로 전 세계 인간들 중에서 역대급으로 가장 수명이 긴 여자가 될 것이라 하지 않았던가? 아직 실감이 전혀 나지 않는가?

금융 회사들도 이런 사실들을 별로 달가워하지는 않는다.

즉, 어차피 부부는 누가 받아도 많이만 받으면 그만이다.

자살률 1위인 나라가 가장 오래 사는 나라?

평균수명 이야기를 잠깐 하겠다.

통계청에서는 대한민국 국민의 전체 및 시도별 각종 평균수명의 통계로 '생명표'를 발표하고, 보험개발원에서는 보험가입자들의 평균수명의 통계로 '경험생명표'라는 것을 발표하는데, 통계청의 생명표보다 보험개발원의 경험생명표가 희한하게도 몇 년 정도 더 길게 나타난다.

25~30년의 노후 기간 동안에 평균수명이 몇 년 정도 더 길게 나타난다는 말은 두 생명표의 평균수명이 약 10% 이상이나 차이가 난다는 말이다.

이 말은 보험사의 개인연금 상품 등에 가입해서 노후를 보내는 사람의 평균수명이 국민 전체의 평균수명보다 10% 이상 차이가 나므로, 노후에 대한 이야기를 많이 듣고 준비를 한 사람들이 더 오래 산다고 유추할 수 있다는 의미다.

희한하게도 노동을 많이 하는 시골사람들보다는 운동을 더 많이 하는 도시사람들이 더 오래 살고, 노동이나 생계 위주의 생활을 하는 가

난한 사람들보다는 문화생활을 누리는 부유한 사람들이 오래 살고, 삶의 만족도가 높은 후진국 사람들보다는 삶의 만족도도 낮고 스트레스도 많이 받고 힘들어하는 선진국 사람들이 오래 산다.

대표적으로 우리나라의 서울을 중심으로 하는 수도권이 정확하게 이런 상황에 들어맞는다.

대한민국은 OECD(경제협력개발기구, 35개국) 회원국 중 자살률도 1위이고 노인 자살률도 1위이고 전 세계 국가 중의 자살률도 2위(1위보다 자살 수는 높음)에 해당된다.

실감을 못 하는 것 같은데, 우리나라의 자살률은 OECD 회원국의 평균 대비 약 2.5배 정도나 높다.

이처럼 한국에서는 스트레스도 많이 받고 젊은 사람도 나이 든 사람도 자살을 많이 하는 편이고 경쟁도 상당히 치열하고 남들 눈치도 많이 보고 많이 힘들다고 여기 저기에서 곡소리가 많이 들리는데도 한국 노인이 앞으로 가장 평균수명이 긴 노인이 된다고 하니 참으로 아이러니하지 않을 수가 없다.

우리나라 사람들은 집약적인 기술력뿐만 아니라 생명력까지도 대단하기는 정말 대단한 것 같다.

즉, 대한민국에서 부족하지 않은 연금이나 임대 수입 등으로 여유 있게 노후를 누리는 사람은 오랜 기간 동안 누릴 것 다 누리고 살 수 있다는 말이다.

사람들은 많이 보고 듣는 만큼 더 많은 준비를 한다.

연금을 최적화시켜 앞으로 연금을 집중적으로 많이 수령할 사람이 노후에 대한 관심도 많아지고, 높은 연금을 계속 타 먹기 위해서 노후의 삶에도 관심과 더 나아가서는 욕심을 가지게 되며, 결과적으로 조금이라도 더 오래 살게 될 가망성이 많아지게 된다.

마지막 공짜 연금은 많이 받아 갈수록 더 많이 받아 간다

홀로 남은 여자가 남편이 사망한 시점으로부터 약 10년 이상 장수하였을 때에는 이미 납입한 원리금[원금+이자(수익)]에 해당되는 연금 적립금은 사실상 모두 소멸되었다고 볼 수 있고, 앞의 예시의 경우 매달 연금으로 받는 173만 원이 사실상 모두 공짜 연금(생존 보험금=종신형 연금)이 되며, 더 오래도록 생존할 시에는 이 높은 금액의 공짜연금을 계속 끊임없이 매달 죽는 순간까지 받을 수 있게 된다.

한국 사람들은 공짜를 좋아하므로 아마 공짜에 해당되는 종신형 연금을 받을 때에는 치매가 걸리지 않는 이상 우리 젊은 시절의 월급 일자를 기다렸던 것처럼 매월 연금의 입금 일자를 손꼽아 기다릴 것이다.

개인의 상황이나 연금의 개수에 따라 달라지겠지만 70세나 75세 때 마지막 주자인 종신형 연금의 개인연금형을 개시하고 나서부터는 1차적으로 약 10~15년 동안 연금 적립금을 모조리 다 쓰는 것을 목표로 잡아야 한다.

이런 목표를 들어 보았는가? 희한한 목표이지 않은가? 다 써서 없애 버리는 것을 목표로 잡아야 하니 말이다.

연금 최적화에 의한 마지막 개인연금 상품의 연금 지급 형태는 종신 연금형의 개인연금형을 선택하게 되더라도 최소의 보증 기간은 존재하는데 이 보증 기간에서 조금만 경과하더라도 연금 수령자 입장에서는 사실상 손해를 보는 구조는 아니므로, 너무 보증 기간에 목을 매달 필요는 없다.

결론적으로, 미련도 없이 뒤도 돌아보지 말고 본인을 위해서든 가족을 위해서든 모조리 다 써 버리면 된다.

연금이 많이 나온다고 해서 돈이 남아 돌지 않는 이상 적금 들고 그러지는 말자. 죽을 때 못 들고 간다. 다 쓰고, 하다못해 남으면 용돈도 주고 기부라도 하는 것은 어떨까 싶다.

살아 있을 때 용돈도 주고 기부도 해야 복을 얻더라도 얻게 된다.

연금 수령자에게는 이 종신형 연금의 개인연금형에서 '연금 적립금의 손익분기점'이라는 구간이 존재한다. 물론 부부연금형보다 개인연금형으로 선택했을 때 연금 적립금의 손익분기점에 더 빨리 도달한다.

연금 적립금의 손익분기점을 통과하고 나서부터는 가장 많은 월 연금 수령액으로 약정한 이 173만 원이라는 종신형 연금은 매년도 아닌 매달 계속적으로 모두 공짜의 생존 보너스가 되는 것이다. 꼭 이 부분을 간과하지 않도록 하자.

만약, 우물에서 물을 계속 퍼 마시는데 물을 많이 마시려고 한다면, 무조건 큰 바가지로 많이 퍼다가 마셔야 지금 현재도 많이 마시는 것이고 나아가서는 퍼다 마신 물의 총량도 많아지게 되는 것이다.

이렇게 당연하고 간단한데도 이렇게 하지를 못하니 필자의 심정이 어떠하겠는가?

70세에 종신형 연금을 개인연금형으로 개시하여 연금 적립금의 손익분기점인 약 82세까지 매월 연금을 잘 받아 왔고 이 손익분기점 이후에 만약 5년을 더 생존하여 87세가 된다면 '173만 원×12개월×5년＝1억 3백8십만 원'을 생존 보너스로 더 받게 되는 것이고, 만약 10년을 더 생존하여 92세가 된다면, 무려 '173만 원×12개월×10년＝2억 7백6십만 원'을 생존 보너스로 더 받게 되는 것이고, 100세 시대에 걸맞게 정말로 20년을 더 생존하여 102세가 된다면 무려 '173만 원×12개월×20년＝4억 1천5백2십만 원'을 공짜의 생존 보너스로 더 받게 되는 것이다.

지금 현재에 연금에 가입하는 나이의 사람들이 나중에 정말 100세까지 살게 될 것을 감안하면 얼마나 이익인지 모른다.

그때의 화폐 가치가 상당히 떨어졌다고 하더라도 약 2억원 정도에 해당되는 남 부럽지 않은 금액이고, 80~90세의 나이에 충분히 도움이 되는 금액의 수준이다.

여기서 중요한 점은 종신형 연금의 개인연금형에서 보증 기간이 짧아지면 짧아질수록 연금 적립금의 손익분기점에 도달하는 시간은 짧아진다는 것이다.

오히려 보증 기간이 길어지면 길어질수록 연금 적립금의 손익분기점에 도달하는 시간은 길어지고 멀어질 뿐이다.

손해를 보고 싶지 않은 심리 때문에 긴 보증 기간을 선택하지만 이렇게 되면 연금 적립금의 본전을 찾는 데 있어서는 더 오래 걸리거나 늦게 찾아가게끔 되어 있고 공짜의 생존보너스를 받는 데 있어서는 오히려 더 조금만 받아 가거나 덜 받아 가게끔 되어 있다. 아직도 허황된 소리로 들리는가?

치매보험에 공짜로 가입하는 방법

의료 과학 기술의 발전으로 나날이 생명은 연장되고 있고, 장수를 하게 된다.

이와 같이, 오래 사는 사람이 많아지다 보니 당연히 노인성 질환인 치매 환자의 수도 많아지게 되어 있다.

그렇지만, 치매 같은 뇌신경 손상의 치료 기술이나 인지 능력의 연장 기술이 생명 연장의 기술만큼은 따라가지 못하고 있는 것이 현실이다.

그러다 보니 요즈음은 치매보험이라는 것이 활개를 치고 있다.

여기에서, 필자가 덤으로 빈대떡 하나 더 주겠다.

남편이 사망한 이후 홀로 남은 여자에게 치매가 왔다 치더라도 최적화된 연금은 끄떡이 없다.

대부분의 치매보험은 장기요양등급이 1~2등급에 해당되거나 중증치매(CDR: Clinical Dementia Rating 임상치매척도 3점 이상) 진단 시에 지급이 되기 때문에 보장 범위도 상당히 까다롭거나 좁고 설사 경도치매(CDR 1점)에 해당되더라도 보장을 받게 되는 금액이 얼마 되지도 않는다.

이렇게 매달 고정 지출만 잡아 먹고 가격도 비싼 그 이름도 찬란한 치매보험, 그까짓 것 그냥 없어도 된다.

치매보험을 낼 돈으로 이 비싼 소비 문화 시대에 그냥 하나라도 다른 거 사 먹고 좋은 데 쓰고 좋은 거 보고 좋은 일 하는 데 쓰는 것이 훨씬 더 유익하다.

만약 이 여자가 사망하지 않고 치매가 왔다고 가정을 하자. 사실 정말 현실적으로 따지고 들었을 때 부모의 은혜에 감사하며 꼬박꼬박 매월 1~2백만 원 씩을 부담하는 자녀는 본의든 타의든 슬픈 현실이지만 솔직히 드물고 힘들 수 있다.

그래서 검은 머리 난 동물, 즉 자식은 키워도 잘 키워야 한다. 아래 사랑인 자식 사랑은 있어도 윗사랑인 부모 사랑은 짜고 희박하고 냉정하며 없다.

자식은 눈에 넣어도 안 아프지만 부모는 늙고 병들어서 안 넣는다.

그러나, 만약 최적화를 시킨 이 여자의 종신형 연금에서 매월 173만 원이 영원히 나오고 있는 와중에 치매가 온다면 그 상황은 완전히 달라진다.

물론, 치매에 걸리지 않는다면야 더 좋겠지만 값비싼 치매보험을 굳이 납입하지 않고서도 훨씬 더 월등한 효과를 볼 수 있게 된다.

이 여자의 자식은 낮에 도저히 봐줄 수도 없고 천하에 때려 죽일 고려장을 할 수도 없고 그야말로 오리무중(五里霧中)이 아닐 수 없다. 애써 부인은 하지 말자. 그 상황에 닥친 많은 사람들의 심리를 묘사한 것이다.

이때 사망 시까지 영원히 나오는 이 종신형 연금을 놔둬서 무엇을 하겠는가?

매월 나오는 공짜 연금이자 생존만 하고 있으면 말 그대로 생존보너스인 종신형 연금을 활용하면 된다.

어차피 치매 환자가 되었으니 이 종신형 연금을 생활 자금인 연금의 목적으로는 사용을 못할 것이다.

암 같은 주요 질병이야 고액의 진단금을 목돈으로 많이 받는 것이 중요하지만 치매는 어차피 인지를 못하기 때문에 목돈도 눈먼 돈이 되기 십상이고, 돈이 있어도 쓰지를 못한다.

그래서 치매가 왔을 때 값비싼 치매보험에 가입하여 목돈의 진단금을 받는 것도 좋지만 종신형 연금에서 사망할 때까지 계속 연금으로 나와 주는 것이 오히려 더 실용적이고 효율적이라고 볼 수 있다. 그것도 공짜로 말이다.

이 여자는 죽을 때까지 받을 수 있는 종신형 연금으로 평생 요양을 할 수도 있다.

이런 것을 두고 진짜 일석이조(一石二鳥)라고 하는 것이다.

여기에서 영원히 나오는 연금으로 공짜 연금인 종신형 연금 외에도 든든한 지원군이 하나 더 있다. 바로 국민연금이다.

그래서 국민연금도 납입을 하려면 60세 이전에 10년(120개월) 치 이상은 납입을 하는 것이 여러 가지 측면에서 유리하다.

최적화시킨 공짜 연금에 국민연금까지 있으니 더 싸워 볼 만하지 않겠는가?

한편, 농민군도 있다. 바로 치매환자에 대한 국가 지원이다.

물론, 치매환자가 되어 장기요양등급을 받게 되면 국가로부터 등급에 따라 시설 급여나 재가(在家)급여 및 특별 현금 급여 지원을 받을 수 있고 기본적으로는 많은 돈을 들이지 않고서도 요양병원에서의 요양은 얼마든지 가능은 하다.

하지만, 이것은 어디까지나 최소한의 기본적인 부분을 말하는 것이다.

종신형 연금을 가지고 있는 여자는 치매가 오더라도 이 기본적인 부분 외에 요양병원이나 요양원에서의 4~5인실 이하의 병실 비용, 개인 간병인, 기타 비용 등의 혜택을 매달 자녀에게 부담 하나 주지 않고, 공짜로 계속 죽을 때까지 이용할 수 있게 된다.

당연히 자식 입장에서도 부모 앞으로 종신형 연금이 나오므로 치매 등의 상태일지라도 100세든 110세든 120세든 130세든 오래오래 살기를 바랄 것이다.

좀 극단적으로 얘기하자면 이처럼 각종 요양 비용이 해결만 된다면 아무리 세상이 쓰레기 같이 변했다 치더라도 이를 마다할 쓰레기 같은 마음을 가진 자식은 없다.

즉, 상황이 상황을 만드는 것이다. 여러분 같으면 자식이 여러분에게 미안한 감정이 들면 좋겠는가?

너무 먼일 같은가? 세계 1위의 장수 국가가 될 대한민국에서 어찌 보면 먼 이야기도 아니지 싶다.

막상 한번 부닥쳐 보면 알게 될 것이다. 노후에는 인간이 인간만도 못한 대접을 받는 일들이 생겨난다. 그러니 이상하고 기괴한 노인 홍보관도 고수익이 발생되는 것 아니겠는가?

뻔히 바가지 씌우고 일부는 사기도 치겠지만 그래도 배꼽이 빠질 정도로 재미있게 놀아 주는 노인 홍보관 직원이 안 놀아 주는 자식보다는 더 낫지 않겠는가?

노인 홍보관에서도 우리 어르신들을 완전 호구로 보는 경우도 많은데, 전혀 그렇지만은 않다. 경험과 지혜가 젊은이들보다 많으면 몇십 배는 더 많으신 분들이다. 말을 안 해서 그렇지 사실 그렇게 호락호락하시지 않다.

단지 알면서도 속아 주는 것이다. 착각하지 마라. 그만큼 대한민국의 일부 자식들이 몹쓸 짓을 많이 했다고 볼 수 있다.

연금 최적화로 자식에게 짐도 덜 주고 좋지 않은 상황은 처음부터 발생시키지 않는 것이 최상책이다.

베이비붐 세대(Baby Boom 세대, 1946~1965년생)들은 부모를 봉양하는 마지막 세대이자 자식에게 버림받는 첫 세대이고 이 베이비붐 세대의 아래 세대들은 자식에게 버림받는 두 번째 세대이다.

연금 최적화의 종신형 연금을 잘만 활용해도 자식에게 비참하게 버림받지는 않을 것이다. 예로부터, 오이밭에서는 신발을 고쳐 신지 말라고 하였다.

지금 자녀를 키우는 사람들은 조금은 이해하려나 모르겠지만 어르신들께서는 한편으로는 자식보다 손주, 손녀 봤을 때가 세상을 떠나기가 더욱 싫고 망망하다고 한다. 그 손주, 손녀는 아무 생각도 안 하는데 말이다. 혹여라도, 요양 병원이나 요양원에 있으면, 몇 달에 한 번씩은 손주, 손녀라도 볼 수 있다.

치매 환자들은 과거와 현재의 중간쯤에서 타임머신을 많이 타고 왔다갔다하셔서 그렇지 결국 기억은 우리랑 똑같이 다 하시고 기억도 똑같이 다 가져가신다.

만약 연금 가입자가 실제로 치매가 와서 현실적으로 연금 신청을 하기 어려운 상황이 발생할 경우에는 미리 지정해 둔 대리 청구인이 대신하여 연금 개시를 청구하여 연금을 받을 수 있도록 할 수 있으므로 배우자 또는 동거를 하거나 생계를 같이 하고 있는 3촌 이내의 가족을 대리 청구인으로 미리 지정해 둘 수 있다. 이렇게 연금이 개시되면 죽을 때까지 연금을 받으며 요양을 할 수 있는 것이다.

모든 사람은 부자가 되고 싶어 하고, 몇십 억대 빌딩을 가지고 싶어 한다. 하지만, 일반인이 이렇게 되었을 때쯤에 본인의 모든 능력이 떨어지는 것은 생각을 못 한다.

하물며, 꼭 부자나 빌딩 건물주가 아니더라도 개인연금 상품에조차 고액의 금액을 매달 납입할 수 있는 여건이나 현실도 되지 못한다.

그래서 소액이라도 연금 최적화가 반드시 필요한 것이다. 이것은 마치 2019년 현재의 소비화된 사회에 걸맞은 발명품같이 실로 대단한 것이다.

많이 받아 다 쓰는 것이 연금이다

혹여, 다른 부동산이나 기타 상속자산이 있을지언정 우리는 연금 상품으로 매달 적립식으로 최적화시키고 목돈(연금 적립금)을 만들어 그제야 연금으로 보다 나은 노후 생활을 위해 효율적이고 풍부하게 연금을 수령하는 것이 개인연금 상품들의 주된 가입 목적인데, 부부두 명이 모두 사망한 이후에는 연금이 남아 있어 봤자 무슨 소용이 있겠는가?

금액도 얼마 안 될 뿐만 아니라 아무런 의미도 없고 목적에도 맞지 않는 돈일 뿐이다.

그래서 연금은 받는 동안 모조리 다 써야 한다.

부동산은 상속을 시킬 예정이라면 상속을 시키되 연금은 생전에 필요할 때 더 많이 받아 쓰는 것이 목적이고 죽으면 그만이므로 사실상 어서 빨리 다 받아야 하고 다 써서 없애 버려야 하고 더 받을 수 있으면 더 받아 먹어야 한다.

연금은 연금 수령자와 배우자의 노후를 위한 몫이지 자녀들의 몫이 아니다. 다시 한번 명심하기 바란다.

그래서 앞서 언급한 것처럼 종신형 연금(종신 연금)은 생존만 해 있으면 죽을 때까지 생존 보험금이 나오기 때문이기도 하지만 생존해 있을 때 가급적 많이 받아야 더욱 가치가 발휘된다고 하여 '생존 보험'이라고도 한다.

즉, 마지막으로 개시하는 연금 상품을 종신형 연금으로 수령할 때, 부부연금형이 아닌 개인연금형으로 최적화시키면, 약 10% 정도에서 많게는 약 40% 이상까지도 월 연금 수령액과 연금 수령액의 총량을 더 많이 받을 수 있게 된다.

어차피 부부는 누가 받아도 많이만 받으면 그만이기 때문이다.

물론, 각 부부의 개별적인 상황에 맞추어 부부연금형도 활용할 수 있지만, 정확히 비교 검토 후 선택해야 한다.

이혼은 해도 후회, 안 해도 후회

단, 한 부부가 연금을 수령함에 있어 중간에 이혼이나 황혼 이혼을 하면 여러 가지로 좋지 않고 연금 수령 계획에 있어서도 차질이 생긴다.

꼭 연금을 더 많이 받기 위해서가 아니라 모든 상품에는 장점과 단점이 상존하는 것과 같이 결혼이나 이혼도 마찬가지로 장점과 단점이

상존한다.

도저히 회복이 불가능한 상황을 제외하고는 장점을 극대화시키는 방향으로 가야 맞는 것이지, 이혼으로 승화시키는 것은 참으로도 어리석은 짓이다.

결혼은 해도 후회, 안 해도 후회라고 하지 않던가? 이혼도 해도 후회, 안 해도 후회라고 한다.

이혼을 하게 되면 경제적으로는 거의 모든 자산이 반으로 줄어들게 되고 정서적으로는 자식들이 깊은 상처를 받게 되며 육체적으로는 본인의 몸이 자유로워지며 연금을 최적화시킨 입장에서는 그렇게 힘들게 최적화시켜서 연금 적립금을 불려 놨는데 이 풍부한 연금 수령액을 받으려고 기다려 온 노후의 꿈과 아름다운 희망이 모두 사라지게 된다.

소송 이혼은 국민연금에까지도 영향을 미칠 수 있다.

극소수이지만 웃긴 현실인데 가끔은 세금을 절감하기 위해 이혼을 하는 경우도 있긴 하다.

한편 연금을 최적화시키면 이 기가 막힌 최적화된 연금으로 인하여 하다못해 이혼을 막을 수도 있다.

이혼을 하려고 마음을 먹었다가 좀 속 보이지만 매월 지급이 되는 풍부한 연금을 상상해 보니 이건 좀 아닌 거 같아 다시 화도 좀 가라앉히고 다시 마음도 가다듬고 관계도 회복하고 감정도 풀고 그러다 보면 사그라드는 경우가 있을지 누가 아는가?

공무원이나 교직원 및 교사의 경우 연금으로 인하여 소송을 하는 경우도 있으나 연금 때문에 이혼을 안 하는 경우도 있다.

보통 결혼은 운명 같은 타이밍이지만 성격 급한 우리나라 사람들의 '홧김에 이혼'은 두고두고 평생 후회로 남는 경우도 의외로 많기 때문이다.

참을 인(忍) 자가 셋이면 살인도 피하는데 이혼은 더 쉽지가 않겠는가?

전 세계에서 가장 오래 사는 한국인에게 죽을 때까지 나온다

연금에서 몸의 대상자는 따로 있다

보험에서는 보험 대상이 되는 몸의 대상자를 '피(被)보험자'라고 한다.

만약 피보험자를 홍길동으로 하는 암(癌)보험 1억에 가입하게 되면, 홍길동이 암 진단을 받았을 때, 보험 약관에 따라 암 진단금 1억 원이 지급된다.

확정형 연금을 수령하는 도중에 피보험자가 사망을 하게 되더라도 사망 여부와는 관계없이 이 정해진 기간 동안 확정된 월 연금 수령액은 그대로 지급이 된다.

한편, 일시금으로 수령을 원할 때에는 측정된 이자를 공제하고 이 역시 사망 여부와는 관계 없이 바로 수령이 가능하다.

즉, 확정형 연금에서는 몸의 대상자인 피보험자가 남자든 여자든 유병자든 조기 사망을 하든 누가 되든지 간에 아무 관계가 없다. 그냥 확정된 금액대로 연금을 수령할 수 있다.

반면, 종신형 연금(종신 연금)을 수령하던 도중에 피보험자가 사망을 하게 되면 얘기가 달라진다.

이 종신형 연금에서 보증 기간이 지나고 난 뒤로는 피보험자가 생존을 하고 있어야 생존 보험금(=연금)이 지급되는 방식이기 때문에, 오래 생존하게 되면 오래 생존하는 만큼 계속 연금이 지급되어 이른바 생존 이익을 볼 수 있고, 반대로 보증 기간 이후에 사망을 하면, 한 푼도 지급이 안 되게 된다.

이 부분은 지레 너무 겁먹지 않아도 된다.

종신형 연금에서는 피보험자가 연금을 몇 번 받다가 조기 사망을 하게 되면 큰 손해를 볼 수 있기 때문에 최소한의 보증 기간인 10년 동안은 예정되어 있던 연금이 지급되도록 설정되어 있다.

보증 기간을 가장 짧은 것으로 설정하면 월 연금 수령액도 가장 많기 때문에 큰 걱정거리는 아니라고 이미 언급하였다.

결론은 생명보험사의 종신형 연금에서는 피보험자가 가능한 한 오래 생존해 있을수록 납입한 원리금(연금 적립금) 외에도 추가적으로 더 많은 연금(생존 보험금)을 수령할 수 있다는 것이다.

그럼 조금 더 감이 오는가? 종신형 연금에서의 피보험자(몸의 대상자)는 그냥 아무나 하면 안 된다.

암보험은 암 발병 가족력이 있는 사람이 가입을 하면 아무래도 암 진단금을 받게 될 확률이 높아지는 것처럼, 종신형 연금에서는 죽지 않고 장수(長壽)할 확률이 높은 사람을 피보험자로 설정하게 되면 생존 이익을 누리면서 생존 보험금인 연금을 지속적으로 더 많이 받을 수 있게 될 확률이 높아지게 된다.

여자가 남자보다 더 오래 사는데, 연령도 더 낮다

통계적으로 평균적으로 유전적으로 생리학적으로 환경적으로 신체학적으로 전체적으로 여자가 남자보다 수명이 더 길어서, 더 오래 살

뿐만 아니라 앞서 남편을 먼저 잃고 나서도 약 10년 정도를 혼자 외로이 보내게 된다고 하였다.

'이제 곧 세계에서 가장 오래 사는 여자가 될 한국 여자'를 종신형 연금의 피보험자로 설정하게 되면 더 많은 종신형 연금(생존 보험금)을 받을 수 있게 된다.

이 말이 아직까지는 실감이 가지 않을 것이다.

한 부부의 연금을 최적화시킬 때, 두 가지 연금 상품 중에 어느 연금 상품이 마지막 주자로 선택될지를 현재는 알 수 없기 때문에 특별한 경우를 제외하고는 가급적 일반적으로 두 가지 연금 상품 모두 피보험자를 여자로 하는 것이 유리하다.

계약자	83년여자(35세, 여)	보험종류	적립형
피보험자	83년여자(35세, 여)	납입주기	월납

[그림 8-1] 가급적 두 가지 연금 상품의 피보험자는 모두 여자로 한다

피보험자를 모두 여자로 설정하게 되면 첫 번째로 개시되는 확정형 연금은 피보험자가 누가 되더라도 관계 없으니 이러나 저러나 아무 문제가 없을 것이다.

마찬가지로 피보험자가 모두 여자로 설정되어 있으니 어쨌든 두 번째이자 마지막으로 개시되는 종신형 연금의 피보험자도 당연히 여자가 된다.

연금 최적화에서 중요한 부분은 마지막으로 받게 되는 연금의 피보험자이므로 개인연금 상품에 가입할 때에는 가능한 한 피보험자를 모두 여자로 하면 된다.

여기에 숨겨진 연금 최적화의 비밀이 하나 더 있다.

일단, 평균적으로 여자가 남자보다 거의 대부분 오래 생존한다는 것

은 조금 납득이 갈 것이다. 실제로 현재의 평균수명도 여자가 남자보다 약 6년 정도 더 길다.

이와 더불어, 동갑내기 또는 연상연하(여자 나이>남자 나이) 부부를 제외하고는 보통은 남자가 여자보다 대략 몇 살 정도가 많다.

즉, 많은 부부들의 여자가 남자보다 생존도 더 오래 하는데, 나이도 조금씩은 어리다.

몸의 대상자는 여자로! 연금 개시 시점의 기준은 남자로!

앞서, 많은 사람들이 개인연금 상품에 가입할 때부터 55세나 60세 또는 65세의 연금 개시 시점으로 가입을 했는데 어떻게 제대로 연금을 써먹겠는가?

자고로 어떤 물건이나 제도는 활용을 잘 해야 한다고 하였다. 이 활용이라는 것을 잘 하는 것이 중요하다.

부부의 경우 대부분은 주로 남자가 주된 소득원(Earner)이다. 남자도 일정 시기가 되면 정년퇴직이나 은퇴를 하게 되므로 소득이 단절되거나 줄어들게 된다.

물론 예외도 있지만 이때부터는 본격적으로 연금을 필요로 하게 되는 것이다.

한편, 연금에 가입할 때 피보험자를 모두 여자로 설정한 것은 잘하였는데, 연금 개시 시점을 정할 때에는 여자의 연령을 기준으로 삼아 연금 개시를 하면 안 된다.

비록 연금의 피보험자는 여자이지만 남자가 주된 소득원이기 때문에 남자의 퇴직 시기나 소득 단절 시기에 맞게 남자의 연령을 기준으로 연금 개시 시점이 정해져야 하고 여기에 맞춰 연금 계획을 세우도록 하는 것이 중요하다.

예를 들어, 3살 차이가 나는 한 부부가 있다. 남자가 65세에 정년퇴직을 하게 되어 개인연금을 받아야 할 시기가 되었다. 이때 이 연금의 피보험자인 여자는 62세이지만 주된 소득원인 남자 나이 65세를 기준으로 해서 여자가 62세일 때 첫 번째로 개시하는 연금 상품인 5년 확정형 연금이 개시가 되어야 한다.

피보험자가 남자인 경우에는 그대로 남자의 연령을 기준으로 연금 개시를 하면 된다.

노후가 되면 한 달도 긴 시간이라고 하였다. 남자의 주된 소득이 끊기자마자 연금 개시의 필요를 느낄 때 바로 개시를 하면 많은 도움이 된다.

1년 단위로 연금 개시 시점을 정하라는 것은 이와 같이 활용하라고 있는 것이다. 하지만 대부분은 5년 단위로 정한다고 보면 된다. 이유는 처음 가입할 때부터 5년 단위로 가입을 했기 때문이라고 하였다.

연금 개시는 반드시 1년 단위로 직전 개인연금의 지급이 끝나자마자 한 달도 공백이 없이 딱 들어맞도록 정해야 한다.

한편, 지나치게 조기에 연금이 개시가 되면 월 연금 수령액이 줄어들 수 있고 만약 이때 수입이 있다면 이 연금의 중요성을 크게 못 느낄 수 있다는 점도 참고하도록 하자.

물론, 여자도 일을 하고 있고 남자도 다른 일을 다시 시작해서 피보험자인 여자가 65세가 될 때까지 버틸 수 있다면 가급적이면 여자 나이 65세부터 첫 번째 연금을 개시하는 것이 일반적으로 연금 적립금의 확보 차원과 연금 최적화 측면에서 더 안정적이고 효율적이라고 볼 수 있다.

노후에는 리허설이 없다

최초로 연금 개시를 할 때나 바로 이어서 순차적으로 연금 개시를 할 때에 연금을 더 늦게 받아서 1~2년 정도의 시간 차이가 벌어져 연금 수령 공백 기간이 생기기만 해도 얼마나 많은 문제가 발생되는지 지금은 아마 절대 이해 못 할 것이다.

그때가 되어 보면 잘 알게 되겠지만 연금은 반드시 필요한 시기에 많이 받는 것이 상당히 중요하다.

노후는 리허설(Rehearsal, 예행연습)이 없는 단 한 번뿐인 순간이다. 그런데 은퇴 직후이자 그 한번 최초로 연금을 수령하는 중요한 시점이자 제2의 인생 중에서 돈이 상대적으로 가장 많이 들어가는 집중 활동 구간이자 나름대로 가장 할 일이 많은 구간에서는 반드시 최초로 5년 확정형 연금으로 개시를 해야만 한다.

만약, 그 1~2년 차이로 연금 수령 시기가 딱 안 맞아 버리면 돈 으로도 살 수 없고 이루 말할 수 없는 여러 가지의 차질로 발생되는 손해가 엄청나게 큰 것이 사실이다.

이런 이유 때문에 첫 번째 연금 지급이 모두 종료되고 두 번째 연금으로 넘어갈 때에도 공백이 있으면 안 되고 바로 연달아서 지급이 되어야 한다.

현재는 우리가 여러 가지 개인적인 상황으로 인하여 몇 세부터 연금 개시를 할지를 정확히 알 수 없기 때문에 연금 최적화에서는 연금 개시 시점을 75세나 80세로 가입을 하여 실제 연금 개시 시점이 되면 원하는 개시 시점에 맞게 앞당긴다고 하였다.

아울러, 어느 개인연금 상품이 잘 달리는 연금이고, 못 달리는 연금인지는 사전에 미리 알 수 없기 때문이라고도 앞서 충분히 역설을 한 바가 있다.

세계에서 가장 오래 사는 여자에게 죽을 때까지 나온다

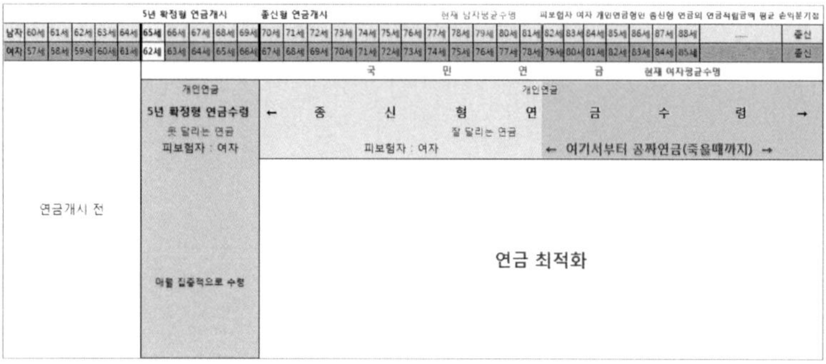

[그림 8-2] 여자가 피보험자인 종신형 연금의 개인연금형은 엄청난 생존이익이 발생된다

이와 같이, 주된 소득원인 남자의 나이가 65세일 때를 기준으로 연금 상품을 개시하면 이때 여자의 나이는 62세가 된다.

이 여자가 62세부터 67세까지 월 연금 수령액이 풍부한 5년 확정형 연금으로 매달 수령하게 되고 이 5년 확정형 연금이 끝나자마자 바로 이어서 종신형 연금을 67세부터 죽을 때까지 받을 수 있게 된다.

종신형 연금을 약 10년 동안 받는 동안 남자의 나이가 약 80세가 되어도 여자의 나이는 상대적으로 이제 겨우 77세이므로 여자인 피보험자가 종신형 연금의 개인연금형으로 수령하게 되면 사실상 이 여자가 이와 같이 약 77세 정도가 될 때까지 사망하게 될 확률이나 가능성은 갑작스러운 사고가 발생되지 않는 이상 극도로 떨어지게 되고 여자의 평균수명까지도 아직 약 10년 정도나 남아 있고 최빈사망연령(가장 빈번하게 사망하는 연령)까지는 약 13년 정도나 남아 있고 100세까지 생존한다고 가정하면 무려 약 23년 정도나 남아 있게 된다.

즉, 이 여자를 피보험자로 하고 종신형 연금의 부부연금형보다 상대적으로 높은 금액으로 산출된 종신형 연금의 개인연금형(10년 보증형)을 77세부터 현실적으로 아무리 못 해도 약 10년 정도는 더 받을 수 있는 것이다. 어마어마하지 않은가?

월 연금 수령액을 약 100만 원 정도 수령한다고 가정하면 10년 동안은 약 1억 2천만 원을 더 받게 되는 것이고 20년 동안은 약 2억 4천만 원을 더 받게 되는 것이다.

이와 같이 부부연금형이 아니라 개인연금형이라서 더 많은 양의 월 연금 수령액을 이미 수령하였고 이로 인하여 연금 적립금의 손익분기점까지 빨리 도달할 수 있었으며 앞으로 남은 기간 동안은 평생 죽을 때까지 공짜로 또 이 부부연금형보다 많게 산출된 개인연금형(10년 보증형)의 종신형 연금을 계속 받을 수가 있게 된다.

그래서, 단순히 여자가 남자보다 더 오래 살고 평균수명이 약 6년 정도 더 길기 때문에 더 많이 받는 것도 있지만 보통은 남편인 남자보다 여자가 몇 살 정도 더 연하인 경우가 많고 연금계획의 기준 나이는 남자이지만 실제 연금 상품의 피보험자는 여자로 설정하기 때문에 좀 더 일찍 종신형 연금이 개시가 되게 되는 셈인데 실제로는 이 여자의 나이를 기준으로 연금 개시가 더 일찍 된 만큼 상대적으로 여자가 사망할 확률은 상당히 떨어지게 되기 때문에 이 여자는 사망은 하지도 않고, 이미 높은 금액의 개인연금형으로 연금도 받았고, 앞으로도 오래 살면 오래 살수록, 높은 금액의 개인연금형(10년 보증형)의 종신형 연금을 공짜로 계속적으로 더 많이 받게 되는 것이다.

줘도 못 먹을 것인가?

그런데, 여기서 더 큰 문제는 이 여자가 이 세상에서 평균수명도 가장 길어지게 되고, 가장 오래 살게 되는 대한민국의 여자라는 것이다.

반면에, 남자를 피보험자로 했을 때를 살펴보자.

여자의 나이가 77세가 되었을 때에, 남자의 나이는 약 80세인데, 이 남자의 평균수명이 여자 보다 약 6년 정도 짧을 뿐만 아니라, 이때에 이미 남자의 평균수명인 약 81.4세에 근접하게 되므로, 이 남자가 오래 생존하게 될 확률은 상대적으로 떨어지게 된다.

이렇게 되면, 오래 생존을 할 가망성이 떨어지므로, 공짜의 종신형 연금인 생존보험금을 많이 받을 수 있는 확률이 떨어지게 되는 것이다.

결국 이렇게 되면 생존이익을 볼 수 있는 공짜연금의 양은 줄어들게 되는 것이다.

그래서, 한 세대(부부)에서 가능한 한 연금 상품의 피보험자는 모두 여자로 하여 가입을 하는 것이 유리하다.

피보험자는 한 번 가입을 하면 변경 자체가 불가능하다.

몸의 대상자는 가급적이면 여자로

미혼이든 독신이든 여자가 개인연금 상품에 가입할 예정이라면 전 세계에서 최적의 수명을 지닌 성별 조건이므로 피보험자를 여자인 본인으로 가입을 하면 된다.

부부일 경우에는 몸의 대상자라 해 봐야 남자나 여자 둘 중에 한 명이겠지만 두 가지 연금 상품의 피보험자를 모두 여자로 설정해서 가입을 하면 된다.

한편, 이 부부에게 이미 가입되어 있는 연금 상품의 피보험자가 남자일 경우에는 다른 여러 가지 연금 최적화의 가능성을 고려하여 그 연금 상품을 그대로 가져갈지를 결정하고, 추가로 가입할 연금 상품은 반드시 여자를 피보험자로 하여 가입을 한다.

요즘 독신 여성들이 점점 많아지는 것 같다. 만약 본인이 독신 여성이라면 노후 빈곤은 비참할 수 있으므로 자본주의의 상업화에 난도질을 당하지 말고 반드시 연금을 최적화시켜 골드 핑크빛 노후를 맞이하기 바란다.

자본주의 사회에서 소비를 주도하는 것은 여심(女心)이다. 상업적으로 그럴듯하게 마케팅하여 여심을 자극하며 여심은 주요 타깃이 되기 때문에 철저히 주의를 하기 바란다.

물론 한편으로 독신 여성의 경우에는 결혼 준비 자금과 자녀 양육 비용 등의 지출 부담이 없기 때문에 허리띠를 잘 졸라 매면 풍부한 최적화 연금 플랜을 얼마든지 가져갈 수 있다.

미혼인 남자는 결혼 준비 자금과 주택 마련 자금에 치중을 하되 연금으로의 분배가 가능하다면 최소 기본 가입 금액 10만 원으로 가입을 해서 향후에 추가납입 여부 등을 결정하고 결혼 이후에 추가로 가입할 때는 피보험자를 반드시 배우자인 여자로 하면 된다.

이에 아울러, 대한민국에서 미혼인 여자의 결혼 준비 자금은 관습적으로 문화적으로 현실적으로 상대적으로 남자보다 더 많이 들지는 않으므로 어느 정도 결혼 준비 자금이 모아질 것이 예상된다면 단기적인 저축의 비중을 줄이고 연금 상품에 배치를 하는 것도 의외로 상당히 좋은 방법이다.

향후에 이 미혼인 남자가 가입한 개인연금 상품이 혹시라도 못 달리는 연금이 된다면 이 연금 상품을 먼저 5년 확정형으로 수령하면 아무 문제가 없고 만약 이 연금 상품이 잘 달리는 연금이 된다면 여러 가지 정황 등을 살펴 10년 보증형의 부부연금형을 선택하여 종신형 연금으로 수령을 하면 된다.

연금 개시 후 10년이 지나서 이 남자가 사망을 한다 하여도 연금의 지급이 중단되지 않고, 여자가 사망할 때까지 이 부부연금형의 종신형 연금을 장기간 동안 수령할 수 있게 된다.

이때 여자가 피보험자인 개인연금형(10년 보증형)보다는 월 연금 수령액이 조금 미흡하더라도 이 연금이 잘 달리는 연금이 되어 긴 기간 동안 마지막까지도 수익 활동을 잘해서 그동안 연금 적립금이 더 불어났기 때문에 그렇게 나쁘지 않을뿐더러 연금 최적화를 하지 않은 경우보다는 훨씬 낫다고 볼 수 있다.

한편, 여자가 건강하지 않거나 조기에 병력이 많다면 상황에 따라서는 피보험자를 남자로 할 수도 있다. 이때 피보험자가 남자라고 해서 너무 걱정을 할 필요는 없다. 앞으로 대한민국 남자도 세계에서 가장 오래 사는 남자가 된다.

아울러, 피보험자인 여자가 연금 수령 중에 조기 사망을 하였을 경우에는 원리금[원금+이자(수익)]에 해당되는 금액을 모두 일시금으로 수령할 수도 있고 유족이자 배우자인 남자가 받고 있던 5년 확정형 연금을 그대로 이어서 받아도 된다.

이럴 때도 아직 연금 개시를 하지 않은 연금 상품의 연금 개시 시점은 80세로 되어 있기 때문에 일시금으로 수령을 하면 된다. 그래서 연금 개시 시점의 유연성은 중요한 것이다.

즉, 두 가지 연금 상품의 피보험자가 모두 여자로 되어 있어도 아무 문제가 없다.

마지막으로 독신 남성의 경우에는 대부분 항상 여자보다 비교적 소비가 많기 때문에, 반드시 연금 상품을 최적화시켜야 하며 은퇴 직후 반드시 5년 확정형 연금을 이어서 2번 받도록 하자.

만약 좀 더 집중적으로 받고 싶다면 첫 번째 5년 확정형 연금을 받고 있는 5년 이내에 그때의 필요에 따라 중첩되게 받는 방법을 추천한다. 이렇게 되면 상당히 풍부한 연금이 나오게 되므로 많은 활동을 집중적으로 할 수 있게 된다.

만약 조금 더 길게 받고 싶다면 첫 번째 개시하는 5년 확정형 연금의 지급이 종료되기 전에 두 번째이자 마지막 연금 상품을 10년 확정형 연금으로 개시해도 된다.

이 독신 남성이 두 번째이자 마지막 연금을 종신형 연금으로 개시하길 원한다면 유일하게 피보험자가 남자인 연금에서 좀 더 유리한 방법이 있다. 이때 일반적인 종신형 연금으로 개시하지 말고 종신형투자연금(GLWB, Guaranteed Lifetime Withdrawal Benefit)으로 개시하면 된다. 연금 적립금에서 종신형 연금으로 지급되는, 지급률이 가장 높은, 금융 회사의 최적화된 조건을 갖춘 연금 상품으로 연금을 개시하는 것이다.

70세에 연금 개시를 할 경우 이 지급률이 남자는 6.15%이고 여자는 5.40%인 것처럼 남자와 여자 사이에서 지급률의 차이가 존재하기 때문이다.

같은 종신형 연금이라도 어쩔 수 없이 피보험자가 남자일 경우에는 소폭일지라도 종신형 투자연금이 여러 가지로 유리하다.

10년 보증형인 종신형 연금을 개인연금형으로 수령하던 남자가 15년 만에 사망했을 경우에는 더 이상 찾을 수 있는 금액이 없는 반면에, 투자연금 종신형에서는 연금 적립금이 남아 있을 경우 소액의 환급금을 받을 수도 있기 때문이지만, 기대는 되도록 하지 않는 것이 좋다.

이렇게 되면 어쨌든 이 독신 남성이 죽을 때까지 좀 더 높은 금액으로 연금을 받게 되므로 이러나 저러나 유리한 것이다.

한편, 애석하게도 독신 남성의 수명은 보통 통계적으로도 기혼 남성보다 짧기 때문에 반드시 5년 확정형 연금 같은 단기간의 연금 지급 형태로만 선택하는 것이 여러 가지로 무조건 100% 유리할 뿐만 아니라 실용적이라고도 할 수 있다.

특히 남자들은 세제혜택이 있는 연금 상품은 애초부터 아예 가입을 하지 않는 것이 무조건 좋다.

은퇴 전이나 은퇴 후에도 평생 돈 들어갈 데가 많고 가정을 책임져야 하는 남자들이여, 절대 세제혜택이 주어지는 세액공제형 연금 상품은 가입하면 안 된다. 꼭 명심하도록 하자.

궁금하지 아니한가? 어서 속독을 하기 바란다. 궁금증이 해결될 것이다.

납입 면제는 옵션이다

질병 가족력이 있는 사람이 기본 가입 금액 10만 원과 추가납입 금액 20만 원에 20년 납입으로 개인연금 상품에 가입할 예정이라면, 이 납입 기간 중에 3대 질병(암, 뇌출혈, 급성심근경색증)에 해당이 되었을 때에 금융 회사가 기본 납입 금액 10만 원을 완납할 때까지 대납을 해 주는 기능도 있다.

이른바 납입 면제가 되는 것이다. 단, 추가납입 금액은 납입 면제 사항에 해당되지 않기 때문에 설사 납입 면제가 되더라도 계속 납입을 해야 한다.

연금 최적화에서 우리는 어차피 납입 기간을 장기간 동안 길게 납입을 한다. 그 긴 기간 동안에 납입 면제 사항에 해당이 되면 소득이 단절되거나 줄어들 수 있으므로 연금 상품에 납입을 하지 않아도 예정대로 최적화된 연금을 수령할 수 있게 된다.

한 부부 중 한 명이 3대 질병 가족력이 있다면 가족력이 있는 사람을 피보험자로 하고 납입 면제 특약을 탑재하는 것도 활용가치가 있긴 하지만 생각만큼 효율적이지 못하다는 것은 알아 두자.

하지만 납입 면제는 기본 가입 금액에만 해당이 되기 때문에 납입 면제를 많이 받으려고 기본 가입 금액을 크게 가입하는 것도 연금 최적화에 역행을 하는 방법이므로 추천을 하지 않는다.

즉, 납입 면제로 인한 이익은 생각만큼 그렇게 크지는 않으며 기본 가입 금액이 높아지면 납입 면제 특약의 비용도 비례하여 증가하기 때문에 의외로 부담이 될 수 있다.

납입 면제 특약은 너무 염두에 두지 말고 기대는 하지 않는 것이 좋다.

그 이유 중에 하나는 연금 최적화는 저축성으로 누적되어 불어난 연금 적립금이 납입 면제의 레버리지(Leverage, 지렛대) 효과만큼이나 크기 때문이다.

	상품명	가입금액	보험기간	납입기간	보험료
주계약	연금보험(적립형)	1,200만원	종신	20년납	100,000원
선택특약	(무)3대질병납입면제특약(80%)	10만원	20년만기	전기납	4,545원
	합계보험료				104,545원
	실납입보험료				104,545원

◑ 보험료 납입면제에 관한 사항(적립형 계약에 한함)
1. (무)3대질병납입면제특약(80%) 미부가시
   - 주보험:납입면제 없음
   - 선택특약:50%이상 장해시
2. (무)3대질병납입면제특약(80%) 부가시
   - 주보험: 80%이상 장해 또는 3대질병으로 진단확정시
     ※3대질병:암(갑상선암, 기타피부암 및 대장점막내암 제외), 급성심근경색증, 뇌출혈(다만, 암은 암보장개시일 이후에 적용)
   - 선택특약:주보험 납입면제시 또는 50%이상 장해시

[그림 8-3] 납입 면제 특약이 있으나 필요 시 참조만 하도록 하자

만약, 여자인 피보험자가 납입 면제가 됐을 때에는 각종 요양 비용이 많이 발생되므로 여자가 생존해 있는 동안은 첫 번째 연금을 5년 확정형 연금 또는 일시금으로 수령해서 가능한 조기에 연금을 활용하

는 것이 유익하다. 죽고 나면 다 필요없기 때문이다.

한편, 불행하게도 여자가 조기사망했을 시에는 이러나 저러나 남아 있는 연금 상품은 모두 일시금으로도 지급이 가능하므로 남자는 이 일시금으로 다시 연금 계획을 세워 개인연금 상품에 가입할 수도 있다.

그래서 한 부부가 두 가지 개인연금 상품의 피보험자를 모두 여자로 설정해 놓았다면 여자가 조기 사망을 했다고 해서 이 남자에게 큰 문제가 발생되지는 않는다.

물론, 이 남자도 아내인 여자가 사망한 뒤로는 평균수명이 계속 연장이 되어 경험생명표 또한 불리하게 적용이 되어 있을 것이기 때문에 경험생명표의 적용을 받는 종신형 연금으로는 뒤늦게 가입하지 않는 것이 바람직하다.

어차피 이미 남자는 나이도 많고 남자의 평균수명은 여자보다는 더 짧으며 잔여 생존 기간도 그렇게 길지는 않고 혼자 남아 있을 뿐만 아니라 국민연금도 나오고 있기 때문에 일시금으로 수령한 연금 적립액은 손이 타기 전에 반드시 가입즉시연금을 일시납으로 가입하여 남아 있는 생존 기간 동안은 경험생명표에 전혀 영향을 받지 않는 5년 또는 10년 정도의 확정형 연금으로 집중적으로 풍부하게 수령하여 여생(餘生)을 실용적으로 웰리빙(Well-living)하는 것이 상당히 중요하다.

결론적으로, 모든 개인연금 상품의 피보험자를 여자로 하고 잘 달리는 연금을 부부연금형이 아닌 개인연금형의 종신형 연금으로 최적화시켜 수령하게 되면 최소 약 10% 정도에서 많게는 약 70% 이상까지도 연금을 더 수령하게 된다.

마지막으로 개시하는 연금은 일단 손익분기점만 넘으면 된다

연금 지급의 보증을 공짜로 해 주지는 않는다

개인연금 상품을 종신형 연금으로 개시한 이후, 연금을 수령 중인 피보험자(몸의 대상자)가 조기에 사망을 하게 되면 이론상으로는 생존보험금(=연금)의 지급이 중단되게 된다.

하지만, 남아 있는 연금 적립금의 일정 부분을 보증해 주는 차원에서 보증 기간이라는 지급의 형태를 지니고 있다.

이 보증 기간 동안에는 피보험자가 사망을 해도 월 연금 수령액을 보증 기간이 끝날 때까지는 계속해서 남아 있는 유족이 지급받을 수도 있고, 보증 기간 내의 미지급 연금에서 측정된 이자를 공제하고 일시금으로 수령을 할 수도 있다.

종신형 연금에서의 보증 기간은 보통 10년, 20년, 30년, 100세 보증 등으로 구분된다.

세상에 공짜는 없으므로 보증 기간이 길면 길수록 월 연금 수령액도 더 적어지게 된다. 반면에 보증 기간이 짧으면 짧을수록 월 연금 수령액도 더 많아지게 된다.

대부분의 많은 사람들이 이미 연금 상품 가입 시점에 미리 지정해 놓은 연금 개시 시점인 55세나 60세 또는 65세가 되면 보증 기간이 100세까지인 종신형 연금의 부부연금형으로 선택을 해서 연금을 수령하다가 도움도 안 되는 적은 양의 연금 수령액에 실망을 하게 되고 이를 돌이킬 수는 없기에 후회를 하게 된다.

이러다가 정말 진짜 완전한 노인이 되어 버린다.

100세까지 사는데 100세 보증형을 선택한다?

자 그럼, 이렇게 100세 보증형을 선택해서 정말로 100세까지 생존을 하였다고 가정해 보자.

이럴 것 같았으면 찔끔찔끔 연금을 받으면서 군이 왜 100세 보증형을 선택했는지 이상하다는 의구심이 들지 않는가?

필자가 강력히 부탁하건대, 제발 두려워하지 말도록 하자. 100세 보증이나 30년 보증 같은 종신형 연금의 장기간 보증형은 아무런 의미도 가치도 없는 포장일 뿐이다.

우리는 곧 1년 뒤면 최빈사망연령이 90세 이상이 되어 현재 진짜 100세 시대에 살고 있으며 지금 30~50대들이 100세까지 생존하는 것은 불가능한 일이 절대 아니다. 어쩌면 놀랍게도 100세 이상까지 생존할 수 있게 될지도 모른다.

세상이 달라져서 가만히 있어도 수명은 연장이 되어 100세까지 살게 될 확률은 높아지고 있는데 군이 100세 보증형을 선택하여 월 연금 수령액을 깎아 먹는 어처구니 없는 실수를 범하지 않도록 하자.

그러하지 아니한가? 100세까지 살 수 있는데 왜 군이 비용을 지불하고 그것도 더 적은 월 연금 수령액으로 100세까지 보증을 받고 있는지 말이다.

가만히 생각해 보면 이상하다는 느낌이 들지 않는가?

문제는 지금 55~65세가 되신 분들이 연금 개시 시점이 되어 연금 수령 형태를 선택할 때에 판단력이 흐리고 내용도 잘 모르며 심리적으로도 위축이 되어 있다는 것이다.

가령 연금 개시를 앞둔 어떤 사람이 정말 큰 질병에 걸려 시한부 선고를 받았다고 가정해 보자.

오히려, 이런 시한부 선고를 받은 사람이 피보험자로 되어 있는 연금 상품의 보증 기간을 선택할 때에는 유족의 안정된 연금 수령과 목돈에 손이 타는 것을 방지하기 위해서, 조기 사망 시에도 계속 연금이 지급되는 100세 보증형이나 30년 보증형 같은 장기 보증형의 개인연금형으로 선택을 하는 것이다.

이렇게 되면 조금 낮은 금액이지만 이 연금으로 인하여 유족은 그래도 약 30년 정도 동안에 계획적인 소비를 할 수 있게 되고 매월 연금을 받을 때마다 시한부 선고를 받고 사망한 망자(죽은 자)에게 감사하게 되고 또 생각하게 된다. 신선하게 들리지 않는가?

그런데도 오히려 금융 창구나 금융 프라자 등에서는 100세 시대, 장수, 노후, 퇴직, 실버, 은퇴라는 명사를 앞세워 100세 보증형이 100세까지 안정적으로 보증이 되니까 연금을 더 오래도록 받을 수 있다고 하는데 마치 입에 녹음되어 있는 모터가 달려 있는 것 같다.

100세 보증형 연금은 시한부 선고를 받은 사람이 어린 자녀에게 안정적으로 연금을 공급하기 위해서나 약정하는 것이다.

양변기의 물은 내려야지 새로운 물이 다시 차 올라온다

대한민국의 생명보험사에서 판매를 하는 개인연금 상품에 가입하여 종신형 연금의 개인연금형으로 연금 개시를 하는 모든 여자 고객이 10년 보증형을 선택하고 여러 가지 조건을 최적화시키게 되면, 이 금융 회사는 약 20년 정도 뒤부터 예상 총 연금 적립 재원의 부족 현상이 일어나게 되고 심지어 장시간 후에 고갈될 소지도 있다.

상품 개발팀의 핵심 요직에서는 알아도 얘기를 안 해 줄 것이고 아마 연금계의 전문가도 자세히는 잘 모를 것이라고 확신한다.

필자가 상황이 될 때마다 주요 문제들을 금융 회사의 창구나 VIP 센터, WM 센터의 직원이나 지점장들에게 물어보지만 제대로 아는 사람을 여태껏 보지를 못했다. 정확히 말하자면 연금 가입자의 입장에 큰 관심이 없다고 하는 게 맞는 것 같다.

종신형 연금은 반드시 연금 수령자가 살아 있는 동안에 가능한 한 많은 금액이 제때에 매월 꼬박꼬박 지급되어야 한다.

우리는 많은 금액의 연금을 매월 수령하면서 반드시 가능한 한 최대한 빨리 연금 적립금(납입한 원금+이자의 본전)을 완전히 소멸시켜야 한다. 반드시 꼭 명심하고 잊지 말도록 하자.

연금 적립금을 빨리 소멸을 시켜야 비로소 그 연금이 영원히 종신토록 샘솟고 마르지 않는 샘터의 샘물이 될 수 있다는 것을 말이다.

이 샘터에 샘물이 가득 채워져 있으면 샘물이 고갈(枯渴)될 때까지는 절대 새로운 샘물이 생겨나지가 않는다.

샘물을 많이 퍼 내야 더 많은 새로운 샘물이 생겨나는 것이다.

미친놈처럼 보일 테지만 필자는 매일 화장실에서 크고 작은 볼일을 보고 양변기의 물을 내릴 때마다 손익분기점이 지난 시점의 피보험자가 여자인 10년이 보증되는 개인연금형의 종신형 연금수(水)를 공짜로 받아 다 써 버리는 것 같은 쾌감을 느낀다.

양변기의 레버를 내리면 저장되어 있던 수조탱크에서 물이 내려가는데, 이 물은 바로 다시 차오른다. 여기서 부력을 지닌 고무튜브가 있는 위치까지 물이 가득 채워지며, 더 이상은 물이 채워지지 않는다. 또 레버를 내리면 물은 다 내려가고 바로 다시 차오른다.

즉, 양변기에 새로운 물을 더 받고 싶다면 레버를 계속 끝까지 내려서 물을 계속 다 써 버리면 된다. 그럼 계속 새로운 물을 더 받을 수 있게 되는 것이다.

필자가 학생 때 지갑에 있는 돈을 다 쓰고 얼마 뒤에 지갑에 또 돈이 생긴 것을 발견하고는 좋아서 또 다 써 버렸다. 알고 보니, 아버지께서 필자의 지갑에 돈을 채워 넣어 주신 것이다.

그 기억을 모티브로 지갑에 있는 돈을 다 써 버려도 다시 자동으로 채워지는 금융 플랜을 상상했었던 적이 있었다. 그런데 그게 먼 곳에 있는 것이 아니었다.

그것은 바로 마지막으로 개시하는 생명보험사의 연금소득세가 100% 비과세인 연금 상품에다가 여자를 피보험자로 하며 단지 가장 짧은 기간만을 보증해 주는 개인연금형의 종신형 연금이었던 것이다.

마지막에 홀로 남은 연금 수령자가 사망하고 난 다음에 유족인 자녀가 보증 기간 이내의 미지급 연금을 받는다고 해 봐야 무슨 의미가 있겠으며 무슨 큰 도움이 되겠는가?

많은 사람들이 종신형 연금으로 개시를 해서 10년 안에 사망하는 경우가 거의 없다는 사실은 전혀 모르는 것 같다.

즉, 여자를 피보험자로 하는 10년 보증형인 개인연금형의 종신형 연금을 선택해도 손해볼 것이 없다. 제발 걱정은 붙들어 매도록 하자.

우리는 생존 보험(종신형 연금)에 가입하는 것이지 사망 보험(종신 보험)에 가입하는 것이 아니다. 그래도 저승보다 이승이 낫다고, 살아 있을 때 연금은 본인과 배우자를 위해 모조리 싸그리 다 써 버려야 된다. 다시 한번 착각하지 않기를 바란다.

이 최적화된 연금을 수령하는 동안 매월 연금 수령액을 모조리 유익하게 다 써 버리면 자식들에게도 좋은 추억만이 더 많이 남게 된다. 인생은 무조건 추억이다.

개별 상황이 조금씩은 다르겠지만, **피보험자인 여자가 특별히 심각한 건강상의 문제가 없이 마지막으로 개시하는 종신형 연금을 받는 시기에 봉착했다면 개인연금형으로 선택을 하고 보증 기간은 사실 의미가 없기 때문에 가장 짧은 보증 기간인 10년 보증형으로 선택을 하면 된다.**

만약, 필자는 종신형 연금에서 0년 보증형(미보증형)이 있고 가령 월 연금 수령액이 300만 원 정도라면 10년 보증형인 173만 원을 선택하지 않고 뒤도 돌아보지 않고 0년 보증형인 종신형 연금을 배우자를 피보험자로 하는 개인연금형으로 선택할 것이다.

하지만 아쉽게도 0년 보증 기간의 종신형 연금은 없다.

이와 같이 보증 기간이 짧아지면 짧아질수록 월 연금 수령액이 높아지게 된다.

10년의 보증 기간 동안 매월 지급되는 연금을 평평 다 써 버리게 되면 머지않아 연금 적립금(납입한 금액의 원금+이자의 본전)의 손익분기점에 도달하게 되는데 일단 연금 적립금의 손익분기점에 도달을 하면 이미 납입을 한 원리금(원금+이자)은 나름 거의 다 찾아 먹은 것이다.

이때부터는 또 죽을 때까지 매월 계속 공짜로 생겨나는 종신형 연금을 평평 다 써 버리고 벽에 똥칠할 때까지 살면서 계속 다 써 버리면 된다. 노후에 돈을 유익하게 많이 써야 9988(99세까지 팔팔)하고 치매도 피해갈 수 있다.

혹시라도, 불행하게도 부부 모두가 연금을 개시하기도 전에 조기 사망 시에는 유족인 자녀가 일시금으로 수령을 할 수도 있다. 이럴 경우에도 원리금은 모두 지급이 되므로 아무 관계는 없다.

하지만, 이런 상황은 정말 애석하고 안타깝기 짝이 없을 뿐이다. 둘 다 죽고 나서야 무엇이 더 필요하겠는가?

연금은 반드시 생전에 다 써서 활용해야 하는 것이다. 국민연금도 하다못해 연금수령자가 사망을 하면 남아 있는 연금의 약 40~70%는 나라에서 먹는다. 그래서 세상은 무소유다.

연금은 무조건 생전에 많이 받아 다 쓰는 것이 중요하다.

국민연금의 연기연금제도는 더 준다 해도 신청하지 마라

그리고 중요한 팁을 하나 더 주겠다.

국민연금 수급권자가 연금 수령 시기를 1~5년 정도 늦추게 되면 그만큼 가산율(월 0.6%, 연 7.2%)을 적용해 국민연금의 월 수령액을 더 준다고 하는 연기연금제도라는 것이 있다.

예를 들어, 60세부터 월 80만 원을 국민연금으로 받는 사람이 5년을 연기해서 연기연금이라는 제도를 신청하게 되면 65세부터 월 80만 원이 아니라, 월 108.8만 원씩을 국민연금으로 받을 수 있는데 이 사람이 80세까지 생존 시에 고작 숫자상으로는 약 38만 원 정도의 이득을 보게 되는 셈인 것이다.

그런데 더 웃긴 것은 만약 비교를 위해 60세부터 이 80만 원을 하나도 쓰지 않고 5년 동안 저금리의 적금을 들어도 세후 이자로만 약 3백

몇십 만 원이 넘게 되므로 오히려 더 손해인 것이다.

즉, 국민연금의 연기연금제도는 대부분의 국민연금 수급자에게 있어 큰 이득도 없고 기회비용만 빼앗으며 돈을 써야 될 때 못 쓰게 만들 확률이 크다.

앞서, 연금은 은퇴 직후 집중 활동 구간에 가장 많이 필요하고 돈은 제때 써야 그 연금의 가치가 활용된다고 하였다.

어쩌면, 은퇴 직후의 이 5년 동안 사용하게 되는 '80만 원×12개월×5년=4천8백만 원'은 나중에 뒤늦게 받게 되는 1억 원이 넘는 가치에 해당되고 그 이상의 의미가 부여될 수도 있다.

한편, 월 80만 원 받을 때도 이 정도인데 국민연금의 월 수령액이 적으면 적을수록 이득은 더 없을 뿐만 아니라 노후를 더욱 더 힘들게 할 것이 분명하다.

그럼 80세 이전에 사망하는 사람들도 있을 터인데 이 사람들이 못 받은 만큼을 유족이 다 받는 것도 아니고 약 30~60% 정도밖에 못 받게 되니 여러 가지로 무조건 손해인 것이다.

이처럼 국민연금을 수령 중인 사람이 사망했을 때에는 유족에게 100%가 지급되는 것이 아니라, 국민연금의 납입 기간에 따라 차별적으로 40%(10년 미만 납입), 50%(10~19년 납입), 60%(20년 이상 납입)만을 유족연금으로 지급하게 되는데 이때 유족인 배우자가 국민연금을 수령 중이면 온전하게 중복 지급도 되지 않고 만약 다른 소득이라도 있는 경우에는 지급 자체가 정지될 수 있으므로, 국민연금이 풍부한 사람의 배우자가 국민연금을 추가납입하는 것도 효율적인 국민연금의 수령을 위해서는 썩 유리하지만은 않은 것이 사실이다.

보통, 국민연금은 대체적으로 남자가 여자보다 월등히 높은 금액으로 수령하며 남자의 현재 평균수명이 약 81세 정도이고 결국 평균적으로 남자가 여자보다 먼저 사망을 하는데 이렇게 되면 이 남자의 배우자들도 연쇄적으로 유족연금을 더 적게 받게 되는 꼴이므로 국민연금공단 측에는 미안한 말이지만 전체 국민의 삶에 질적인 측면에서는 여러 가지를 종합적으로 따져 봤을 때 연기연금을 신청하지 않는 것이 낫다.

즉, 평생 동안 돈 나갈 데 많은 대한민국 남자는 이러나 저러나 국민연금의 연기연금제도는 절대 신청하지 말자. 어차피 죽으면 본인도 못 받고 배우자도 다 못 받는다.

그런데 문제는 대한민국의 많은 남자들이 연기연금제도를 신청하고 있다는 것이다.

반면, 국민연금이 나올 때까지 다른 소득으로 활동이 가능한 고소득자의 여자가 최장수 국가에 걸맞게 100세까지 생존을 했을 경우에는 이득이긴 하지만 전체 국민연금 수급자 중 여자의 대부분은 남자보다 납입 기간도 짧고 단절되는 경우도 많으며 납입 금액도 더 낮고 여러 가지로 부족한 경우가 더 많으므로 이런 경우는 극소수라고 보면 된다.

우리나라에 주부, 비정규직, 일용직, 경력 단절, 프리랜서, 국민연금의 부족·미납·연체 등의 여성이 얼마나 상상을 초월할 정도로 많은지는 알고 있는가?

사적연금(개인연금과 퇴직연금)은 사망 시에 유족에게 납입한 원리금이라도 온전하게 지급되지만, 국민연금은 그렇지만은 않은 것이 사실이다. 이처럼 독신이나 비혼인 사람은 배우자가 없으므로 유족연금도 없기 때문에 국민연금에 지나치게 추가납입을 하는 것보다 최적화된 5년 확정형 개인연금을 활용하는 것이 노후의 실질적인 생(生)에 훨씬 이롭다.

그래서 공적연금인 국민연금이든, 개인연금인 종신형 연금이든 일단 빨리 수령해서 손익분기점까지 가능한 한 빨리 도달하는 게 무조건 장땡이다.

이런데도 은퇴 및 연금 관련 서적이나 각종 온라인 등에서는 국민연금의 연기연금제도를 신청하면 하나같이 더 이익이라고 순진한 서민들을 살살 꼬드긴다. 조금만 알고 제대로는 모르거나, 어디서 글을 베껴와서 그런 것이라고 보면 된다.

한편, 20년 뒤에 받게 되는 108만 원은 겉껍데기는 동일하게 108만 원일 테지만 화폐 가치도 그때는 많이 하락해 있을 것이기 때문에 현재의 약 50~60만 원 정도밖에 안 될 것이다.

이렇게 물가상승률까지 반영을 하여 각 연도별 동일한 가치로 계산을 하면 약 87세 정도까지 108.8만 원을 받아야 거의 비슷한 수준의 정도가 된다.

이와 같이 물가상승률을 반영만 해 보더라도 이득은커녕 오히려 더 불리하기 짝이 없는 숫자의 속임수였다는 것을 알 수 있다. 그럼 어느 쪽이 유리한지는 말 안 해도 알 것이다. 더 이상은 제발 연기연금제도의 유혹에 넘어가지 않기를 바란다. 즉, 이 연기연금제도는 일부 극소수의 고소득 여성을 제외하고는 신청을 하지 않는 것이 절대적으로 유리하다.

필자가 앞서 단순히 연금 수령액의 총량을 따지지 말라고 하였다.

한편, 이민 등을 고려하고 있는 사람은 반드시 5년 이내에 국민연금 반환일시금 신청을 해야 한다. 5년 이내에 신청을 하지 않으면 60세가 될 때까지 다시 기다려야 된다.

만약 개인연금에서 연기연금제도와 동일한 이자율을 적용해 줄 경우에는 뒤도 돌아보지 말고 신청하는 것이 낫다. 이와 비슷한 효과를 볼 수 있는 것이 7.5%의 확정금리형 연금 상품을 가지고 있는 경우라고 했는데, 그런 사람은 사람은 연금 개시 시점에 도달을 해도 3년간 연금 개시를 하지 말라고 하였다. 하지만, 이 케이스 외에는 이런 일이 죽었다 깨어나도 없을 것이다.

연금 최적화는 물리적인 숫자와 양뿐만 아니라, 실용적인 쓰임새와 가치까지도 효율적으로 올려 준다.

즉, 선진국 사회 중에서도 대한민국에서의 노후를 위한 연금은 필자가 장담컨대, 사적연금 중에서도 반드시 개인연금 상품에 집중하고 연금 상품의 최적화를 시키는 것이 여러 가지로 가장 유리함에 틀림이 없다.

보증되지 않는 것이
가장 보증되는 것이다

범위가 넓고 보증 기간이 길면 연금은 더 적게 나온다

이쯤 되면 연금 최적화에 대한 이해력이 더 많이 높아졌을 거라고 생각된다.

종신형 연금(종신 연금)의 개인연금형에 사람의 범위가 한 명 더 추가가 되니 부부연금형이 되는데, 이렇게 범위가 두 명으로 넓어지므로 월 연금 수령액이 적어지게 된다.

한편, 이 종신형 연금의 개인연금형이나 부부연금형에서 보증 기간을 10년이 아닌 20년이나 30년으로 설정하게 되면 월 연금 수령액도 적어지게 된다.

원금미보증형이 원금보증형보다 월등히 뛰어나다

우리는 연금 상품을 최적화시키면서 이미 기본적으로 추가납입 금액을 기본 납입 금액의 최대 한도인 2배수로 납입하여 해약(해지) 환급률을 상위로 올려놓았다.

앞서 언급한 것처럼 납입 원금에 도달하는 데 있어 연금 상품을 최적화시키게 되면 일반적인 방법의 연금 상품들처럼 오랜 시간이 소요되지 않는다.

그중에서도 가장 유리한 조건의 연금 상품으로 최적화를 시키기 때문에 더 유리하다.

예컨대, 최적화된 연금 상품은 단거리 선수와 장거리 선수의 장점을 모두 지니고 있으므로 이보다 더 좋을 순 없다고 하였다.

펀드의 수익에 의해 좌지우지되는 실적배당형 변액연금은 원금보증형과 원금미보증형을 선택할 수 있는 기능이 있다.

이와 같은 원금보증형은 이름만 들어도 원금이 보장될 것만 같다는 느낌이 물씬 풍긴다. 물론 연금 개시 시점의 적립금과 납입한 원금을 비교하여 더 큰 금액을 보증해 주므로 원금이 보장되는 것이 맞기는 맞는 말이다.

납입한 원금이 100% 보증되기 때문에 결국은 최저의 연금 적립금이 보증(GMAB, Guaranteed Minimum Accumulation Benefits)된다고 보면 된다.

하지만, 원금보증형은 연 약 0.4~0.9% 정도 되는 수준의 금액을 비용으로 떼어 간다.

장기간이 지난 후에 이 원금보증형의 비용을 총 합산해 보면 총 납입 금액의 10~20%에 해당되는 어마어마한 금액이다.

연금 최적화는 원금 보증을 넘어서 국내에서 최고의 연금 수령액을 자랑으로 하는데 원금보증형으로 선택을 해서 굳이 매년 약 1% 미만의 비용을 갖다 버리는 것은 미친 짓일 뿐이다.

반면, 금융 회사의 입장에서는 보증 비용만 거두어들여도 상당한 이익이 아닐 수 없다.

동일한 조건으로 변액연금에 가입하여 20년 경과 후에 원금보증형과 원금미보증형을 살펴보면 모든 금융 회사에서 판매하는 연금 상품의 원금미보증형이 원금보증형보다 해약(해지) 환급률이 약 10~20% 정도 더 많은 것을 확인할 수 있다.

여기에다가 추가납입 2배수를 할 경우에는 더 많은 차이가 벌어진다.

인생의 중요한 시기인 노후를 다루는 금융 상품인 변액연금은 국내 도입 이래 몇 차례 금융위기를 겪으면서 금융 소비자들의 심리를 반영하여 마케팅을 하면서 적응하고 변천해 왔다.

그러다 보니, 불안해하는 금융 소비자들을 달래기 위해 원금보증형이라는 기능도 추가되고 최근에는 오히려 아예 이 기능이 없는 연금 상품도 생겨나기도 했다.

역사도 항상 반복되듯이 금융 상품의 기능과 옵션들도 유행과 환경의 변화에 따라 변화하고 진화하며 반복이 된다.

하지만, 대부분의 실적배당형 변액연금은 원금보증형과 원금미보증형이라는 형태를 선택할 수 있게끔 되어 있다.

원금보증형이라는 기능을 선택해 봤자 보증 비용만이 끊임없이 빠져나갈 뿐이다.

금융 회사 입장에서도 보증 비용이 많아지면 많아질수록 나쁠 것은 없다. 시간이 가면 갈수록 금융 회사가 거두어들이는 보증 비용은 점점 많아질 뿐이고 급할 것도 없는 것이다.

카지노의 바카라(Baccarat) 게임에서도 플레이어가 게임에 이겨도 뱅커(Banker)에게는 항상 소액의 뱅커 수수료를 지불해야 한다. 카지노 입장에서도 거두어 들이는 수수료는 시간이 갈수록 점점 많아질 뿐이고 이 게임의 승패가 중요한 것이 아니기 때문에 급할 것도 없다.

이 플레이어가 이겨도 뱅커 수수료를 지불해야 하고 지면 돈을 잃게 된다. 이렇게 되면 시간은 카지노의 편이 되어 버린다.

원금보증형을 선택하는 것은 앞서 언급했던 100세 보증형과도 흡사한데 현재 여자의 최빈사망연령이 약 90세 정도라서 현실적으로 80세 이전에 사망할 확률이 극히 떨어졌음에도 불구하고 많은 사람들이 60세나 65세부터 시작해서 100세까지 비싼 보증 비용을 내면서 쥐꼬리만큼만 연금을 수령하는 것과 동일한 이치이다.

마찬가지로 실적배당형 변액연금은 금리에 따른 영향을 받는 것이 아니라 펀드의 수익에 따른 실적의 영향을 받기 때문에 원천적으로 원금보증형이 아무 의미가 없고 선택 자체를 하면 안 되는 것이다.

원금보장형 IRP나 퇴직연금의 DC형 또는 TDF 및 그 외의 수많은 금융 상품의 원금보장형은 거의 대부분 말만 원금보장형이고, 이를 선택했다가는 평생토록 이자(수익)와는 이산가족이 되어 버릴 수 있음을 명심해야 한다.

최저사망보험금을 보증(GMDB, Gauranteed Minimum Death Benefits)해 주는 보장성 보증을 제외한 모든 저축성 투자 상품에서의 원금 보증은 보증되지 않는 것이 가장 보증되는 것이다.

시간은 존재감 없이 분산투자가 되고 있다

한편 연금 최적화에서는 납입 기간을 약 20년 정도의 장기간으로 두기 때문에 자동적으로 시간에도 분산투자가 되는 것이다.

성공적으로 잘 마무리가 된 일의 배후에는 항상 존재감 없이 묵묵히 열심히 일을 하는 사람들이 반드시 있기 마련이다.

시간도 마찬가지이다. 비록 티도 나지 않고 보이지 않지만 이 연금 상품을 최적화시키는 약 20년 정도의 납입 기간 동안 이 시간이라는 놈은 단 한 달도 쉬지 않고 시간의 분산투자라는 임무를 완수하게 된다.

시간은 무대 뒤의 보이지 않는 스태프(Staff)이다.

코리안 파이낸셜 미스테이크 중에 하나인 잘못된 분산투자의 오류를 살펴보면, A펀드 20만 원, B펀드 20만 원, C펀드 20만 원, D펀드 20만 원, E펀드 20만 원으로 나름 종류별로 안전하다고 생각하고 분산투자를 하고 있는 사람들이 많은데, 이것은 분산투자가 아니다.

그러나 적립식 펀드를 하고 있는 대부분의 사람들이 이렇게 백화점 나열식으로 잘못된 분산투자를 하는 오류를 범한다. 그래서, 결국 대부분이 종국(終局)에는 절대 제대로 된 수익은 보지 못하게 된다.

피보험자의 범위(부부)도, 종신형 연금을 지급하는 기간(100세 보증)도, 원금을 보증해 주는 형태(원금보증형, GMAB)도, 단계별(Step)로 원금의 100%, 110%, 120% 등을 보증해 주는 기능(Step Up 보증형)도, 실적배당형 투자연금(GLWB, GMWB)에서 보증해 주는 연금액의 지급도 보증되지 않는 것이 가장 보증을 받는 것이고, 나아가서는 수익을 극대화하는 지름길이자 연금을 최적화하는 현실적이고 과학적이며 실질적이고 원론적이며 효과적이고 지극히 간단한 방법인 것이다.

이와 같이 원금미보증형으로 연금 상품을 최적화시키게 되면 실제로 연금 적립금이 약 10%에서 약 40% 이상까지도 차이가 나게 된다.

왜
연금 최적화인가?

연금 최적화의
숲을 찾는 방법

전 세계에서 가장 오래 사는 100세 시대의 나라

일제강점기 후반부터 현재까지의 기간은 불과 현재 여자의 평균수명(약 86.7년 정도)만큼에도 못 미치는 짧은 시간이다. 그럼에도 우리나라는 눈부신 발전과 수많은 변화가 있었다.

일제강점기 때 세계 각국을 순방하여 견문이 넓은 인도의 시인이자 아시아 최초의 노벨 문학상 수상자인 '타고르'의 예언이 맞아떨어지기라도 한 듯 대한민국을 가리키는 '동방의 등불(내용: 일찍이 아세아의 황금 시기에/빛나던 등촉의 하나인 조선/그 등불 한번 다시 커지는 날에/너는 동방의 밝은 빛이 되리라)'은 정말 밝아졌고 앞으로도 더욱 더 밝아질 것임에 의심의 여지가 없다.

타고르는 그 당시 한국인과 대한민국의 여러 가지 장점을 보고 조선은 눈부시게 발전하여 아시아의 주요국이 될 수 있음을 진작부터 예리하게 짐작하고 있었다.

실제로 대한민국은 충분히 미래에 유력한 강대국이 될 수 있는 잠재 가능성을 무한대로 지니고 있다.

한편, 우리나라의 수명은 일본을 초월하고 고속 질주하여 이제 곧

일즉이 亞細亞의
빗나든 燈燭의
하나인朝鮮
그燈불다시
켜지는날에
너는東方의밝은
비치되리라
라빈드라낫타고어
一九二九.三.二八

朝
에
付
鮮
託

「빗나든 亞細亞燈燭」
켜지는날엔 東方의 빗
◇東亞日報紙上을通하야◇
타翁이 朝鮮에 付託

[그림 11-1] 동방의 등불: 조선은 눈부시게 발전하여, 아시아의 주요국이 될 수 있음을 암시

전 세계의 최장수 국가로서 믿기지 않지만 100세 시대가 실제로 눈앞에 다가왔다.

한국인의 평균수명은 점점 길어지고 있고 앞으로도 전 세계에서 가장 오래 사는 나라의 사람이 우리 한국인이라고 하니 놀라지 않을 수가 없다.

일제강점기 후반부터 고작 현재 여자의 평균수명인 약 86.7년 정도가 지났을 뿐이다. 앞으로 약 10~20년 정도만 지나게 되어도 더 놀라운 변화가 우리를 맞이할 것이다.

환경을 이용하면 무서운 지렛대 효과가 나타난다

앞서 양변기의 레버를 내리면 물은 사용되어 소멸되어 버리지만 바로 수조탱크에 물이 차오른다고 하지 않았는가? 이 물이 그냥 수돗물이 아니라 황금수(黃金水)라고 한다면 어떠할 것 같은가?

바로 이 100세 시대를 조금만 잘 활용한다면, 마치 양변기의 황금수를 내려서 다 써 버려도 계속 황금수가 생성이 되어 차오르는 것과 상당히 흡사한 마법의 금융 상품이 바로 생명보험사의 종신형 연금이라고 할 수 있다.

오래만 살 수 있다면 레버를 계속 내려 끊임없이 황금수를 받을 수 있다. 그럼 매월 황금수를 써도 써도 죽을 때까지 계속 생거나는 것이다.

이는 곧 환경을 잘 이용한다는 것인데, 충무공 이순신 장군도 명량해전에서는 급물살을 이용해서 조선 수군 12척으로 133척의 일본 함대를 맞아 싸워서 이겼고 인헌공 강감찬 장군도 흥화진 전투에서는 냇물의 상류를 둑으로 막아 물의 힘을 이용하여 내(川)를 건너는 적을 무찔러, 결국 10만의 거란군을 물리쳤고 충장공 권율 장군도 행주대첩에서는 행주산성과 각종 첨단 무기를 이용하여 단 130명의 사상자로 3만의 일본군을 물리쳤다.

마찬가지로 최적화된 연금에서는 변액연금의 5년 확정형 연금과 종신형 연금이라는 두 가지의 연금 지급 형태를 이용하여 월 60만 원 정도의 납입 금액으로도 월 약 300만 원 정도를 납입하는 연금 상품과 비슷하거나 더 많은 연금 수령액을 받을 수 있도록 하였다.

연금 상품을 최적화시킬 때에는 가지고 있는 두 가지의 연금 상품 중에 어느 연금 상품이 5년 확정형 연금으로 먼저 개시가 될지 또는 어느 연금 상품이 마지막에 종신형 연금으로 개시가 될지 미리 알고 결정을 할 수 없기 때문에, 우리가 가입해야 될 개인연금 상품은 반드시 확정형 연금과 종신형 연금 이 두 가지 모두 선택 가능한 연금 상품이어야 하며, 한 가지 지급형태로 고정이 되어 있거나 선택이 불가능하면 안 된다고 하였다.

개인연금 상품은 수많은 금융 회사에 셀 수 없이 많이 존재한다. 그중 가장 연금을 풍부하게 받을 수 있는 조건을 갖춘 연금 상품을 최적화시켜야 한다. 우리는 떼려야 뗄 수 없는 100세 초장수 국가 시대라는 환경을 이용해서 생존 이익(생존 보너스)을 많이 거둬야 하기 때문에 반드시 종신형 연금 지급 형태의 선택이 가능해야 한다.

이 종신형 연금 지급 형태는 보험개발원이 발표하는 경험생명표의 대한민국 남자와 여자의 평균수명을 근거로 한다.

즉, 많은 연금 상품 중 확정형 연금과 종신형 연금 중 어떤 것이든 원하는 연금 지급 형태로 선택이 가능한 상품은 오직 생명보험사에서만 판매를 한다.

이 종신형 연금의 선택 가능 여부를 기준으로 보면 3가지로 구분을 할 수 있다.

한번 입단하면 탈퇴가 불가능한 종신 연금

첫 번째는 종신형 연금으로만 수령할 수 있도록 딱 고정이 되어 있고 확정형 연금으로는 아예 변경이나 선택 자체가 불가능한 생명보험사의 이른바 종신 연금이라고 불리는 연금 상품이다.

이 종신 연금은 무조건 종신형 연금(종신 연금)으로만 수령해야 하므로, 보통은 첫 연금 개시부터 적은 금액의 연금 수령액으로 죽을 때까지 받아야 하고 연금 지급 형태의 변경이나 하다못해 해약(해지)이라는 기능 자체가 불가능하다.

연금 수령 계획의 유연성 측면이나 연금 수령액의 효율성 측면에서 비효율적이기 때문에 연금 최적화에서는 완전히 배제하도록 하자.

만약 종신 연금에 가입되어 있을 경우에는 55세나 60세 또는 65세의 연금 개시 전에 지금이라도 어서 빨리 방향을 바꾸든지 어쩔 수 없는 경우라면 미리 연금 개시 시점을 확인하여 반드시 연금 수령 계획을 세워야 한다.

막연히 가만히 있게 되면 속수무책으로 억울한 사정만을 늘어놓게 될 뿐이다. 꼭 잊지 않기를 바란다.

이유는, 어쨌든 종신 연금에 가입 중인 사람이 거의 대부분 55세나 60세 또는 65세 정도에 연금을 개시하게 되어 있는데, 이때의 연금 적립금의 규모가 고액이 아닌 이상 월 연금 수령 금액은 형편이 없을 수밖에 없기 때문이다. 그럼 당연히 현실적으로 도움이 되지 못하기 때문에 크나큰 문제가 아닐 수 없다.

설사, 고액이라도 큰 문제이다. 고액의 납입 금액이거나 일시납 고액의 뭉칫돈일 경우에 이 종신형 연금(종신 연금)으로 한 번 개시를 하고 나면 그 연금 수령의 가성비가 상당히 많이 떨어지게 되므로 이만큼 속상한 일이 없게 된다. 게다가 사망 시까지 변경이나 해약이 아예 불가능하므로 두고두고 죽 쒀서 개 주는 꼴이 될 수 있다.

왜 소중하고 피 같이 힘들게 모은 고액의 큰돈으로 비효율적이고, 불리한 연금을 수령하는가?

한편, 이 종신 연금을 연금 개시의 마지막 주자로 배치가 가능하다면 적립금을 최대한 불려 종신형 연금을 수령하면 된다.

하지만, 이렇게 하려 해도 가입할 때부터 연금 개시 시점이 대부분 조기로 고정되어 있어서 어쩔 수 없이 조기에 연금 개시를 하게 되니 마지막 주자로 배치를 할 수 없게 될 뿐만 아니라 이로 인하여 연금 적립금이 복리로 불어날 시간적인 기회조차 박탈당하게 되니 결국 월 연금 수령액이 많으려야 많을 수가 없는 것이다.

은퇴 후 대책없이 종신형 연금을 개시하는 것과 불려서 미보증형으로 마지막에 종신형 연금을 개시하는 것은 하늘과 땅 차이다.

대책없이 예정된 시나리오대로 연금 개시를 하게 되면 이 종신형 연금이라는 성질 자체를 이용하지 못하게 된다.

그럼 소액의 종신 연금에서 지급되는 월 연금 수령액은 불 보듯 뻔하지 않겠는가?

그래서 종신 연금 가입자가 연금을 개시하기 전이라면 어느 정도 경과 기간이 많이 지났을 것이고 해약 환급금도 나쁘지는 않을 것이기 때문에 더 늦기 전에 반드시 방향성을 한 번쯤은 고려해야 한다.

종신 연금은 금리의 영향을 받는 공시이율형 연금인지 펀드의 수익에 영향을 받는 실적배당형 연금인지가 중요한 것이 아니다.

연금 상품의 운용 방식을 떠나서 종신 연금의 종신형 연금 수령 형태로 못이 박혀 있는 자체가 연금 계획 및 연금 수령의 유연성에 있어 상당히 큰 문제가 되는 것이다.

이와 같이 일반적으로 종신 연금 상품에 가입하여 조기에 연금을 개시해 버리면 울며 겨자 먹기로 금융 회사의 시나리오대로 전세가 말리게 되고 노후에 여력이 안 되는 사람이 종신 연금에 가입을 하여 연금 개시를 하게 되면 거의 다 낭패를 본다고 할 수 있다.

종신형 연금으로만 고정되어 있는 종신 연금 하나에 노후를 의지해야 한다면 연금을 개시하기 전에 해약을 하여 해약(해지) 환급금을 유연성이 풍부한 비과세 연금 상품으로 옮기는 것도 노후를 위한 하나의 아이디어라고 할 수 있다.

이 해약(해지) 환급금과 소액을 적립식으로 보완하여 5년 확정형 연금으로 빵빵하게 수령하도록 하자.

이 5년 확정형 연금은 많은 것을 바꾸어 준다. 5년 확정형 연금은 받아 본 사람만 그 의의를 알게 된다. 물론, 이 5년 확정형 연금의 지급이 종료되어도 1차 지원군인 종신국민연금과 2차 지원군인 소액의 유족연금과 3차 지원군인 종신주택연금(역모기지론)이 후방에서 버티고 있다. 막상 전쟁이 종료가 되면 2중고인 무위와 고독이 찾아오기 때문에 때가 지나면 돈을 쓸 일은 줄어들게 된다.

숫자의 속임수(Trick)에 속지 말자

최근 들어 종신 연금은 이와 같은 단점을 보완하기 위해 단리로 연 4~5% 정도를 최저보증이율로 보증을 해 주는 상품들을 출시하면서 금융 소비자들을 교란시키고 있는데 여기서 반드시 주의해야 할 점은 복리가 아니라 단리라는 점이다.

이와 같은 종신 연금 상품을 장기간 납입했을 때에 연 단리 4~5% 정도는 복리로 환산을 한다 해도 대략 연 2.5% 정도에도 미치지 못하게 된다.

물론, 변동금리인 공시이율형 연금 상품의 최저보증이율이 복리로 연 1%대인 것을 감안한다면 체감되는 숫자로는 꽤나 높게 느껴지는 것도 사실이다.

요즘 같은 저금리 시대에 은행의 이자보다 더 나은 것을 위안으로 삼고 연 단리 4~5%를 최저보증이율로 보증을 해 주는 것에 현혹되어 종신 연금에 가입하거나, 펀드의 '펀' 자만 들어가도 무조건 위험하다는 고정관념과 금리형 상품은 위험하지 않을 것이라는 기대로 공시이율형 연금에 가입하는 결정적인 실수를 더 이상은 범하지 말도록 하자.

공시이율형 연금 상품은 사실 눈에 보이지는 않지만 더 위험하다고 할 수 있다.

도토리가 키가 커 봤자 얼마나 크겠는가?

연 단리 4~5%의 최저보증이율이나, 저금리를 향해 매월 변동하며 달려가는 연 복리 2%대의 공시이율형 연금도 도토리 키 재기라고 보면 된다.

종신 연금에서 단리로 연 4~5%이면 대략 연 복리로 환산하면 약 2.5% 이하인 것과, 공시이율형 연금에서 현재 공시이율이 약 3%대를 하회하지만 최저보증이율인 1%까지 장기적으로 조금씩 변동되는 것을 복리로 적용받은 것은 거의 비슷하므로 그야말로 바보들만 모아 놓고 네가 잘 났니, 내가 잘 났니를 따지는 꼴이라고 볼 수 있다.

한편, 요즈음처럼 단기적인 금리인상을 두고 위안을 삼는 것도 어리석은 짓일 뿐이다.

금리는 중장기적으로는 무조건 0을 향해 수렴하는 저금리화가 될 수밖에 없다. 연금 상품은 수십년이라는 장기간을 달려야 하는 장기 마라톤 선수임을 잊지 말도록 하자.

한편, 최저보증이율을 단리로 연 4~5%로 보증해 주는 실적배당형 종신 연금은 채권형 펀드의 의무투입비율이 상대적으로 많이 높기 때문에 연 복리 1%대인 최저보증이율 이상으로 누적 수익률을 높게 발생시키는 것도 현실적으로 부하가 많이 걸리는 것이 사실이다.

즉, 종신 연금 상품에서 종신 연금으로 개시를 하면 단리로 연 4~5%를 보증해 주겠다는 말은 복리로 대략 연 2.5% 정도 이내에서 해결을 하겠다는 말이고, 이는 곧 연 복리 1%인 최저보증이율을 향해 달려가는 변동금리인 연 복리 3%대를 하회하는 공시이율형 연금 상품과 별반 차이가 없다는 뜻이고, 결국 연 복리 최소 약 1~3%인 물가상승률을 극복하지 못하기 때문에 월 연금 수령액의 체감 가치는 더욱더 형편이 없을 것이라고 보면 된다.

최저보증이율이 연 복리 1%대인 공시이율보다 나은 줄 알고 가입을 했는데 거의 마찬가지였고 오로지 빼도 박도 못하는 종신형 연금으로만 고정으로 수령할 수 있으니 보험사에게 또 한 번 당하게 되는 꼴이 되어 버린다.

뭔가 좀 다른 것 같았지만 역시나 금융 회사는 연금 가입자의 편이 아니었다.

하지만, 연금을 최적화시키게 되면 단점은 슬기롭게 극복하고 장점은 극대화되게 된다.

한편, 이 종신 연금은 마치 막강한 폭력 조직이나 악랄한 갱단에 한 번 입단을 하게 되면 죽거나 혹은 손가락 하나 잘라야만 겨우 나올 수 있는 것처럼, 사망을 해야만 남아 있는 연금 적립금이 일시금으로 나오게 된다.

독이 되는 세제혜택

두 번째는 대부분의 금융 회사에서 판매를 하고 확정형 연금으로만 수령할 수 있도록 고정되어 있는 연금 상품이다.

대표적으로는 은행의 연금저축과 연금신탁, 손해보험사의 연금저축보험, 증권사의 연금펀드, 농·수·신협의 연금공제 정도가 있는데, 연간 400만 원 한도 내에서 납입 금액의 13.2%나 16.5%(총 급여액이 5,500만 원 이하이거나 연간 종합소득금액이 4천만 원 이하인 경우)에 대하여 세액공제 혜택을 받을 수 있어서 상당히 인기가 많다.

이 상품들은 모두 확정형 연금으로만 수령이 가능하고 종신형이라는 연금 지급 형태의 개념 자체가 없다.

즉, 이 확정형 연금으로만 고정되어 있는 확정형 연금 상품들은 피보험자가 누가 되든지 오래 살든 일찍 죽든지 아무 관계도 없고 보험 가입자의 평균수명을 근거로 하는 보험개발원의 경험생명표에도 영향을 받지 않는다.

어차피 금액은 다소 좀 적지만 종신형 연금의 일종인 국민연금이 있으므로 오직 이 확정형 연금으로만 고정이 되어 있는 확정형 연금 상품을 은퇴 직후의 집중 활동 구간에 5년 확정형 연금으로 받아서 집중적으로 잘 써 버리고 치우면야 좋겠지만, 우리의 21세기형 조직폭력배인 세금이 확정형 연금으로만 고정된 연금 가입자를 가만히 두지 않는다.

이것이 큰 문제라고 볼 수 있다.

결국 확정형 연금으로만 수령할 수 있도록 고정되어 있는 연금 상품의 금융 소비자들은 연금소득세도 부담되는 마당에 집중적으로 수령하거나 이자, 배당, 임대, 사업, 근로, 기타 소득 등과 합산되면 종합과세가 되고, 지역 건강보험료의 발생 등을 무마시키기 위해서, 결국 20년이나 25년 또는 30년 확정형 연금 같은 장기간의 연금 지급 형태로 유도되거나 선택하게끔 되어 있다.

이 부분의 자세한 내용은 반드시 앞쪽의 증권사의 연금펀드와 세제 혜택이 주어지는 연금 상품들을 언급했던 부분을 정독하여 짚고 넘어가기를 바란다.

이렇게 되면, 또 본의 아니게 기대에도 전혀 미치지 못하는 찔끔찔끔 월 연금 수령액이 되어 버리는데 이 연금 상품은 종신형 연금도 아니기 때문에 100세 장수의 시대에 안 그래도 오래 살고 있고 평균수명도 늘고 있는데 생존 이익(생존 보너스)도 누릴 수 없이 단순히 소액의 연금으로만 받게 되는 것이다.

그래서 앞서 강조했던 증권사의 연금펀드뿐만 아니라 세제혜택이 주어지는 세제적격 개인연금 상품들은 연금 최적화의 포트폴리오에서 과감하게 배제하기로 한다.

혹시라도 세제혜택이 있는 연금 상품을 보유하고 있다면 목적지까지 도달하기 전에 어서 빨리 과감하게 유턴(U-Turn)을 하기 바란다.

세제혜택이 있는 연금 상품을 보유하고 있다면 분명 과감한 결단력이 필요하다.

여태껏 세액공제로 환급을 받은 금액이 아까워 우유부단하게 있다가는 지금의 2~3배 또는 최악의 경우 5배 이상으로도 털릴 수 있다.

뭐 어떻게든 되겠지 하는 안일한 생각이 노후를 빈곤하게 만들 것이다.

즉, 확정형 연금이든 종신형 연금이든 선택이 불가능하고, 오직 한 가지 연금 지급 형태로밖에 연금을 수령할 수 없도록 못이 박혀 있는 연금 상품들은 연금을 최적화시키는 데 있어서 물귀신들일 뿐이다.

연금은 반드시 확정형 연금과 종신형 연금을 유연하게 선택할 수 있어야 한다.

명심하자. 세제혜택이라는 미끼는 생각보다 달달하지 못하고, 지금 몇십 만 원 못 받는다고 해서 크게 달라질 일은 없지만, 노후에는 연금수령이 끝날 때까지 세금으로 토해내고 합산되어 노인이 되었을 때 더 털리는 금액은 의외로 상당히 큰 금액의 돈으로 체감될 수 있다. 상당히 중요한 부분이다.

여러분은 지금 세제혜택 몇 푼 받고 평생 정부와 금융 회사의 족쇄를 차고 싶은가?

수령하는 고액 연금의 연금소득세가 모두 비과세된다

세 번째는 확정형 연금과 종신형 연금 둘 중 무엇이든 원하는 연금 지급 형태를 선택할 수 있고 생명보험사에서만 판매를 하고 있는 변동금리의 공시이율형 연금(저축)보험과 실적배당형 변액연금이다.

생명보험사에서 판매를 하는 공시이율형 연금(저축)보험도 확정형과 종신형 연금을 연금 개시일의 전일까지 선택을 할 수 있거나 변경을 할 수 있다.

한편 공시이율형 연금저축보험은 세제혜택이 주어지지만, 공시이율형 연금보험은 세제혜택이 없는 대신 연금소득세가 100% 비과세 된다.

하지만, 이 공시이율형 연금(저축)보험은 둘 다 물가상승률이라는 무서운 적과 경쟁을 하기 힘들기 때문에 연금저축보험이나 연금보험 두 가지 모두를 배제하기로 한다.

그리고, 여태껏 틈틈이 언급을 하였던 확정형 연금과 종신형 연금 중 원하는 연금 지급 형태를 선택할 수 있는 실적배당형 변액연금이라는 연금 상품이 있다.

연금 지급 형태를 선택할 수 있는 이 실적배당형 변액연금은 연금 계획의 유연성이 풍부할 뿐만 아니라 물가상승률도 때려눕힐 수가 있고 연금소득세도 100% 모두 비과세가 되며 월 연금 수령액이 약 몇백만 원이나 몇천 만 원이 되어도 연금소득세 갱단이나 종합소득세 폭력 조직들로부터도 완전히 독립적이기 때문에 단 10원도 과세가 되지 않는다.

이와 같이 오직 생명보험사에서만 판매를 하고 있는 공시이율형 연금보험과 실적배당형 변액연금은 둘 다 모두 납입 금액에 대해서 세제혜택이 주어지지 않는 세제 비(非)적격(세금 제도의 효력이 없음) 연금 상품이다.

이 세제 비적격 연금은 세제혜택이 주어지지 않는 대신 월 연금 수령액이 많든 적든 얼마의 연금을 받든 관계없이, 연금 개시 후 연금을 수령할 때 연금소득세가 100% 전액 면제가 되고 세금으로부터 자유로우며 다른 소득과도 독립적이기 때문에 전혀 종합과세가 되지 않는다고 수차례 강조를 하였다.

종합부동산세는 대한민국에서 최상위 2% 정도만 납부를 하는 진짜 부자만 내는 세금이지만 종합과세는 점점 다 털어 가는 국민 세금화가 되고 있기 때문에 종합과세가 되는 것을 너무 먼 남의 나라 이야기로 들었다가는 큰 코를 다치게 된다.

연금 최적화를 시키게 되면 납입하는 돈보다 수령하게 될 돈이 많게 된다. 이와 같이 들어가는 돈보다 나오는 돈이 많을 경우가 연금을 수령할 때의 연금소득세가 비과세가 되는 부분은 연금 최적화 본연의 연금 가입자 중심의 이익을 잘 살려 주고 이로 인하여 더 나아가서는 연금 수령액에 막대한 영향을 미치게 하는 중요한 요소 중의 하나라고 할 수 있다.

단, 반드시 실적배당형 변액연금을 최적화시켜야만 한다.

한편 변액연금에 가입한 후 10년 이상 경과 시에는 발생한 차익에 대한 이자소득세를 100% 비과세해 주긴 하지만 사실 이 부분은 별 의미도 없고 실제 체감 이익이 비교적 약할 뿐만 아니라 변액연금에 가입하는 주요 목적이 중도에 해약(해지)를 하여 차익에 대한 비과세를 보는 것이 아니라 주된 목적을 연금으로써 활용을 할 것이기 때문에, 나쁠 건 없지만 큰 이득이 없고 목적에서 벗어나 있는 부분이다. 그러므로 이 부분은 무시하는 것이 좋다.

시중에서는 이 비과세 혜택을 대개 큰 혜택인 것 마냥 선전하지만, 사실 그렇지는 않다.

이는 주와 객을 전도한 것과 같고 극히 사소하고 별로 중요하지 않은 하나의 작은 장점일 뿐이다.

연금 최적화는 연금 수령액의 양과 연금 수령 효율 같은 실효성과 현실성을 최우선적으로 한다. 확정형 연금과 종신형 연금 중 원하는 한 가지의 연금 지급 형태를 선택할 수 있고 앞서 설명한 여러 가지 조건을 최적화시킨 실적배당형 변액연금 상품으로 두 가지를 보유하고 있으면 천상의 효과를 맘껏 누릴 수 있다.

연금 최적화를 위해 배치시키게 될 **생명보험사에서만 취급하고 있는 종신형 연금과 확정형 연금 중에 원하는 연금 지급 형태로의 선택이 가능한 변액연금은 고정금리나 변동금리로 돌아가는 게 아니라, 국내, 해외, 주식, 채권, 섹터, 국가, 기업, 실물 자산, 재간접 펀드 등의 다양한 범위로 구성된 여러 가지의 펀드 중에서 선택한 펀드의 수익률이 반영되어 투자가 되는 실적배당형 연금 상품이다.**

즉, 실적인 펀드 수익률에 따라 연금 적립금이나 연금 수령액이 달라질 수 있다는 말이다.

펀드나 실적배당이나 수익 같은 말이 나오자마자 지레 겁부터 먹는 사람이 있을 것이다. 하지만 전혀 그럴 필요가 없다.

앞서 변액연금은 기본적, 내재적으로는 납입을 하는 약 20년 정도의 장기간 동안 시간의 분산을 하고 있다고 하였다.

한편, 증권사의 연금펀드도 실적배당형이지만, 생명보험사의 변액연금은 증권사의 연금펀드와는 달리 연금소득세가 100% 비과세일 뿐만 아니라 차별적이고 특별하며 고유한 기능을 가지고 있다.

그것은 바로 원하는 펀드를 원하는 비율만큼 선택을 하고 자동으로 변경을 할 수 있는 기능이다.

펀드를 골라서 가입하고 해지하는 문제와 큰 덩어리 내에서 펀드를 비율대로 변경하는 문제는 완전히 180도 다른 문제이다. 즉, 증권사의 연금펀드와 생명보험사의 변액연금은 본질적으로 전혀 다르다고 할 수 있다.

변액연금에서는 펀드를 가입하는 것이 아니라, 변액연금 상품 내의 다양한 펀드 중에서 원하는 펀드만 원하는 비율만큼 선택을 하고 필요 시 이 펀드를 변경할 수 있는 것이다.

펀드를 변경하는 데 비용이 10원도 들지 않는다.

한편, 이 변액연금의 펀드 변경은 말도 많고 탈도 많다. 하지만, 연금 최적화에서는 말끔하고 간단하고 손쉽게 해결이 가능하다. 이 부분은 후반부에서 다시 자세히 설명을 하도록 하겠다.

펀드 변경은 무료로 연 12회를 할 수 있다.

금리도 하나의 국한된 투자 범위일 뿐이다

지금은 저성장 시대이며 저금리 시대이자 저수익 시대이다. 과거에 있었던 고금리율의 확정금리형 상품은 현재는 없다.

그렇다면, 금리형 연금 상품 중에 남아 있는 것이라고는 변동금리의 공시이율형 연금 상품밖에 없다. 그러나 공시이율형 연금이 애물단지가 안 되면 천만다행이다.

즉, 공시이율형 연금으로는 현실적으로 물가상승률과의 대결에서 큰 기대를 하기도 힘든 상황이다.

그리고, 이 공시이율형도 굳이 엄밀하게 표현을 하자면 투자 범위가 매월 변동이 되는 '금리'라는 일정 부분, 즉 매월 공시하는 '변동금리'로만 국한이 되어 있다.

즉, 투자의 범위가 극히 일정 부분에만 국한되어 있는 공시이율형 연금 상품보다는 국내, 해외, 주식, 채권, 섹터, 실물 자산, 재간접 펀드 등의 다양한 범위와 종류에 투자하여, 유리하거나 안전한 투자 대상으로 옮겨 다니거나 리스크를 방어할 수도 있는 실적배당형 변액연금이 오히려 더 안전하다.

물론 이쯤 되면 질문이 많아지겠지만 조금만 참기를 바란다. 연금 최적화에서 모든 문제가 해결된다.

공시이율도 엄밀히 광의의 범위로 얘기하자면, 금리라는 일정 부분에만 투자가 되고 있는 것이다.

금리의 직접적인 영향을 받는 공시이율형 연금 상품은 안정적이고 안전할 뿐만 아니라 예금자 보호도 되고 일단 리스크가 없다고들 많이 생각하는데 제발 착각하지 않았으면 한다.

공시이율형 연금 상품은 저금리로 인한 리스크, 물가상승으로 인한 리스크, 화폐 개혁으로 인한 리스크, 이로 인한 화폐 가치의 하락으로 인한 리스크, 금리라는 하나의 투자 대상이나 범위에 집중 투자한 집중 투자 리스크, 공시이율을 운용하는 비용 리스크(변액연금의 펀드보다 공시이율의 운용 비용이 더 비쌈), 보이지 않는 리스크 등 수많은 리스크들이 조용히 공시이율형 연금 상품에 기생하며 연금 적립금을 조금씩 조금씩 갉아 먹고 있을 뿐이다.

그래서 만약 동일한 조건의 공시이율형 연금 상품에 적용된 금리보다 최적화를 시키지 않은 일반적인 경우의 실적배당형 변액연금의 누적 수익률이 좋지 않거나 소폭 마이너스임에도 불구하고 해약(해지) 환급률은 비슷하거나 거의 같고 오히려 상품의 종류에 따라서는 실적배당형 변액연금이 더 많기도 한다.

이는 곧 공시이율형 연금 상품은 운용 비용을 많이 갉아 먹고 있음을 나타내는 것이고 금리라는 수단으로 연금 상품을 운용하는 비용이 결코 저렴하지는 않다는 뜻이다.

앞서 원금보장형 IRP나 퇴직연금 DC형 또는 원금보증형 옵션 등도

만만치 않은 보증 비용이 나간다고 하지 않았던가?

그런데, 변액연금을 최적화시켜 누적 수익률이 좋으면 연금 적립금이나 월 연금 수령액은 과연 어떻게 되겠는가?

결론적으로 모든 공시이율형 연금 상품의 예상 월 연금 수령액을 최저보증이율과 현재 공시이율의 약 중간 이하로 가정을 하고 봐야지, 현재 보이는 공시이율(약 3%대를 하회함)만 믿었다가는 크게 실망을 할 수 있다.

그래서 연금 개시가 임박한 일시납이나 거치식과 가입 즉시 연금 또는 단기간의 고액 적립식 등의 일부 특이한 경우를 제외하고는 확정형 연금과 종신형 연금 중 원하는 연금 지급 형태로의 선택이 가능한 공시이율형 연금 상품은 모두 배제를 하겠다.

현재 매월 납입 여력 가능 금액이 60만 원이라면, 연금 상품 1과 연금 상품 2 모두를 생명보험사에서만 판매하는 확정형 연금과 종신형 연금 중 연금 지급 형태를 선택할 수 있는 실적배당형 변액연금으로 하고, 기본 가입 금액을 10만 원으로, 추가납입을 20만 원으로 한다.

오히려 더 위험한 예금자 보호 5,000만 원

한편, 많은 사람들이 잘못 알고 있고 착각을 하고 있는 너무나도 중요한 사항을 하나 알려 주겠다.

금융 기관에서는 경영의 악화나 부도 및 파산 등의 비상사태가 발생이 되었을 때에 원금과 소정의 이자를 합산하여 한 금융 기관에서 1인당 5,000만 원까지 보장해 줄 수 있도록 「예금자보호법」의 적용을 받고 있다.

변동금리의 공시이율형 연금 상품도 금리로 이자가 붙는 저축성 자금에 속하기 때문에, 당연히 한 금융 기관마다 1인당 5,000만 원까지 예금자 보호를 받을 수 있다.

이런 이유로, 각 금융 회사의 공시이율 연금 상품에 5,000만 원씩 분산을 해 놓는 경우도 있다.

물론, 이럴 경우에 각 금융 회사로부터 예금자 보호 한도인 5,000만 원씩을 보장받을 수 있게 된다.

한편, 연금 상품을 최적화시켜 기본 가입 금액을 10만 원으로 하고 20만 원을 추가납입만 해도 최적으로 운용하여 20년 정도를 완납하고 오랜 시간이 경과하게 되면 당연히 5,000만 원이 아니라 약 1.5억 정도도 넘어 버릴 수 있다.

연금 상품에서는 연금 적립금이 최소한 약 1억원 정도는 되어야 최소한의 연금으로서 기본적인 구실을 할 수가 있다.

즉, 연금 적립금을 많아지게 하려면 연금 상품의 여러 가지 조건과 기능을 최적화시켜야 하고 운용 방법들 역시 최적화가 되어야 하고 이 연금 최적화로 인하여 연금 적립금이 많아져야 한다. 연금 적립금이 많아진다는 말은 결국 물가상승률을 초월한다는 말인데 아이러니하게도 공시이율형 연금 상품은 물가상승률을 못 따라간다.

그래서, 예금자 보호를 받기 위하여, 한 금융 회사마다 5,000만 원이 초과되지 않도록 공시이율형 연금 상품으로만 분산을 해서 가입을 하게 되면 예금자 보호는 받을 수 있지만 물가상승률을 반영하면 실질 마이너스가 되고 보이지 않게 원금을 깎아 먹고만 있는 유명무실(有名 無實)한 상황이 벌어지게 된다.

한편, 변액연금은 펀드의 수익률에 따라 어느 정도의 리스크를 감수하고 투자를 하여 수익이나 손실이 발생되는 실적배당형이기 때문에, 아예 예금자 보호의 대상에 해당되지 않게 된다.

하지만, **변액연금의 펀드(특별계정)는 특별히 안전하고 독립적인 신탁 계정인 특별계정이라는 장소에서 보관되어 매일매일 자산을 평가하여 운용하기 때문에, 특별계정 안에 들어 있는 금액은 오히려 1인당 5,000만 원까지만 보호를 해 주는 예금자 보호가 되는 장소보다 더 안 전할 뿐만 아니라, 1억이든 10억이든 50억이든 큰 금액도 한도에 관계 없이 안전하게 보관할 수 있다.**

만약 금융 회사가 파산이나 도산하게 되면 공시이율형 연금 상품에 들어 있는 10억 중 9.5억은 공중으로 사라져 버리고 단 5,000만 원만 을 「예금자보호법」에 의해 보호받게 되지만, 실적배당형 변액연금에 들 어 있는 10억은 안전하고 독립적인 특별계정에 들어 있기 때문에, 파 산이나 도산한 금융 회사와는 아무런 관계가 없고, 보통 타 금융 회사 에서 인수를 하게 되니 금융 회사의 이름만 바뀌게 되며 펀드운용사 에서는 똑같이 특별계정을 관리하고 있기 때문에 아무런 영향이 없고 마치 교도소에 있는 것만큼 안전하다고 보면 된다.

즉, 특별계정 내에서는 여러 가지 다양한 펀드별로 운용수익률의 실 적에 따라 플러스(+)가 될 수도 있고, 마이너스(-)가 될 수도 있을 뿐이 지, 보관장소는 오히려 훨씬 더 크고 안전하며 투명하고 독립적이라고 할 수 있다.

변액연금은 이 특별계정이라는 독립적인 보관장소로 하여금 연금 적 립금을 더욱더 안전하게 보관해줌으로써 그 가치가 더욱더 크다고 할 수 있다.

미래에는 모든 구성 요소들이 탈중앙화(脫中央化, Decentrailzed)된다. 변액연금의 특별계정 자산도 탈중앙화가 된 독립적인 특성이 강하다 고 보면 된다.

특히, 「자본시장과 금융투자업에 관한 법률」에서도 '변액연금은 실적배당형 상품으로서 자산운용실적에 대한 투자위험을 계약자가 부담하며, 효율적인 자산운용과 계약자별 자산규모에 비례한 공정한 투자 손익의 배분을 위하여, 특별계정을 설정하여 자산을 운용할 뿐만 아니라, 별도로 구성된 전담 조직에 의해 운용이 되며, **특별계정의 자산은 일반계정의 자산과는 엄격히 분리하여 운용이 되고, 이 법률에 의해서 임의처분이 불가능하므로 금융 회사가 파산하는 경우에도 안전하게 보호된다**'라고 명시하고 있다.

여자에게는 아름답다고 하는 것이 맞고, 남자에게는 멋지다고 하는 것이 맞는 것처럼 예금자 보호가 되는 장소와 예금자 보호가 되지 않는 특별계정이라는 장소는 표현하는 방법과 그 적용 대상 자체가 다른 것이다.

그래서 변액연금의 펀드는 특별계정이라는 독립적인 신탁계정에서 운용이 되기 때문에 예금자 보호가 되지는 않지만, 예금자 보호가 되는 것보다 한편으로는 더 안전하다고 할 수 있다.

이런데도 예금자 보호 5천만 원을 운운하며 공시이율형 연금 상품에 가입하고 노후 자금인 고액의 목돈을 은행의 예금으로 예치할 것인가?

명심하도록 하자. 목돈도 한방에 가고 노후도 한방에 간다.

가면 갈수록 은행도 리스크가 커진다.

연금 상품은 하루 이틀 납입할 것이 아니기 때문에 단 하나라도 보관 장소에 있어서의 근본적인 리스크가 있으면 안 된다.

그래서 고액의 큰 목돈이거나 비록 처음에는 소액일지언정 최적화된 방법을 동원하여 고액으로 만든 경우에도 이 역시 예금자보호가 되지 않는 대신 근본적으로는 더 안전한 장소인 특별계정에서 관리하는 것이 오히려 예금자 보호가 5,000만 원까지 되는 곳에서 관리하는 것보다 훨씬 안전한 것이다.

필자가 앞에서도 뭐라고 하였는가?

세상의 이치는 동일하다. 금융 기관에서의 돈도 보증되지 않는 것이 가장 보증되는 것이다. 예금자 보호가 되지 않는 것이 오히려 더 안전하게 보호가 되는 것이다.

고액의 큰 목돈은 절대로 은행의 예금에 두면 안 된다

한편, 큰 수익도 큰 손실도 발생되지 않는 변액연금의 채권형 펀드는 은행의 일반 예금이나 적금과 같이 비슷한 안정성을 가지고 있긴 하지만, 태생은 실적배당형이므로 특별계정에서 보관되고 운용되며 당연히 예금자 보호가 되지 않는다.

눈치가 빠른 사람은 눈치를 챘겠지만 고액의 목돈으로 안전한 소폭의 수익만을 바란다면 은행의 예금보다 차라리 최적화된 조건을 갖춘 변액연금의 특별계정 안에 있는 채권형 펀드가 1,000배는 더 안전하다고 할 수 있다.

단, 돌다리도 두드려 봐야 하므로 고액의 일시납 채권형 펀드도 더 안전하게 최적화를 시켜야 한다.

물론 은행이 갑자기 파산을 하겠냐만은 과거의 역사적인 경험으로 봤을 때 잊을 만하면 나오는 뉴스거리가 은행의 파산이다. 더 웃긴 것은 은행의 파산 직전에도 중소기업 법인 대표나 VIP 고객으로부터 안정성 자산인 예금자 보호가 되는 예금 등의 상품을 고액의 목돈으로 유치했다는 것이다.

명심하도록 하자. 지뢰는 평생 동안 단 한 번이라도 밟기만 하면 발목이 날아가 버리고 여생을 불구로 보내게 된다.

자본주의의 금융은 마치 3차원 이상의 그물망처럼 상당히 복합적이고 상호적이며 연쇄적이고 더 나아가서는 화학적으로 작용을 하기 때문에 예금자 보호의 지뢰는 언제 어디서 밟게 될지 아무도 모른다.

연금 최적화의 꽃을
고르는 방법

개인연금 상품과의 지독한 사랑에 빠졌었다

필자가 10년 이상의 기간 동안 틈틈이 연구와 조사를 거듭하고 수많은 상담과 경험 속에서 연금 최적화라는 방법을 집대성하였다.

지금까지는 개인연금 상품을 최적화시킬 수 있는 기본적인 바탕이 되는 연금 최적화의 세팅 방법에 대해 역설하였다.

다시 한번 거론하지만, 개인연금 상품을 연금 가입자 중심에서 가장 최적화된 모든 방법을 끝내 집대성한 사람은 국내에 필자밖에 없음을 다시 한번 강조한다. 필자는 이 개인연금 상품의 연구에 많은 시간과 돈, 에너지를 투자하면서 실패와 포기, 재도전 그리고 또 좌절과 시련과 역경을 통해 마침내 성숙하고 발전할 수 있었다.

납입 금액의 크기를 떠나 최소의 금액으로 최대의 효과를 볼 수 있도록 개인연금 상품의 모든 부분을 최적화하는 데 있어 이루 말할 수 없이 많고도 많은 과정이 있었던 것 같다.

노후를 위한 상품인 연금은 최소의 금액으로 최대의 효과를 누려야 된다. 대한민국 국민은 누구나 연금 상품에 납입할 여력이 많지는 않다.

이 연금 최적화를 완성하는 동안 어마어마하게 비용도 들어갔지만 돈으로는 감히 살 수 없는 여정이자 업적이었던 것 같다.

자, 우리는 이제 연금을 최적화시켜 일반적인 방법으로 가입을 한 남들보다 연금을 몇 배나 더 많이 받기 위하여 두 가지의 변액연금을 선택한다고 하였다.

변액연금(變額年金, VA, Variable Annuity)! 말도 많고 탈도 많았던 변액연금이라는 금융 상품 종목을 가지고 아무나 이렇게 함부로 큰소리를 칠 수 있는 것이 아니다.

필자는 단순히 변액연금이라는 금융 상품만을 놓고 최적화를 시킨 것이 아니다. 이 변액연금과 관련된 경제, 투자, 심리, 기법, 관습, 현실, 문제, 오류, 결과, 효과 등을 모두 반영하여 연금 상품을 최적화시킨 것이다.

이렇게 변액연금이 말도 많고 탈도 많다 보니 사실은 많은 금융 회사의 영업 관리자들이 이 실적배당형 변액연금 상품 자체를 취급조차 하지 않는 경우도 어마어마하게 많다.

어떻게 보면 그들에게는 그것이 더 현실적이고 현명한 방법일지도 모른다. 관리를 잘못 한 변액연금의 펀드 수익률이 향후에 문제도 되고 발목도 잡힐 수 있기 때문에 무조건 공시이율형 연금 상품으로 추천을 해 주는 것은 상당히 문제가 많으며 금융인으로서 무책임하다고 생각한다.

이는 2001년 국내에서도 실적배당형 변액류의 상품이 처음으로 도입되어 출시된 이후 현재까지 20년도 안 된 상품이기에 미성숙 기간으로 인한 당연한 결과이며, 금융 회사의 관습적이며 무책임한 태도와 한편으로는 어쩔 수 없었던 현실이기도 하다.

변액연금은 결정적으로 21세기 최고의 발명품으로 불리는 펀드를 이용하여 신탁계정인 특별계정이라는 장소에서 운영을 하기 때문에 안전하지만 실적의 영향을 받는 이유로, 어설픈 전문가나 초보자가 관리를 하면 그 효과를 보지 못한다.

그런데 실상은 어떠한가? 초보자들도 변액연금 상품 판매 위주의 영업을 하고 연금 가입자들은 가입 후 방치하게 되며 새로운 어설픈 관리자가 재관리를 한다 해도 재관리가 되지 않고 거의 단순히 보고 (Report)나 하거나 금융 회사에서 주력으로 밀고 있는 펀드를 추천하는 수준이니 운 좋으면 다행이고 결국 소문이나 뉴스 따위에 겁을 먹고 해약(해지)를 하는 사람이 많아진다. 어찌 연금 적립액이 늘어날 것이며 어찌 수익을 볼 수 있겠는가?

장담컨대, 국내에서 이 변액연금에 관한 관리 전문가는 극소수라고 보면 된다.

지금까지 역설한 10가지 이상의 개인연금 상품을 최적화시키는 기본적인 방법은 생명보험사에서만 취급을 하며, 연금소득세가 100% 비과세되며 확정형 연금과 종신형 연금 중 원하는 형태로 선택이 가능한 변액연금 상품 모두에 적용이 가능하다. 단, 이외에도 몇몇 조건이 있다.

변액연금은 연금 지급 형태의 선택에 있어 반드시 유연성이 있어야 한다.

그럼 이제부터는 국내 최고의 변액연금 전문가가 본격적으로 실적배당형 변액연금 상품의 선택과 운용에 관한 연금 최적화의 비책을 역설하겠다.

필자는 개인연금 상품과 지독한 사랑에 빠졌었다.

어찌 보면, 연금을 최적화시키는 방법은 금융 회사나 영업 조직에서 주력으로 하는 방향과는 정반대로 간다는 것을 알 수 있을 것이다.

반드시 6가지가 부합해야 한다

연금 상품을 최적화시켜 최소한의 힘을 들여 풍부한 연금을 수령하고 싶다면 변액연금 상품을 선택할 때 아래의 6가지 사항을 반드시 체크해야 한다. 아래의 6가지 사항은 변액연금 기능 설정의 문제가 아니기 때문에 반드시 6가지 조건이 가능한지를 확인해야 한다.

1) 연금 개시 시점에 이르렀을 때 잘 달리는 연금과 못 달리는 연금을 구분해야 하므로, **두 가지 모두 확정형 연금과 종신형 연금 중 원하는 연금 지급 형태를 자유자재로 선택이 가능한 변액연금 이어야 한다.** 이때 연금 개시 시점은 두 가지 모두 80세나 75세로 설정하여 가입한다고 하였다.

   종신 연금(종신형 연금)으로만 고정이 되어 있는 변액연금의 상품 안내장에는 확정형 연금이라는 글자 자체가 나와 있지 않고, 실적 배당형 변액연금임에도 불구하고 연 단리 4~5% 정도를 최저보증 이율로 보증해 준다. 반드시 주의하도록 하자.

2) 변액연금에 탑재되어 있는 **펀드의 개수가 최소 약 10개 이상은 되어야 하고, 펀드의 구성이 종류별로 다양해야 한다.**

   채권형, 혼합형, 국내주식형, 인덱스형, 배당형, 중국형, 인도형, 미국형, 브릭스형, 재간접펀드형, 해외형, 실물투자형, 인프라형, 선진국형, 이머징마켓(신흥시장)형 등과 같이 펀드의 구성이 국가, 종류, 섹터별로 다양해야 리스크를 방어할 수 있고 헤지(Hedge, 대비책)가 된다. 내용은 자세히 몰라도 되므로 너무 겁먹지 말도록 하자.

3) 변액연금 상품의 **주식형 펀드 투입비율이 가능한 한 최대한 높을수록 유리하고 이 주식형 펀드 투입비율이 최소 약 70 ~80% 정도는 넘어야 한다.**

총을 사용하라고 주면서 총알을 안 주면 이게 무슨 총이라고 할 수 있겠는가? 총검술만 해야 하는지 질문을 하고 싶다. 주식형 펀드가 약 50% 정도 이하인 변액연금은 무늬만 실적배당형 변액연금이다. 주식형 펀드의 투입 비율이 100%가 된다고 해서 위험한 것이 아니고 무조건 모두 주식형 펀드로 투입이 되는 것이 아니다. 주식형 펀드 내에서도 채권의 비중은 항상 일정한 비율을 차지하고 있다. 그렇기 때문에 오히려 변액연금을 제대로 활용하려면 주식형 펀드의 투입 비율이 가능한 한 높아야 활용을 제대로 할 수 있는 것이다. 변액연금에서는 주식형 펀드 투입 비율이 높아도 그렇게 위험한 것은 아니고 주식형 펀드에 100% 집중 투자를 하기 위해 주식형 펀드의 비율을 100%로 하는 게 아니라고 하였다.

4) 생명보험사의 변액연금 상품 중에 **사업비용이 가급적 가장 낮은 축에 들어가는 연금 상품이어야 한다.**

이와 더불어, 추가납입 금액의 추가납입 수수료도 0원이어야 하고 납입 기간은 약 20년 정도로 길게 해야 한다.

5) 변액연금의 **기본 가입 금액은 10만 원으로 가입이 가능한 연금 상품이어야 한다.**

기본 가입 금액이 20만 원이 되어 버리면, 기본 가입 금액의 2배수인 40만 원을 추가납입하는 데 있어 하나의 연금 상품에서조차 시작부터 과부하가 걸리고 추가납입 금액까지 완납하는 것이 실현 불가능한 일이 되어 버릴 수도 있다. 물론 납입 여력이 가능하다면 관계는 없다.

6) 변액연금 상품이므로 당연히 세제혜택은 주어지지 않는다. **연금 소득세가 100% 비과세 되는 연금 상품이어야 한다.**
세제혜택이 주어지지 않는 연금류를 전문 용어로 세제 비적격 연금이라고도 한다.

이 6가지 조건이 충족된 생명보험사의 변액연금을 선택하면 일단, 반은 성공이고, 가만히 있어도 다른 어떤 변액연금보다 뭐가 유리해도 유리했지 불리할 것은 없다.

이에 아울러 가입을 할 때에는 지금까지 알려 준 개인연금 상품을 최적화시키는 약 10가지 이상의 연금 최적화의 방법을 세팅하여 가입을 하면 된다.

변액연금을 선택할 때에 위의 6가지 조건이 하나라도 충족되지 않는다면, 소중한 노후를 위하여 과감하게 배제하도록 하자. 명심하자. 이 6가지의 조건이 모두 다 충족이 되어야 한다.

'징키스 칸의 매' 같은 놈은 따로 있었다

만약 변액연금을 가지고 있는 사람이 어떤 급한 사유가 생겨 일시금으로 찾아 써야 할 일이 생겼다고 해 보자.

최적화를 시킨 변액연금은 약 몇 년 이내에 납입 원금 이상에 도달을 하게 되는데, 이 기간만 지나더라도 납입 원금의 손해를 보게 되는 일은 거의 없다고 보면 된다.

한편, 변액연금에 가입한 지 10년 이상 경과하게 되면 발생한 차익에 대하여 모두 비과세가 된다. 즉, 비과세 상품은 당연히 이자소득도 100% 비과세가 되므로 비상 시에는 해약(해지) 처리를 하여 손해 하나 없이 급한 일을 볼 수가 있다.

해약을 하라고 이런 말을 하는 것이 아니다. 만약 정말 초유의 비상 사태라고 발생이 된다면 국민연금도 찾아 쓰는 마당에 퇴직연금, 개인연금, 노란우산공제 등 할 것 없이 찾아 쓰기는 써야 하지 않겠는가?

그러니 퇴직연금에서도 16.5%의 기타소득세와 종합과세까지도 부담을 떠안으면서 목돈인 일시금으로 찾아 쓰는 것이 아니겠는가?

그러나 변액연금에서는 퇴직연금이나 세제혜택이 있는 연금 상품 및 노란우산공제 등처럼 세금적인 측면에서 손해를 입는 일이 전혀 없다.

만약 변액연금 상품을 이미 연금 개시하여 첫 번째로 개시하는 확정형 연금을 받고 있더라도 아무런 손해나 세금 한 푼 없이 일시금으로 수령할 수 있다.

필자는 연금 최적화에서도 연금소득세의 비과세를 수없이 강조하였을 뿐이지, 10년 이상 비과세의 혜택을 주요 장점으로 내세우며 이자소득세의 비과세를 강조하지는 않았다.

그러나 10년 이후 비상상황 발생 시 어쩔 수 없이 해약을 하게 될 일이 생겼을 때에 오히려 이 별 볼 일 없는 이자소득의 비과세 혜택마저도 장점으로 작용을 하게 된다.

만약 보유하고 있는 개인연금 상품이 3개인데, 꼭 돈을 찾아 써야 될 상황이 발생했다면 연금 상품 하나만 해약(해지) 처리를 하는 것이다.

즉, **변액연금은 10년 이상만 지나게 되면 비상시에 일시금으로 수령을 하든 5년 확정형 연금으로 수령을 하든 10년 확정형 연금으로 수령**

을 하든 확정형 연금 수령 중에 일시금으로 수령하든 중도 인출을 받든 해약(해지)을 하든지 간에 다른 손해도 없고 10원 하나 세금으로 토해 내지 않는다.

앞서도 설명했지만 퇴직연금 및 세제혜택이 주어지는 연금 상품이나 노란우산공제 등의 일종의 연금 관련 상품들은 일시금이나 중도 인출 또는 해약(해지)나 심지어 5년 확정형 연금으로만 수령을 해도 이자소득세(15.4%), 기타소득세(16.5%), 퇴직소득세(>연금소득세), 연금소득세(5.5~3.3%), 심지어 종합과세(~46.2%)로 다 뜯어 간다고 하였다.

이해가 되지 않으면 다시 한번 확인해 보기를 바란다.

이놈들은 다양한 명목의 세금으로 항상 뜯어갈 준비를 하고 있고, 평생 여러분에게 도움은 별로 안 되는 놈들이니 가까이할 필요가 없다. 특별히 주의하기를 바란다.

그래서 필자는 여러 기존 고객들의 변액연금 상품을 볼 때마다 이 변액연금이야말로 마치 고객의 진정한 '징키즈 칸의 매(목숨을 바쳐 끝까지 징키즈 칸을 살리는 매)' 같다는 생각이 정말 많이 들곤 한다.

연금 최적화를 시킨 변액연금은 평생 동안 여러분을 세금으로 배신하는 일은 없을 것이다.

분명, 앞으로는 변액연금을 잘 활용하는 자가 노후를 지배할 것이다. 단, 종신형 연금은 한 번 개시를 하고 나면 일체의 변경이나 해약(해지)이 되지 않으므로 비상시에도 일시금 등을 사용할 수는 없게 된다.

10억의 가치가 있는
연금 최적화

수익률을 좇지 말고
비율을 좇아라!

무엇이 연금 최적화를 더 위대하게 만드는가?

관리를 통한 연금 최적화의 방법 중 큰 하나는 말도 참 많고 탈도 참 많은 변액연금의 펀드 변경을 통한 관리적인 부분들인데 이 부분의 최적화를 시키도록 하겠다.

변액연금에 가입할 때 설정하는 기본적인 설정 부분들과 연금 적립금의 양 증식에 직접적으로 영향을 끼치게 되는 펀드변경을 통한 관리적인 부분들을 제대로만 실행을 하게 되면 믿을 수 없는 일들이 발생될 것이다. 그럼 적은 힘을 들여 노후를 만끽할 수 있게 된다.

최적의 효과는 월 60만 원을 납입하는 최적화된 연금으로 월 300만 원씩을 납입하는 일반적인 연금보다 훨씬 더 많이 받을 수 있도록 하는 것이다.

미래의 수익률은 예정되어 있지 않으므로 단순히 수익률만을 높게 가정하여 많은 연금을 받을 수 있다고 허풍을 떠는 것이 아니다.

과학적이고 현실적이며 효율적이고 최적화된 펀드변경은 변액연금을 더욱더 존귀하게 만들어 준다. 변액연금은 21세기의 소비시대에 노후를 위한 가장 위대하고 기가 막힌 개인연금계의 팔방미인(八方美人)

이다.

한편, 변액연금의 상품에서 활용할 수 있는 기본적인 기능들을 가장 효율적으로 설정함으로써 작은 돈으로도 실제로 큰 목돈의 연금 적립금을 만들 수 있게 해 준다.

이것은 정말 놀라운 일인 것이다. 적은 돈으로도 큰 목돈을 만드는 것이야말로 진정한 연금이지, 큰돈으로 큰 목돈 만드는 것을 못 할 바보 천치가 어디 있겠는가? 적은 돈으로 큰 목돈을 만드는 연금이 진짜 제대로 된 연금이고, 이것을 가능하게 만들 수 있는 것이 바로 연금 최적화이다. 그래서 연금의 최적화는 이 시대에 있어 너무나도 중요하다.

비록, 사소하고 미미한 양의 여러 가지 요소들이지만 기본적인 부분들의 연금 최적화가 장시간 동안 누적이 되므로 시간이 가면 갈수록 이익이 누적되어 어마어마한 연금 적립금이 되지 않을 수가 없다.

국내에서 제대로 된 평생의 장기 복리 금융 상품은 단 하나

너무 흔한 말이 되어 버려 이제 믿음도 안 가는 복리도 최적화를 시킨 변액연금에서는 제대로 빛을 발하게 된다.

국내에서 제대로 된 평생의 장기 복리 금융 상품은 연금 최적화를 시킨 변액연금밖에 없다.

언덕 위의 눈덩이도 저 밑에 가서는 엄청 커진다고 하지 않았던가? 변액연금은 그렇지 않아도 최적화를 시켰기 때문에 남들보다 연금 적립금도 훨씬 더 많은데 후반부에 진입을 하게 되면 복리의 영향을 제대로 받게 되어 그보다 더 커진다. 그래서 거의 모든 부분을 되도록 하나도 빠짐없이 최적화시키는 것은 상당히 중요하다.

F1 레이싱 경주의 슈퍼카도 수많은 하나하나의 첨단 기술들과 전자

장비들이 각자의 자리에서 최적화가 되어 한계치에 도달하는 최고의 속도를 만드는 것이다. 연금 최적화도 마찬가지이다. 각각의 작은 설정들이 하나하나 조합이 되어 무서울 정도로 큰 효과를 볼 수 있게 한다. 물론 F1의 슈퍼카처럼 복잡하고 어렵지 않으니 너무 걱정은 하지 않아도 된다. 이 책을 끝까지 다 읽고 나서는 이 말이 무슨 말인지 절실히 이해를 하게 될 것이다.

연금 최적화에서는 진정한 복리도 막강한 지원군이 되고, 변액연금이 더욱 더 실력 발휘를 하도록 만들어 준다.

이에 아울러 인간의 현재 한계를 넘어선 경이로운 100세 시대라는 환경을 이용하여 연금 상품의 최적화 효과를 극대화시킨다.

연금 최적화의 기본적인 조건 세팅, 펀드변경, 진정한 복리의 힘 그리고 환경이라는 이 4가지가 연금 최적화를 최상으로 인도할 것이다.

복리의 힘을 제대로 받으려면

요즈음 '복리! 복리!' 하도 말이 많으니 필자가 제대로 한번 짚어 주겠다.

복리라는 꽃이 활짝 피려면 이 복리에 적용되는 금리가 높거나 복리에 적용되는 기간(시간)이 길어야 된다.

두 가지 조건이 모두 갖추어진다면 그야말로 환상적인 것이고 두 가지 중에 하나의 조건만 제대로 실행이 되어도 복리의 혜택을 볼 수 있다.

금리가 높으면 목표를 하고 있는 금액에 도달을 하는 데 필요한 소요 기간이 그만큼 짧아지고, 소요 기간이 길어지게 되면 비록 금리가 낮아도 목표 금액에 도달을 할 수 있게 된다.

그래서 적은 납입 금액으로도 연금으로써 활용할 만한 가치가 있는 연금 적립금을 만들 수 있는 것이다.

연금 최적화에서는 기본적인 조건들도 최적화를 시키고 투자 기간도 길 뿐만 아니라 평균적으로 연 복리 약 5% 정도 내외를 상회 또는 하회 하는 수익률을 기대하고 있다.

물론 금리(수익률)가 많이 높으면야 좋겠지만 장기간 지속적으로 높은 금리를 유지하는 것은 불가능한 일이므로 현실 가능한 적당한 금리가 발생되도록 하되 투자 기간을 길게 하는 것이 복리의 효과를 제대로 보는 방법이다.

이는 간단해 보이지만 많은 의미를 내포하고 있다.

거꾸로 금리가 낮거나 단기적으로 몇 년만 유지를 하게 되면 진정한 복리 효과를 볼 수 없게 된다.

이 복리 효과라는 것은 앞서도 언급했지만 후반부에 들어서게 되면 더욱더 빛을 발하게 된다. 후반부에서는 소폭의 수익도 큰 수익이다. 복리는 계속적으로 누적되는 효과와 함께 적은 돈으로도 큰 목돈을 만드는 데 큰 공을 세우게 된다.

진정한 복리 효과를 누리는 데 필요한 조건에는 금리와 시간 이외에도 많은 사람들이 간과하고 있는 중요한 조건들이 있다.

첫 번째, 저축이나 투자 금액의 일부를 가급적 중도에 빼면 안되고 무조건 재저축 또는 재투자를 해야 한다. 두 번째, 발생이 되는 이자에 세금이 붙으면 안 된다. 세 번째, 이 저축이나 투자금액에 높은 부담의 보험료가 지출이 되면 안 된다.

최적화된 변액연금은 세금이 붙지도 않고 높은 부담의 보험료가 지출되지도 않고 계속 재투자가 되므로 진정한 복리 효과를 누릴 수 있게 된다.

하지만, 연금이 개시되고 난 후부터는 연금을 수령하는 것 자체가 마이너스로 작용을 하며, 연금 적립금을 깎아 먹는 것이기 때문에 진정한 복리의 힘을 받는 수익 활동이 불가능하다는 것도 알고 있어야 한다.

복리도 제대로 알고 접근해야 한다. 국내에서 노후의 연금을 위한 제대로 된 장기 복리 금융 상품은 변액연금 한 종류이다.

말만 복리인 은행의 월 복리 적금

은행의 월 복리 적금은 안 그래도 저금리 시대인지라 복리에 적용되는 이율 자체가 저금리인데, 약 3년 이하의 단기간 동안만 제한적으로 복리에 적용되어 결국 말만 복리이고, 연 단리나 마찬가지인 꼴이라 볼 수 있다.

물론, 일반적인 연 단리 적금보다 조금은 이자가 더 많긴 하지만 무늬만 복리 적금이고 단리 적금과 도토리 키재기를 하고 있을 뿐이다.

그렇다면 고액의 납입 금액으로 단기의 복리 이익을 안정적으로 노려 볼 수도 있지만 납입 금액의 한도가 정해져 있어 결국 맛만 보고 제대로 된 이익은 가져가지 말라고 원천적으로 봉쇄하고 차단하는 것과 같은 이치라고 볼 수 있다.

월 복리로 적용되는 줄 알았는데 알고 보니 연 단리로 적용이 되거나, 월 복리로 환산 시에는 월 복리가 몇 퍼센트라는 식이어서 복리를 마케팅 수단으로만 활용하고 있는 수준이다.

더 쉽게 예기하면 복리의 효과를 얻어 가도록 그냥 방치하지는 않겠다는 말이다. 이런데도 많은 소비자들이 월 복리 적금으로 헛만족을 하고 있다.

그래도 손해를 보는 일은 없어서 다행 중에 천만 다행이다.

만약 단기 저축을 목적으로 하고 있다면 월 복리 적금이든 연 단리 적금이든 아무 적금이나 손 닿는 데로 들면 된다.

한편 은행의 적금으로 2% 정도 내외의 금리에서 진정한 복리를 맛보고 싶다면 1년 만기 적금을 들고. 만기 시 적금의 원리금 전체로 1년 만기 예금을 들고. 또 1년 만기 적금을 들고. 만기 시의 적금과 예금의 원리금 전체로 1년 만기 예금을 드는 식으로 한 푼도 찾아 쓰는 돈 없이 계속 반복을 하면 된다.

그러나 적금과 예금으로 금액의 한도 없이 차곡차곡 연 2% 정도의 장기적인 복리를 실천해 나가다가 이 복리가 가는 길을 뒤늦게 방해하는 이자소득세라는 놈이 나타난다.

만기 시에 이자소득세 14%와 항상 모든 소득에는 주민세(해당 소득의 10%)가 따라가기 때문에 합계 15.4%가 원천징수되고 나오게 된다.

이뿐만 아니라, 여기서 점점 단위가 커지면 커질수록 다른 배당소득이나 전세를 끼고 있는 주택이 있을 경우에는 전세금에 대한 간주 임대료까지 합산되어 한도가 더욱더 낮아진 금융소득 종합과세에 해당되게 된다.

여기서 해 본 사람은 알겠지만 이 이자소득세와 종합 패밀리 세트는 복리가 가는 길을 방해하고 힘이 빠지게 만들며 계산상의 이자를 불려 가는 데 제동을 걸게 된다.

그래서 예금과 적금으로는 장기적으로 제대로 된 진정한 복리를 누릴 수 없는 것이다.

이뿐만 아니라 장기간 동안 예금과 적금으로 늘려가다가 최악의 경우 정말 재수가 없으면 예금자 보호의 지뢰를 밟게 되어 확률은 지극히 낮지만 예금자 보호 한도 5,000만 원만큼만 건지고 나머지는 모두 손해를 보게 될 수도 있다.

한편, 최적화된 변액연금에서는 주기적으로 또는 단계적으로 수익이 누적될 때에도 금액의 단위에 관계없이 모든 수익이 비과세 되므로, 이 또한 티끌 모아 태산이 되는 데 있어서 가면 갈수록 큰 일조(一助)를 하게 된다.

즉, 장기적으로 순수한 연 2% 이상의 진정한 복리를 현실적으로 구현할 수 있는 사적연금은 국내에서 연금 최적화를 시킨 변액연금밖에 없다.

복리라는 가면을 쓰고 있는 비과세 저축보험과 종신보험

보험사의 공시이율형 비과세 저축보험은 한 술 더 뜬다.

저축보험은 저금리의 연 복리로 적용이 되는 것은 맞지만, 기본적으로 사업비가 많이 발생이 되고 사업비가 공제된 상태에서 복리가 적용이 되므로 결국 진정한 복리를 누리기 위한 스타트 라인이 너무 늦어진다.

보통 납입 기간은 약 10년 정도이고 보장 기간은 약 20년 정도가 가장 많은데, 출발선부터 많이 늦어졌으니 뒤늦게라도 진정한 복리 효과를 누려 보려 하면, 금세 보장 기간이 끝나 버리게 된다. 그러므로 이 역시 유명무실(有名無實)하지 않을 수 없다.

한편, 추가납입을 하면 그나마 다행인데 처음부터 잘못된 납입 금액을 설정하여 추가납입을 하지 못하는 경우가 대다수이고 추가납입을 한다 해도 저축보험은 변동금리인 공시이율의 적용을 받기 때문에 물가상승률을 감안하면 수익 자체가 뒤처질 수밖에 없는 것도 문제라고 할 수 있다.

한편, 최저보증이율도 약 1% 정도인데 장기적으로는 저금리화가 될 수밖에 없는 것을 고려한다면 큰 수확을 거두기도 힘든 것이 사실이다.

저축보험에 가입하는 사람들의 대부분은 어떤 일정한 목적의 목돈 마련을 목표로 하고 있기 때문에, 돈 들어가는 다른 목적이 생겨 버리면 이 상품을 해지하는 것도 큰 문제이니 결국 이러나 저러나 밑지는 장사인 셈이다.

한편, 변액연금과 같은 연금 상품은 저축보험과 함께 저축성 보험으로 분류되기는 하지만, 공시이율형 저축보험과 같이 공시이율로 운영이 되지 않고 펀드의 수익에 영향을 받는 실적배당형으로 운영이 된다.

저축보험 외에도 최근 들어서 더욱 기승을 부리는 상품이 있는데 바로 장기 복리 저축을 빌미로 한 공시이율형 비과세 종신보험이다. 이는 시간과 비용을 버리게 되므로 절대적으로 주의하기를 바란다.

일단, 금융 상품의 분류 자체가 저축이 아니라 사망을 보장해 주는 종신보험(사망보험)이기 때문에, 사업 비용이나 위험 보험료가 보험 중에서도 가장 많이 발생되고, 저축보험보다 비교적 높은 금리인 약 3% 정도를 보장해 주지만 종신보험의 특성상 비용이 어쩔 수 없이 너무 많이 빠지기 때문에 추가납입을 한다 하더라도 복리를 누릴 수 있는 스타트 라인이 훨씬 더 늦어진다.

한편, 가입자들의 대부분이 추가납입을 하지 못하는 실정이라 모두 마이너스라고 보아도 무방하다.

납입 기간은 10~20년이 많고, 납입 금액은 10~30만 원 정도의 소액이 많다.

요약하면, 각종 비용이 많이 빠져 저축을 목적으로 하기에는 적합하지 않고 10년이 지나서도 이자소득의 비과세를 누릴 틈조차 주지 않는다. 이자나 수익이 생겨야 비과세 혜택도 있을 것이 아닌가?

더구나 비과세 종신보험을 노후 연금 목적으로 한다면, 비과세가 될 것도 없고 자산의 증식 속도가 너무 늦을 뿐만 아니라 연금 전환을 하게 되더라도 아무 의미도 없는 수준의 연금만을 받게 된다.

만약 자금이 필요해서 중도에 해지를 하거나 중도 인출 및 약관대출을 받게 되면, 발생되는 손해가 클 뿐만 아니라 안 그래도 적립금도 부족한 마당에 깡통이 되어 버려 영원히 밑 빠진 독에 물 붓는 격이 되어 버린다. 그런데도 수많은 재테크 행사에서 종신보험을 이용한 플랜을 복리 재테크라고 소개하는 것을 보면 정말 너무 어이가 없을 뿐이다. 금융 상품은 반드시 목적에 부합되게 선택되어야 함을 잊지 말도록 하자.

디스코텍에서 춤을 추어야지 거기서 공부를 한다고 공부가 될 리가 있겠는가?

우리나라에서 진짜 제대로 된 비과세는 따로 있다

비과세 저축 상품들의 상황이 이러한데 어떻게 이자소득의 비과세 혜택을 볼 수 있겠는가?

우리나라에서는 이와 같은 금융 상품들의 구조적인 문제로 인하여, 10년 이상을 유지한다 해도 어지간해서는 보험 차익의 비과세 혜택을 보는 것 자체가 힘들고, 비과세 혜택을 본다 하더라도 실익이 별로 없는 것이 사실이다.

한편, 농어촌저축, 생계형저축 등의 일부 비과세 저축이 있긴 하지만 가입 대상도 한정적이라 일반인들에게는 딴 세상 이야기일 뿐만 아니라 한도가 소액이고 단기(短期)의 단리(單利)인지라 실익이 떨어진다.

단. 연금 최적화에서 비과세를 최적화시킨다는 것은 물론 이자소득(금융소득)의 비과세를 활용할 수도 있겠지만 이 이자소득의 비과세를 활용하는 것이 전혀 아니다.

사실, 이자소득의 비과세 자체가 필요도 없다.

연금 최적화에서는 연금소득세의 100%가 비과세되는 것을 적극적으로 활용하게 되며, 다른 어떤 소득이나 수입과도 독립적으로 작용하여 종합과세를 철저히 막아주기 때문에 원하는 대로 얼마든지 높은 금액의 연금을 집중적으로 수령할 수 있는데, 이것이야말로 비과세를 진정 제대로 이용하는 것이라고 할 수 있다.

〈정무문〉에서도 이소룡이 쌍철곤을 들면 쌍철곤이라는 무기의 장점을 완벽하게 구사하기 때문에 수십 명의 적과도 싸워서 이길 수 있는 것이다.

즉, 무기는 그 무기의 장점을 완벽하게 사용할 줄 알아야 최고의 효과를 볼 수 있다.

우리나라에서 제대로 된 이자소득에 대한 비과세 저축은 없다고 비유해도 과언이 아니다. 그만큼 실효율이 떨어진다.

단, 연금 최적화에서 연금소득의 비과세는 단순히 연금소득의 비과세를 뛰어넘는 그 이상의 효과를 가져온다.

연금 최적화에서 연금소득의 비과세를 통한 비과세가 대한민국에서 저축성 금융 상품을 통하여 진짜 제대로 된 비과세 혜택을 볼 수 있는 유일하고 가장 막강한 방법이다.

한편, 이자소득에 대한 10년 이상의 비과세 혜택은 머지 않아 더 길어질 것으로 예상이 된다.

장기적으로 꾸준한 수익이 진짜 수익

국내에 있는 수많은 변액류의 금융 상품들이 펀드변경을 통한 수익 창출이 안 되고 있고, 방치되어 있는 경우가 대부분이다. 펀드변경이 안 되고 있는 변액은 변액이나 마나인 금융 상품이 되어 버린다.

펀드변경은 변액연금에서도 가장 중요한 기능 중에 하나이다. 금융 회사 입장에서도 어쩔 수 없지만 만약 금융 회사에서 적극적으로 펀드 변경을 한다면 보나 마나 그럴싸한 마케팅을 근거로 신규펀드로 이동 하거나 주력으로 밀어 줄 새로 나온 변액의 펀드로 이동하는 것이다. 이것은 펀드 몰아주기이지 펀드 변경이 아니다.

펀드변경을 하는 시스템이나 기법은 여러 가지가 있다는 것만 알면 된다.

여러분은 변액연금에서의 펀드변경은 절대 예측을 하면 안 된다. 예 측은 말 그대로 예측이기 때문에 몇 번 예측에 성공을 했다고 해서 좋 아할 것이 아니라, 이후에 한 번이라도 예측이 어긋나면 큰 차질이 생 겨 버린다는 점을 명심해야 한다. 아무리 정확한 예측이라 하더라도 예측은 언젠가는 벗어날 수도 있기 때문이다.

만약 주식형 펀드의 지수가 올라가는데 예측에 실패하여 채권형 펀 드의 비중을 100%로 변경해 놓으면 수익을 볼 수 없고, 주식형 펀드 의 지수가 떨어지는데 예측에 실패하여 주식형 펀드의 비중을 100% 로 변경해 놓으면 오히려 손실을 보게 된다.

이렇게 예측이 어긋나면 엇박자를 타게 되고 시간 낭비를 할 뿐만 아니라 오히려 손실까지 보게 되는 것이다.

변액연금은 장기 상품이므로 많은 시간이 주어지지만 시간이라는 것을 절대 낭비하면 안 된다. 그래서 장기적으로 불어나야 할 변액연금에서는 절대 예측이라는 것을 하면 안 된다.

연금 최적화에서는 비록 느릴지언정 장기적으로 꾸준히 손실 없이 수익을 누적시켜야 하고 항상 일정해야 한다. 단기적으로 몇 번 수익을 발생시키는 것도 중요하지만 무엇보다 더 장기적으로 꼬박꼬박 실현 가능한 수익이 무엇보다 중요하다.

대한민국의 전국에 있는 수많은 전문가들이 펀드변경이라는 난관에서 작심삼일로 무너지고 기술력 부족으로 무너지고 예측 실패로 무너지고 심리의 붕괴로 무너지고 돈이 안 돼 무너지고 인내력이 부족해서 무너지기를 수없이 반복해 오다가 다 떨어져 나갔다. 즉, 금융 회사 영업 사원은 장기적으로 안정된 펀드변경을 절대로 할 수가 없다.

이런 관점에서 볼 때도 적절한 시기에 매수와 매도 타이밍을 노려야 하는 적립식 펀드는 숙련된 전문가가 직접 관리하는 것이 아니라면 장기 투자와는 더더욱 거리가 멀다.

하지만, 변액연금에서 자산의 자동재배분(Auto-Rebalacing)이라는 기능을 제대로 활용만 한다면 평생 손쉽게 자동적으로 관리가 가능하다.

모든 변액연금 상품에는 이 자동재배분 기능이 탑재되어 있지만, 제대로 된 사용 방법을 모르는 경우도 많고 잘못 사용하는 경우도 많고 아예 존재 자체도 모르는 경우도 허다하다.

이 자동재배분 기능을 제대로 이용하려면 이 기능의 원리와 투자의 성질만 알면 된다.

펀드의 시세를 예측하는 것이 아니라 펀드 자산의 비율을 일정 주기마다 자동(Auto)으로 일정 비율로 유지하면서 수익을 실현시켜 누적시키는 방법은 단순히 펀드 자산의 비율만 일정하게 유지시켜주면 되기 때문에 평생에 걸친 장기간이라도 신경을 쓸 일이 거의 없다.

사랑에 빠져 지속적으로 사랑을 느끼는 물리적인 시간도 1년을 넘지 못하고, 열정에 불타는 전문가나 투자자도 평생 펀드변경을 잘하리라 결심하고는 2년을 채 넘기지 못한다.

그런데, 자동재배분이라는 기능은 평생 동안이나 자동으로 펀드변경을 할 수 있도록 도와준다.

적립식 펀드, 연금 펀드, 국내의 퇴직연금에는 이 자동재배분 기능이 없다. 유일하게 변액류의 금융 상품에만 존재한다.

중요한 것은 장기적으로 평생 자동화에 의하여 실현 가능성이 있냐는 점이다. 그래야만 진정한 복리도 실현이 가능한 것이다. 진정한 복리는 평균적으로 몇 퍼센트 정도만 누적이 되어도 가공할 만한 힘이 생긴다.

자산 재배분의 자동화 시스템은 심리의 영향을 받지도 않고 나이가 들면서 둔해지는 투자 감각으로 인하여 피해를 볼 일도 없다.

변액연금은 노후의 연금이라는 목적으로 금융 상품을 운용해야 하기 때문에 토끼와 거북이에서 토끼가 아닌 거북이처럼 장기적으로 꾸준히 안정적인 수익을 발생시켜야 한다.

Slow and steady wins the race! 천천히 그리고 꾸준히 하면 경주에서 이긴다는 말도 있지 않은가?

연금 최적화가 단순히 변액연금 상품을 가리키는 것이 아니다. 일반적이고 단순한 변액연금 상품으로는 풍부한 연금 수령이 불가능하다.

최적화 조건을 갖춘 변액연금 상품의 기본 세팅을 최적화시키고 누적 수익이 가미될 수 있도록 현실적으로 연금 자산을 자동재배분 기능을 통하여 활성화시켜 생존보험이라는 연금의 본질을 이용하여, 월 연금 수령액을 세금 부담 하나 없이 집중적으로 수령할 수 있도록 연금 가입자를 중심으로 극대화시켜야 한다.

이 외에도, 많이 알려진 방법으로는 변액연금의 인덱스 주식형 펀드와 단기 채권형 펀드를 공격수와 수비수로 하여, 코스피(KOSPI)지수의 월(月)봉을 따라가는 방법도 있다.

인덱스 지수는 코스피 지수를 베이스로 하기 때문에 코스피 지수의 전월(前月)봉이 양봉이면 주식형 펀드로, 전월봉이 음봉이면 채권형 펀드로 변경을 하는 것이다.

인덱스 펀드는 꼭 코스피 지수의 월봉과 일치하지 않는 경우도 많기 때문에 지속적으로 불일치가 되면 심리가 붕괴되어 불신감이 생길 수도 있으며, 매달 월봉을 확인해야 한다. 전업 종사자나 변액 마니아가 아니라면 생각보다 이 작업이 만만치 않고 미세한 수익만 거두어 가기 때문에 시간이 갈수록 '이것쯤이야' 하며 점점 손을 놓게 되는 경우가 많다.

문제는 월봉의 확인을 가급적 단 한 달도 거르면 안 되는데, 중요한 시기에 한 달을 깜박하고 놓치게 되면 때마침 엇박자를 타게 되어 뒷북을 치게 된다는 점이다.

연금은 현실적으로 보았을 때 연금 가입자 기준에서 장기적으로 실현 가능성이 있어야 된다고 하였다. 그렇다고 해서 영업 담당자나 관리자가 이 일을 평생 동안 해 주는 경우는 절대 없다.

매월 펀드변경의 기준을 수동으로 확인하고 판단한다는 것이 결코 쉬운 일이 아님을 직시해야 한다.

수익이 발생되든 손실이 발생되든 2~3년 동안을 매달 체크하고 펀드변경을 했다면 충분히 최우수 노력 실천상을 받을 만하다. 하지만 여러분은 이 일을 평생 할 수 있다고 생각하는가?

노후를 위한 변액연금은 한 달도 빠짐없이 20~30년 이상을 관리해야 하는 상품이므로 반드시 자동화가 이루어져야 된다.

한편, 인덱스 주식형 펀드와 채권형 펀드를 코스피의 박스권 내에서 등락을 예측하여 변경하는 방법이 있다.

차트를 보고 박스권을 예측해야 되는 등 이 역시 예측이라 박스권 이탈 및 예상치 못한 돌발 악재 등 예측에서 벗어나는 경우도 있고, 매달 확인을 해야 하기 때문에 작심삼일이 되어 버릴 확률이 95% 이상이라고 볼 수 있다. 일반인들은 상대적으로 전문성이 떨어지기 때문에 장기적으로는 실현 가능성이 더더욱 없다고 보면 된다.

변액연금에서는 절대 단기적인 수익에 일희일비하면 안 되고 예측을 하면 절대 안 된다고 하였다.

예측을 하여 엇박자를 타는 순간 또 한 타이밍이라는 시간(기간)을 허비하게 되고, 손실은 커지게 된다.

변액연금은 공장에서 물건 생산하듯이 시간이 지나면 무조건 수익이 누적되는 것이 중요할 뿐 고수익은 필요가 없다.

즉, 변액연금에서는 결과론적으로 단 한 번도 실수나 실패가 없는 자산 배분의 비율을 일정하게 유지하는 방법을 활용하여 수익을 누적시켜야 한다.

그럼 이 기능은 자연적으로 복리와 결합을 하게 된다. 복리는 금리가 높거나 장기적인 시간만 주어지면 진정한 힘을 발휘하게 되는데, 자동재배분 기능은 장기간 동안 안정적인 누적 수익의 실현이 가능하게 해 주기 때문에, 최적화된 변액연금은 시간이 길수록 제대로 탄력을 받게 되는 것이다.

이것을 보고 진짜 효자 노릇하는 연금이라고 하는 것이다.

그리고, 선택을 한 몇 개의 펀드 중에서 전월에 가장 수익이 높은 펀드로 자동변경이 되는 집중형 자동펀드변경이라는 기능이 있는데, 현재는 전 금융 회사를 통틀어 두 군데에만 있다.

인간은 장기적으로 주가의 시세를 예측할 수 없음은 분명하고 그럼 전문가도 마찬가지임에 틀림이 없다는 것을 바탕으로 한다.

이 집중형 자동펀드변경 기능은 철저히 펀드의 관성만을 이용해야 한다. 차트와 각종 지표 및 기법을 이용한 거래가 아닌 장기적으로 펀드의 차트(그래프)를 보았을 때는 크고 작은 등락이 반복되면서 상승을 해 왔다. 이때 펀드는 올라갈 때는 계속 올라가려고 하고, 떨어질 때는 계속 떨어지려고 하는 일종의 관성이라는 것을 지니고 있다.

결국 인간은 심리의 지배를 받기 때문에 일정 기간 동안 관성으로 작용하는 방향의 지속성을 절대 이길 수가 없다.

즉, 선택한 펀드 중에 펀드의 전월 수익이 가장 많이 발생이 된 펀드로 변경이 되어, 인간의 심리와는 별개로 상승을 하고 있는 이 펀드의 관성이 꺾일 때까지 이 펀드에 집중적으로 유지가 되는 것이다.

즉, 전월의 수익률이 가장 좋은 펀드로 이동을 하게 된다.

이 기능을 활용할 때는 단기적인 수익에는 일희일비를 하면 안 된다. 철저히 자동으로 변경이 되는 시스템에 기계적으로 의존하는 것이 가장 효율적이다.

한편, 집중형 자동펀드변경 기능은 변경이 되는 주기가 반드시 한 달이어야 되는데, 매달 자동으로 변경이 되니 상투를 잡을 일도 없게 된다.

세 가지의 변액연금을 보유하고 있다면 하나의 변액연금 상품은 이 기능을 활성화시켜 자동으로 펀드변경이 되도록 해도 괜찮다. 이 변액연금이 잘 달리는 연금이 될 수도 있을 테니 말이다.

대표적인 것들만 거론을 하였는데, 이 외에도 섹터, 상반지수, 국가, 전일종가에 의한 펀드변경 등 여러 가지가 있고 필자는 거의 현존하는 거의 모든 방법의 펀드변경을 연구했다.

변액연금의 펀드변경에서 가장 중요한 점은 특정한 펀드 종목 자체가 중요한 것이 아니라, 수익은 어떤 펀드로 발생이 되어도 철저히 수익만 발생이 되면 되는 것이고, 펀드 변경은 단기가 아니라 장기적으로 100% 현실 가능성이 있어야 하고 반드시 수동이 아닌 자동시스템으로 돌아가야 한다는 것이다.

반드시 공격수와 수비수를 같이 두어야 한다

주식을 직접 매수하는 것을 직접 투자라고 하고, 펀드를 매수하는 것을 간접 투자라고 한다.

변액연금은 간접 투자 상품인 펀드를 활용하여 운용을 하게 되는데, 이 펀드의 종류는 뷔페에서의 수많은 음식처럼 여러 가지로 존재한다.

전반적으로 펀드 투자는 주식 투자보다 훨씬 더 안전하다.

변액이라는 말만 나와도 겁부터 먹는 경우가 많은데, 일차적으로는 너무 겁을 먹지 말고 안심을 하기 바란다. 이유를 몇 가지만 들자면, 펀드는 주식처럼 미수나 신용을 사용하는 것이 아니고 개별 종목이 아니므로 상장 폐지가 될 위험이 없으며, 펀드 자체적으로도 개별 종목으로의 집중을 막아 주며, 한 주식 종목처럼 고점에 집중하여 들어갈 일이 없고, 하루 아침에 재수없게 하한가를 맞을 일도 없고, 적립식일 경우 당연히 매달 납입을 하게 되므로 일단 평균적인 분할투자가 이루어지고, 일차적으로는 펀드 매니저가 상대적으로 우량한 종목을 발굴하여 비율별로 직접 운용을 하니 이러나 저러나 펀드가 주식보다는 무조건 안전한 것이 사실이다.

일단 조금은 안심되는가?

한편 이 변액연금 내의 펀드는 다양하게 존재하지만 크게는 두 가지의 형태로만 분류된다고 해도 무방하다.

사실 펀드의 종류는 변액연금의 상품마다 다양할 뿐만 아니라, 계속 새로운 펀드들도 생겨나지만 변액연금에서 펀드를 활용할 때에는 이두 가지의 형태로 분류되는 점만 이해하면 된다.

그 이유는 변액연금에서는 다양한 펀드를 종류별로 활용을 하기보다는 기본적으로 주식형 펀드와 채권형 펀드만을 구분해서 자동재배분 기능으로 운용을 해도 반은 먹고 들어가는데, 이 부분이 가장 기본이 되면서도 중요한 부분이기 때문이다.

변액연금에서는 수많은 펀드를 이해하는 것보다 단순히 주식형 펀드와 채권형 펀드의 성질을 먼저 이해하는 것이 중요하다.

앞서 무조건 종신형 연금의 연금 지급 형태로만 수령할 수 있는 종신 연금도 변동금리인 공시이율형이 있고 펀드의 수익에 따른 실적배당형이 있는데, 이 중 실적배당형 종신 연금은 변액연금 상품임에도 불구하고 종신 연금으로 고정되어 있는 불합리한 조건을 만회하기 위해 연 단리 4~5%를 최저보증이율로 보증해 주고 있다고 했다.

이것은 장기 투자 시에 연 복리로 환산 시 약 2.5%를 훨씬 하회하며 최적화시키지 않은 일반적인 공시이율형 연금 상품이 볼 수 있는 정도의 수익 수준밖에 안 된다고 하였다.

물론, 이 실적배당형 종신 연금은 채권형 펀드의 의무 투입 비율이 상당히 높은 편인데 이렇게 되면 결국 수비수만 많이 데리고 있는 꼴이 되어 버려서 펀드로 인한 수익 창출이 버겁고 이는 결국 공시이율형 연금 상품 정도로만 연금을 수령하라는 것과 마찬가지라고 할 수 있다.

채권형 펀드는 큰 수익이 발생하지도 큰 손실이 발생하지도 않는 마치 현금과도 비슷한 성향을 띠는 지극히 안정형의 자산으로 분류된다. 물론 주식형 펀드와 반대로 움직이는 성질도 있다.

실적배당형 종신 연금에서 채권형 펀드로만 구성을 하는 경우가 많은데, 채권형 펀드로만 구성을 하는 것은 과학적이지 못한 방법이며, 스마트폰을 구입해 놓고 인터넷 검색을 하지 않는 것과 같다.

한편 이 변액연금을 제대로 활용하기 위해서는 반드시 주식형 펀드와 채권형 펀드 모두를 동시에 활용해야 한다.

변액연금 상품 내에는 수많은 종류의 주식형 펀드가 존재하는데, 꼭 어떤 특정한 주식형 펀드로 정해야 하는 것은 아니고 주식형 펀드 그 자체가 채권형 펀드와는 전혀 다른 성질을 가지고 있는 점만 이해하면 된다.

주식형 펀드와 채권형 펀드를 오가며 일정 부분의 펀드변경을 하는 것이 바로 이 변액연금에서 펀드변경을 해야 하고, 펀드변경이 필요하며, 이로 인하여 진정한 복리 효과를 실현시켜 줄 수 있는 근거이자 변액연금을 최적화시켜 연금 적립금을 엄청나게 불어나게 해 줄 수 있는 일등 공신이 된다.

멋진 페라리를 탔는데, 50㎞/h의 속도로만 운행을 하라는 것이 말이 된다고 생각하는가?

이런 차원에서 변액연금에 가입할 때는, 일시납(거치식)으로 목돈을 예치하거나 연금 개시를 앞두고 있는 상황이 아니라면 안전성을 이유로 절대 채권형 펀드에만 100% 투입하면 안 된다.

변액연금의 펀드는 기본적으로 펀드의 등락에 관계없이 반드시 반대되는 성질의 펀드를 같이 배치시켜, 목돈인 연금 적립금의 손실을 방어할 수 있도록 주식형 펀드와 채권형 펀드를 같이 보유하고 있어야한다.

사실 지극히 당연한 논리다. 각종 스포츠 경기나 바둑에서도 공격수도 있고 수비수도 있지 않는가?

만약, 축구 경기에서 수비수만 10명이 있다면 어떻게 되겠는가? 아마 수비만 줄기차게 하다가 골도 한 골 넣지 못하고 경기가 종료될 것이다. 채권형 펀드를 100%의 비율로 가져가는 것도 이와 동일하다.

반면 최전방 공격수만 10명이 있다면 어떻게 되겠는가? 상대의 골대앞에서 공격만 하다가 골을 넣을 수도 있지만, 오히려 공격이 무너지면수비가 되지 않아 많은 골을 먹을 수도 있을 것이다. 이는 곧 주식형펀드를 100%의 비율로 가져가는 것과 동일한 것이다.

마치 최전방 공격수가 모두 상대 진영의 골대 앞에 가 있을 때 갑자기 전세가 뒤바뀌게 되면 속수무책으로 당하게 되는 것과 같다고 볼수 있다.

대부분의 사람들은 맹목적이고 막연하게 적립식이나 거치식 펀드에가입한 상태에서 이런 상황들을 언젠가는 한 번 이상 겪는다고 보면된다.

하지만, 이 한 번이 사람을 골로 가게 만들기 때문에 이 한 번을 조심해야 한다.

변액연금에서 이 펀드변경이라는 핵심 무기를 잘 활용하려면 반드시성질이 반대되는 공격수와 수비수를 일정한 비율로 분배하여 동시에같이 두어야 한다.

바둑에서도 수비는 계속 수비를 하게 만든다. 채권형 펀드도 마찬가지이다.

채권형 펀드는 큰 수익도 큰 손실도 없지만 대부분 물가상승률에도 못 미치는 미지근한 수익률만 보여 줄 뿐이며, 경우에 따라서는 손실이 발생되기도 한다.

공격력과 수비력을 동시에 지니고 있는 공격만이 최선의 수비이자 최고의 공격을 평생 동안 할 수 있는 지름길이다.

적립식 펀드는 없다

이해를 돕기 위해 잠깐 적립식 펀드 이야기를 하겠다.

우리나라에서도 금융 창구에서 줄을 서서 펀드에 가입하던 때가 잠시 있었다.

펀드에는 목돈을 납입하는 거치식 펀드와 매달 적립식으로 납입하는 적립식 펀드가 있는데, 펀드라고 하면 대부분 적금처럼 매달 납입을 하는 적립식 펀드를 떠올릴 정도로 적립식 펀드는 대중화가 되어 버렸다.

한편, 적립식 펀드에만 가입하면 펀드의 등락에는 관계없이 시간에 분산되어 투자되기 때문에 매달 매수한 펀드의 가격 평균화(Dollar Cost Average) 효과가 적용되어 위험하지 않다고 착각을 하는 경우가 매우 많다.

하지만, **적립식 펀드의 적립금이 많이 누적되어 있는 상태에서 마이너스가 심한 상황이라면 두세 달의 적립식 펀드가 추가된다고 해서, 평균 매수 단가를 낮추는 데 큰 영향을 끼치지 못한다.**

적립식 펀드의 만기는 일반적으로 3년 정도로 자리 매김하고 있는데, 사실 만기가 지나더라도 더 납입을 할 수 있다.

하지만, 만기가 도래하거나 마이너스인 상황에서는 사실 납입이 중단되는 경우가 대부분이어서 결국 저가 매수는 불가능하고 낮은 가격의 많은 좌수를 확보하지 못하게 된다.

그래서 납입 기간의 만기가 도래하면 큰 손해를 보고 매도를 하거나 마이너스 상태로 방치가 되어 버리는 것이다.

일반적인 적립식 펀드는 수수료가 연 2% 정도로 장기 투자에 적합하지는 않고 연금 펀드보다는 조금 더 비싼 편이며 세금의 영향도 받는다.

하지만, 손실 중일 경우에 손실을 보고 있음에도 불구하고 수수료는 모두 차감이 되므로 마이너스 쪽으로 무게가 기울기 시작하면 시간이 갈수록 손실을 복구하는 것이 점점 힘들어진다.

적립식 펀드는 단기 투자에 적합한 금융 상품이다. 적립식으로 분할해서 매수가 된다고 해서 무조건 매입 단가가 평균화가 되고 위험성이 없어지는 것이 아니다.

결국 적립식 펀드는 납입 기간 동안에 전반적인 상승이 일어나거나 납입 기간의 초중반에 마이너스의 성적을 보고 있더라도 후반부에 반드시 우상향의 상승 반전이 일어나야 수익을 보고 빠져 나올 수 있는 구조라고 보면 된다.

그렇지 않으면, 모두 금융 회사에 수수료만 빼앗긴 셈이 된다.

한편, 더욱 중요한 점은 최적화된 우수 변액연금 상품에 최대한도인 2배수로 추가납입을 하게 되면 약 3% 정도 이하의 비용이 빠지게 되는 것인데, 이는 동일 기간 동안 적립식 펀드로 매매를 한두 번만 하게 되어도 발생되는 제반의 수수료와 세금을 뗀 것보다 더 적은 비용인 것이다.

하물며 변액연금에서는 환매 수수료와 펀드의 이동 비용도 0원이고, 10년만 유지하면 적립식 펀드에서 발생되는 배당소득세와 이에 대한 주민세가 단 10원도 발생되지 않고 모두 비과세되는데, 이것은 의외로 많은 사람들이 간과하고 있는 사실이다.

우리는 연금을 목적으로 장기간 동안 납입하고 유지하며 10년 이상이 지나게 되므로, 마땅히 비과세 혜택을 봐야 하는 것이 아닌가?

투입 금액의 펀드가 아니라 연금 적립금의 펀드가 중요하다

변액연금도 적립식 펀드와 마찬가지로 매달 적립식으로 납입을 하는 적립식이 있고 목돈으로 한 번에 납입하는 일시납 또는 거치식이 있는데, 우리는 앞서 매달 납입을 하는 적립식을 통하여 최적화하는 방법들을 중심으로 알아 보았다.

적립식도 2~3년 뒤부터는 적립금이 어느 정도 쌓여 목돈이 되므로 결국 매달 납입하는 펀드의 비율과 적립되어 있는 목돈인 연금 적립금의 펀드의 비율 이렇게 크게 두 가지로 나눌 수 있다.

즉, 변액연금에서 펀드의 종류를 선택할 때는 매달 투입되는 납입금액의 펀드인지 연금 적립금의 펀드인지는 구분을 해야 한다.

투입되는 납입 금액의 펀드도 당연히 플러스 수익을 보는 것이 좋지만, 사실 크게 중요하지는 않다.

이렇게 매달 투입되는 펀드는 목돈인 연금 적립금에 큰 영향을 미치지 않기 때문인데, 그렇다고 아예 중요하지 않다는 뜻은 아니다.

그래서 사실 결과론적으로 매달 투입되는 펀드도 납입 기간 동안의 전반적인 상승이 아니라면 플러스 수익률이 큰 의미가 없다.

어쨌든 후반부에 상승 기조가 나와 줘야 하지만, 변액연금의 후반부는 단기가 아니기 때문에 후반부라는 것을 단정짓기 어렵고, 연금 적립금이 쌓인 후에는 매달 투입되는 납입 금액은 빙산의 일각이기 때문에 매달 적립이 되는 납입 금액의 펀드 수익률은 크게 중요하지 않은 것이다.

항상 중요한 것이 무엇인지를 알아야 하고, 우선순위가 무엇인지를 알아야 한다.

변액연금에서는 자동재배분으로 연금 적립금에서의 수익은 비중 있게 실현이 되어 누적되고 매달 투입되는 펀드는 이전에 투입되어 있던 펀드의 매수단가를 평균화(Cost Average)시켜 주는 역할을 한다.

그중 연금 적립금이 자동재배분되는 것이 가장 중요하다.

이렇게 변액연금에서 연금 적립금의 펀드와 매달 납입되는 금액의 펀드는 독립적인 효과를 보이면서도 유기적으로 연결되어, 변액연금이라는 하나의 팀 내에서 각자의 몫을 다하게 되는 것이다.

보통 변액연금 전문가들은 펀드의 종류, 운용사, 지수 등 기본적이면서 당연한 단순 설명만을 해 주는데, 이런 설명은 결국 금융 소비자 거의 대부분이 봐도 잘 모르고 펀드변경을 하는 데 있어서도 아무런 도움이 되지 못한다.

결론적으로, 변액연금에서 그동안 쌓아서 만든 목돈인 연금 적립금의 펀드는 매달 납입하는 펀드보다 훨씬 더 중요하고 비중 있는 영향을 미치는 것임을 알아야 한다.

초기 약 2년 동안의 수익률은 무의미하다

변액연금에서 초기 약 2년 정도에는 연금 적립금이 아직 큰 덩어리가 되지 않았으므로, 수익률에는 큰 의미가 없다.

사실, 모든 적립식 투자에 있어서도 이 단기간의 투자 기간 동안은 전반적인 상승이 일어나든지 후반부에 상승 반전이 일어나야지만, 결과적으로 플러스 수익을 볼 수 있다고 하였다.

물론 변액연금에서 선택한 펀드가 납입 기간 동안 전반적인 상승 흐름일 경우에 플러스로 수익률이 나오긴 하지만, 변액연금 가입 후 초기에는 펀드의 수익률이 마이너스라고 해서 환급률까지 낮은 것은 아니며, 사실 큰 플러스 수익이 없어도 해약 환급률은 공시이율형 연금 상품과 거의 비슷하거나 많다고 하였다.

물론, 추가납입도 기본 납입 금액의 2배수로 했기 때문에, 수익률에 관계없이 해약 환급률은 공시이율형 연금 상품보다 더 높을 것으로 예상이 된다.

즉, 초기 약 2~3년의 수익률에는 너무 목을 매지 않는 것이 중요하고, 펀드변경을 하면 결국 변경을 한 펀드의 수익률은 없어지는 것이므로 수익율이 중요한 것은 아니다.

한편, 연금 적립금의 덩어리가 어느 정도 커지기 전에는 이 연금 적립금의 크기가 매달 납입하는 금액의 크기와 큰 차이가 없기 때문에, 수익률 자체가 큰 의미가 없다.

변액연금에서 주식형 펀드와 채권형 펀드의 자산 배분 비율의 변경을 통하여 수익을 실현하여 누적시키는 것도, 약 2~3년 정도의 적립금이 쌓이고 나서부터는 눈에 띌 만큼 두드러지게 된다.

매달 납입하는 금액이 쌓여 있는 연금 적립금의 양보다 훨씬 적기 때문에, 한 달 치 더 납입을 했다고 하여 연금 적립금의 평균 단가에 큰 영향을 주지는 않는다.

마치 적립식 펀드에서 이미 마이너스를 보고 있는 적립식 펀드의 적립금 전체에 한 달 치가 더 들어갔다고 해서 이 적립금 전체의 수익률이 한번에 올라오지 않는 것처럼 말이다.

그래서 마이너스를 보고 있는 적립식 펀드의 가입자들은 매달 납입을 해도 좀처럼 회복이 되지 않는 적립식 펀드를 보고 한숨만을 쉬는 일이 많은 것이다.

물론, 변액연금의 가입 후 초기에도 자산 배분 비중의 변경은 일어나지만, 수익의 효과가 비교적 확연하게 드러나지는 않는다. 그래서 어설프게 아는 사람들은 자산 재배분의 효과가 없는 줄 안다.

가입 후 초기 약 2년 동안 펀드변경 없이 플러스 수익을 기록했다면, 분명 이 기간 동안은 전반적인 상승이었거나 마지막 구간에는 전체의 평균 단가를 확 끌어올려 주는 두드러진 상승반전이 일어났기 때문이다.

적립식 펀드는 약 2~3년의 기간으로 많이 가입한다. 결과적으로 플러스 수익이 만들어지려면 이 2~3년 동안 전반적인 상승이 일어나거나, 초중반부야 어찌 되었든 일단 후반부에는 본격적으로 두드러진 상승 반전이 반드시 일어나야 한다.

그래야 초중반부에 부진했던 매입 평균단가들이 후반부의 두드러진 상승을 통하여 상쇄되며 전체 단가가 올라간다. 수익률을 견인시키게 되는 것이다.

그래서 과거의 수익률이 꼭 미래의 수익률을 보장하지는 않는다고 하는 것이다.

즉, 구체적인 매수와 매도의 계획 없이 막연히 하나의 적립식 펀드에 가입하여 수익이 발생되는 것은 요행이나 마찬가지인데도, 많은 사람들은 적립식 펀드를 적금 대용으로 생각하고 묻지마 가입을 한다.

하지만, 변액연금의 가입 초기에는 물론 펀드변경을 통하여 관리가 이루어지긴 하지만, 매달 납입하는 금액과 연금 적립금의 양의 차이가 크지 않아서, 매달 납입하는 금액이 그나마 적은 양의 연금 적립금에도 영향을 미치기 때문에 막연하게 펀드변경의 효과를 보기는 어려울 수도 있다고 하였다.

그렇기 때문에 변액연금에서는 어느 정도 연금 적립금이 쌓였을 때인 약 2~3년 정도부터 본격적으로 두각이 나타나게 된다는 점을 이해하면 된다.

변액연금에서 초기 약 2~3년 동안에는 물론 수익률이 좋으면야 더 좋겠지만 외관상의 수익률이 저조하더라도 해약 환급률은 어느 정도 다 올라온다.

그렇다면, 전반적인 상승장에 변액상품으로 플러스 수익률을 본 많은 사람들이 이때 수익률만 보고 좋아하다가 향후에 마이너스 수익률을 보고는 해약을 하는 것이 어찌 보면 얼마나 어리석은 일인지 모른다.

그래서 상품에 가입하는 목적이 중요한 것이다. 이 변액연금에 가입하는 목적은 단기적인 수익이 되면 안 되고, 노후의 연금이 목적이 되어야 한다. 이게 진짜 목적이다.

결론적으로 **변액연금에서의 초기 약 2년 정도는 수익률이 플러스이든 마이너스이든 큰 상관없이 일정 기간만 경과하게 되면 납입 원금에 큰 손해를 입히지 않기 때문에 단기적인 수익률 자체에 불안해하거나 걱정을 할 필요가 전혀 없다.**

반면에 적립식 펀드는 약 2~3년 정도를 한 종류의 펀드로 납입하는 경우가 많기 때문에 후반부의 상승을 타지 못하면 오히려 더 위험하다고 할 수 있다.

설사 다른 종류의 적립식 펀드로 분산을 하여 리스크를 분산시켰다 하더라도, 상쇄되어 납입한 합계 원금에 가까우면 다행이라고 보면 된다.

대한민국의 많은 사람들이 대세 상승장에 적립식 펀드라는 것을 알게 되어 적립식 펀드의 원리를 착각하는 것 같다.

전문 서적에도 잘 나오지 않는다.

즉, 2~3년 납입의 적립식 펀드는 단기적인 관점에서의 치고 빠지기 식이 아니면 전승을 거두기 어렵다. 그렇다고 장기적인 관점으로 적립식 펀드를 가져가면 수수료는 누적되어 눈덩이처럼 커진다. 그뿐만 아니라 치고 빠지기를 하려면 펀드를 환매해야 하는데 환매시에 발생되는 수수료에 세금까지 생각한다면 더욱더 실익을 가져가기란 힘듦을 알아야 한다.

한편, 일반적인 적립식 펀드는 연금펀드보다 세율이 훨씬 높을 뿐만 아니라 수수료도 더 비싸다. 이렇기 때문에 적립식 펀드로 연금을 준비하는 것은 어리석기 짝이 없는 짓이라 할 수 있다.

연금펀드도 거의 마찬가지이다. 물론, 연금펀드는 연금소득세 (5.5~3.3%)가 부과되고, 적립식펀드는 이자배당소득세(15.4%)가 적용되니 연금 펀드가 적립식 펀드보다 세율도 낮고 수수료도 조금 더 낮다고 할 수 있겠지만 앞서 언급하였듯이 연금 펀드에 집중하게 되면 세금 폭탄을 맞거나 찔끔 연금이 되어버리고 본연의 연금이라는 종목을 제대로 활용할 수 없게 된다.

이런데도 적립식 펀드나 연금 펀드에게 노후를 맡길 것인가?

납입 기간 동안 평균적으로 연 복리 5%를 기대 목표로!

변동금리의 공시이율형 연금 상품같은 물가상승률도 못 따라가는 연금은 노후에 전혀 도움이 안되기 때문에, 배제를 한다고 하였다.

그런데, 실적배당형의 변액연금을 선택하여 공시이율형 연금 상품보다 못하면 어떻겠는가?

그래서 변액연금 상품의 가입 기간 동안 평균적으로 연 복리 약 5%

정도를 상회 또는 하회하는 현실 가능한 목표를 설정하고, 펀드변경이 되도록 하는 것이다.

물론, 연 복리 5% 정도만 되더라도 연금 적립금의 양은 여타의 어떤 연금 상품과 상당한 차이가 발생한다.

여기서 연 복리 약 5% 정도를 상회 또는 하회한다는 말은 수익률을 보장하는 뜻이 아님을 거듭 강조한다. 우리가 변액연금의 펀드변경을 실행하는 이유는 공시이율형 연금 상품보다 높은 복리 이율의 적용을 목표로 하되 마이너스가 없도록 하기 위하여 펀드변경을 하는 것이다. 중요한 점이 마이너스는 없도록 하면서 반드시 누적 수익률을 가져오는 것이다.

투자의 대가 워런 버핏도 잃지 않는 목표의 연 수익률은 10% 정도로 하고 있고 실제로 연 복리 10% 정도로 꾸준히 수익률을 누적시키고 있다.

펀드변경의 최적화에서는 소극적으로만 운용을 하는 것이 아니라, 중장기적으로 손실 없이 항상 일정 기간 동안 꾸준한 수익이 누적되도록 한다. 그럼 과연 어떻게 꾸준한 수익이 누적되는지 궁금하지 않은가?

변액연금에서의 펀드변경이라는 기능은 비용 부담 없이 연간 12회까지 가능하다고 하였다. 펀드를 변경하는 데 비용이 들지 않는 다는 것도 적립식 펀드와는 비교도 할 수 없는 이점인 것이다. 적립식 펀드로 몇 번 환매를 해 보고 펀드를 갈아타 보면 안다.

대부분의 사람들에게 이 펀드변경의 비용이 무료인 것이 와닿지 않는 이유는 펀드변경으로 이득을 보는지 안 보는지도 잘 모르기 때문이다.

즉, 적립식 펀드 환매 시에는 수수료와 세금이 지속적으로 부담이 되기 때문에 적립식 펀드를 가지고 장기적으로 펀드변경을 하는 것은 비효율적인 일이라고 볼 수 있다.

1년에 12번씩 공격적으로 펀드변경을 하는 것도 좋지만 연금 최적화의 목적은 마이너스 없이 매년, 꾸준히, 평생 동안 평균적으로 연 복리로 5% 정도 상회 또는 하회하는 수익률을 차곡차곡 누적시키는 것이기 때문에 통상 연 2회에서 많으면 3~5회 정도가 변경된다고 보면 된다.

자동재배분에서 정해 놓은 비율대로 착착 맞아떨어지면 변경되는 횟수는 연중 규칙적이게 된다.

연 수익률은 5%보다 적게 발생되기도 하고 훨씬 더 많이 발생하기도 한다. 하지만 마이너스 없이 꾸준히 매년 평균적으로 연금 적립금의 약 5% 정도의 수익률을 누적시켜야 하기 때문에 목표 수익률을 지나치게 높게 목표로 하고 있지는 않다.

물론 각 연도별로 차이가 있긴 하지만, 평균적으로 약 3~4% 정도만 되어도 충분하다. 그럼 만약 그 이상의 높은 수익률이 누적된다면 이 책에서 강조하고 있는 3~5배가 아니라, 10배가 될 수도 있다.

수익률은 3~4% 정도만 되어도 여타의 변액연금과는 비교가 되지 않을 정도로 큰 차이가 벌어지게 된다.

기본적인 설정 조건을 가장 최적화되게 설정하였고 평균적으로 복리의 수익이 발생되니 여타의 연금 상품과는 비교가 되지 않는 안정적인 노후의 연금 상품이 되어 버린다.

연금을 최적화시키는 방법을 한 번에 모두 이해하려고 하지 말고, 하나씩 하나씩 오답을 제거한다는 느낌으로 체크하면서 넘어가는 것이 더 많은 도움이 될 것이다.

수익을 좇지 말고, 비율을 좇아라!

그럼 도대체 어떻게 마이너스 없이 평균적으로 연 복리로 약 5% 정도를 상회 또는 하회하는 수익률을 발생시킬 수 있는 것인지 궁금해할 것이다.

100세 시대이자 저금리 시대 및 소비화 시대에 정착했다. 나이가 적든 많든 대한민국 국민이라면 최소한 이 정도는 알아야 한다. 그래야 노후를 지킬 수 있다.

변액연금에서 공격수인 주식형 펀드와 수비수인 채권형 펀드를 같이 가지고 있으면 주식형 펀드가 상승할 때도 수익 실현을 할 수 있고, 주식형 펀드가 하락할 때도 낮은 가격으로 좌수를 확보하여 평균단가를 낮추거나 경우에 따라서는 소폭 수익을 볼 수도 있으며, 다시 주식형 펀드가 상승하게 되면 확보된 좌수를 이용하여 또 소폭의 수익 실현을 하여 누적된 연금 적립금이 더 많아지도록 할 수 있게 된다.

대세 상승이 일어나든 대세 하락이 일어나든 박스권 장세가 벌어지든 크게 관계 없이 마치 애벌레가 허물을 벗으면서 시간이 지나면 몸집이 점점 커지는 것처럼 최적화된 변액연금에서의 연금 적립금은 시간만 허락한다면 점점 조금씩 조금씩 커지게 되는 것이다.

그럼 당연히 연금을 받을 때도 현실에 실질적으로 도움이 되는 수준의 풍부한 연금을 받을 수 있는 것이다.

이렇게 조금씩 조금씩 커져만 가는 연금 적립금을 보고 있노라면 분명 흐뭇한 미소를 머금게 될 것이다.

이러한 이유로 연금 적립금은 점점 더 조금씩 조금씩 불어만 가게 되어 많은 시간이 지나고 나서는 정말 눈덩이만큼 불어나게 된다. 믿기지 않는가?

물론 연금 상품의 기본적인 설정 부분을 최적화시켰기에 눈덩이는 더 많이 불어나 있게 된다. 이러한 연유로 비록 소액의 납입 금액으로도 고액으로 납입한 사람들과 비슷하거나 혹은 더 많은 양의 연금을 받을 수 있는 것이다. 실제로 그러하다.

앞서도 수많은 주식형 펀드의 종류에 크게 연연하지 말라고 하였다. 주식형 펀드의 종류를 따지기 전에 적은 수익률일지라도 장기적으로 누적시킬 수 있는 시스템을 갖추어야 된다. 항상 장기적으로 실현 가능하려면 시스템이라는 것이 중요하다.

변액연금은 여러 가지의 펀드로 돌아가고 이 펀드는 크게 주식형 펀드와 채권형 펀드로 나뉜다고 했다. 결국 이 변액연금에서 주식형 펀드의 수익률이 곧 연금 적립금의 양에 직접적인 영향을 끼치게 된다.

그럼 결국 주식형 펀드의 수익률이 잘 나와야 한다. 플러스(+)가 날지 마이너스(-)가 날지 전문가들도 잘 모르는데 어떻게 평생 주식형 펀드를 변경하면서 운용을 하게 될지 의문이 들 것이다.

이 주식형 펀드의 위치가 언제가 고점이고 언제가 저점인지는 지속적으로 예측이 불가능하고 하물며 전문가들조차도 정확한 예측은 불가능하다고 보면 된다.

즉, 단기의 등락에 따른 치고 빠지기가 아닌 장기적인 수익을 목적으로 한다면 절대 예측을 하면 안 된다. 불가능하다.

이 주식형 펀드는 오르고 내리고를 불규칙 혹은 규칙적으로 계속 반복하면서 대부분은 결국 우상(右上)향을 하게 된다.

만약, 특별계정에 누적되어 있는 연금 적립금이 1억인 변액연금의 펀드를 60%는 주식형 펀드에 40%는 채권형 펀드에 6.0:4.0의 비율로 배치했다고 가정하자.

물론, 매달 납입하는 금액에 해당되는 펀드의 투입 비율은 1억이라는 연금 적립 금액에 비하면 새 발의 피이기 때문에, 전체의 눈에 띄는 수익률에 전혀 영향을 끼치지 못하므로 크게 신경은 쓰지 말라고 하였다.

이때 매달 납입하는 금액에 해당되는 펀드는 독립적으로 해당 펀드의 수익률에 적용을 받으면서 평균 단가가 조금씩 다져지고 있을 것이다.

일정 기간이 경과하여 이 주식형 펀드가 30% 정도 상승을 해서, 7,800만 원이 되었다고 하자. 이때 채권형 펀드는 그대로 약 4,000만 원 정도가 되고, 주식형 펀드와 채권형 펀드의 비율이 7,800만 원:4,000만 원이므로 6.0:4.0에서 7.8:4.0으로 변경이 되었다.

장담컨대 대부분의 사람들은 이때 주식형 펀드를 절대 매도하지 못한다.

하지만, **연금 최적화에서는 주식형 펀드와 채권형 펀드의 비율을 일정 주기마다 미리 설정해 놓은 6.0:4.0으로 자동재배분을 하고 있기 때문에 원래의 주식형 펀드의 보유 비율인 60%보다 더 가지고 있는 약 800만 원에 해당되는 일부의 주식형 펀드를 채권형 펀드로 변경을 하게 된다.**

이와 같이 채권형 펀드로 펀드변경을 하게 되면, 약 800만 원 정도의 수익을 실현한 것과 마찬가지이므로 연금 적립금이 일정 궤도에서는 떨어지지 않게 되는 것이다.

이때 주식형 펀드와 채권형 펀드의 비율은 7,000만 원:4,800만 원이므로, 다시 연금 적립금의 주식형 펀드와 채권형 펀드의 자산비율은 6.0:4.0이 되어 버린다.

굳이 주식형 펀드의 상투를 예측하고 주식형 펀드를 매도한 것이 아니라 주식형 펀드와 채권형 펀드의 비율이 변경된 것을 자동재배분 기능에 의해 자동적으로 다시 재조정되었을 뿐이다.

반대로 일정 기간이 경과하여 주식형 펀드가 20% 정도 하락을 해서 4,800만 원이 되었다고 하자. 이때 채권형 펀드는 그대로 약 4,000만 원 정도가 되고 주식형 펀드와 채권형 펀드의 비율이 4,800만 원:4,000만 원이므로 6.0:4.0에서 4.8:4.0으로 변경이 되었다.

장담컨대 대부분의 사람들은 이때 주식형 펀드를 절대 매수하지 못한다. 특히 이럴 때는 심리적인 영향이 크게 작용한다.

하지만, 연금 최적화에서는 주식형 펀드와 채권형 펀드의 비율을 일정 주기마다 미리 설정해 놓은 6.0:4.0으로 자동재배분을 하고 있기 때문에, 원래의 채권형 펀드의 보유 비율인 40%보다 더 가지고 있는 약 500만 원에 해당되는 일부의 채권형 펀드를 주식형 펀드로 변경을 하게 된다.

이와 같이 채권형 펀드 약 500만 원을 주식형 펀드로 펀드변경을 하게 되면, 약 500만 원 정도의 주식형 펀드를 저가의 낮은 가격으로 더 많은 좌수를 매수한 것과 마찬가지이므로, 저가로 매수한 주식형 펀드의 좌수는 더 많아지게 되며 마이너스를 보고 있던 수익률은 더 올라가게 된다.

물론, 이렇게 주식형 펀드가 떨어지는 동안에도 매달 납입하는 금액의 주식형 펀드는 미미하지만 떨어지고 있는 주식형 펀드의 가격대로 점점 더 많은 좌수로 매수가 되므로 평균단가를 맞추는 데 농민군의 역할을 하게 된다.

이때에는 바로 수익을 실현할 수가 없지만 이 다음 사이클의 자동재배분 시점에 수익을 실현할 수 있는 자산 배분의 비율에 근접했기 때문에 현실적으로 누적 수익을 실현할 수 있는 가망성이 높아지게 되는 것이고 그때에 비로소 소폭의 수익을 실현하고 누적이 되어 이 사이클을 넘어가게 되는 것이다.

아울러, 이렇게 주식형 펀드의 가격이 떨어질 때에는 채권형 펀드의 가격이 올라가기도 한다. 이는 주식형 펀드의 가격이 떨어지는 동안 거꾸로 채권형 펀드의 가격이 올랐으므로 주식형 펀드가 떨어지는 동안에도 총 연금 적립금의 일부는 수익에 영향을 주는 활동을 하고 있게 되는 것이다.

물론, 주식형 펀드가 올라갈 때에는 주식형 펀드를 100%로 변경하고 채권형 펀드가 올라갈 때에는 채권형 펀드를 100%로 변경하면, 이 연금은 울트라 초사이언 변액연금이 되겠지만 이처럼 펀드의 등락을 완벽히 예측을 하기란 불가능하기 때문에 이렇게는 하지 않는 것이 현실적이라고 하였다.

여기서 또 주식형 펀드의 가격이 더 떨어졌다고 가정을 해도 마찬가지이다. 더 떨어졌을 때에도 장담컨대 대부분의 사람들은 변액연금의 주식형 펀드이든 적립식 펀드의 주식형 펀드이든 절대 매수하지 못한다. 그 이유는 인간은 심리의 영향을 받기 때문이다.

즉, 펀드의 가격이 변동이 되어 자산의 비율에 영향을 주게 되면 자동재배분 기능에 의해서 또 정해 놓은 일정 비율을 회복하며 수익 실현을 하든 또는 더 많은 좌수의 펀드를 싼 값에 저가 매수를 하든 어쨌든 펀드변경이라는 실행(실천)이 이루어지는 것이다.

경우에 따라서는 채권형 펀드의 가격이 치솟을 때도 있는데 이 역시 마찬가지이다.

연금 최적화에서는 결과론적으로 마이너스를 보지 않으면서 조금씩 조금씩 소폭의 수익을 복리로 누적만 시키면 되는 것이다. 잃지 않고 쌓아 가는 것이 중요한 것이다.

한편, 박스권 장세가 반복될 때에도 계속 누적 수익은 쌓이게 된다. 결과적으로 주가가 떨어지든 올라가든 큰 관계가 없는 것이다.

장기 상품이자 노후의 연금이 목적인 최적화를 시킨 변액연금에서는 신도 예측하기 어려운 시장을 예측하는 것이 아니라 일정 주기마다 자산 배분의 비율이 변동이 되면 비율을 자동적으로 재배분(재조정)을 하게 되는 것이며 장기적으로 꾸준히 수익의 실현을 누적시키는 것이다. 이렇게 연금 적립금이라는 애벌레의 몸집은 점점 조금씩 커져만 간다.

펀드 비율의 재조정은 3개월, 6개월, 9개월, 12개월의 주기마다 자동으로 이뤄지도록 설정해 놓을 수 있다.

이른바 펀드비율 자동재배분이라고 하였다. 이 자동재배분 기능은 연간 4회 이내에서 비율 변경이 가능하기도 하다.

펀드비율 자동재배분으로 인해서 결과론적으로는 마이너스가 없이 누적이 되고 소폭의 수익도 진정한 복리로 적용이 되기 때문에 적은 수익률이라고 무시를 하면 안 된다.

이 소폭의 적은 수익률도 후반부로 갈수록 점점 커지기 때문이다. 절대 소폭의 수익률을 무시하면 안 되고 더 많은 수익률을 욕심내어서는 안 된다.

그냥, 자동재배분이라는 시스템에 의존을 하는 것이 장기적으로 수익 실현이 가능하도록 해 준다.

자동재배분에서는 수익이 누적되는 한 사이클이 빠를 때도 있고 느릴 때도 있으며 제자리걸음을 할 때도 있다.

하지만, 연금 최적화에서는 평균적으로 연 복리 5% 정도를 상회 또는 하회하는 수익률을 기대 또는 목표 수익률로 하고 있고, 워런 버핏의 여러 가지 투자운용 전략 중의 하나도 이 자동재배분의 원리가 적극 반영되어 있다.

한편, 만약 최악의 경우에 이 정도의 수익률이 발생이 되지 않는다고 가정을 하여도, 최적화를 시킨 연금 상품은 다른 모든 조건들이 최적화가 되어 있기 때문에 여타의 어떤 연금 상품보다 더 연금 적립금이 많을 뿐만 아니라 보다 많은 연금이 나오게 된다.

이 자동재배분 기능은 변액연금뿐만 아니라 다른 변액류의 상품에도 들어 있지만, 변액연금에서의 자동재배분이 진짜 자동재배분 기능이라고 보면 된다.

한편, 이 기능을 제대로 모르거나 사용을 제대로 못 하는 사람들이 대부분이라고 보면 된다. 이 책을 읽고 있는 여러분이 그러하지 아니한가?

한편, 펀드수익 자동이전 기능은 가입 후 5년이 지난 후에 연금 적립금이 납입한 금액의 110%, 120%, 130% 등을 최초로 초과할 때마다 초과된 성과 금액을 전액 채권형 펀드로 이동시켜 주는데, 이 펀드수익 자동이전 기능은 자동재배분 기능과 함께 안정적으로 수익을 누적시키는 공모를 하게 된다.

이 펀드수익 자동이전 기능은 연금 적립금의 최저 보증을 하여 보증 비용을 깎아 먹는 납입 원금의 보증과는 전혀 다른 개념이라 연금 적립금을 안정적으로 증진시키는 데 실질적인 도움을 주게 되지만 덩어리가 커지면서 가시적인 수익률은 점점 낮아지고 돌아오는 사이클 주기는 점점 길어진다.

퇴직연금 확정기여형(DC형)으로 수익률 전국 상위 1% 되기

대한민국 직장인의 대부분이 퇴직연금을 확정급여형(DB형)이나 확정기여형(DC형)의 원금보장형이나 IRP 계좌에 방치를 해 두고 있다.

퇴직연금의 확정기여형에서도 주식형 펀드와 채권형 펀드 또는 예금으로 존재하는데, 주식형 펀드와 채권형 펀드의 비율을 정해서 이 자산의 비율이 일정 기준을 넘어 변경될 때마다 펀드를 변경하여 다시 자산의 비율을 조절하면 된다. 단, 수동으로 비율을 계산해야 한다.

퇴직연금에서도 공격수는 각종 주식형 펀드가 되고 수비수는 채권형 펀드나 실물 자산 펀드 또는 상관 관계에 있는 펀드 및 예금, MMF 등이 된다.

앞의 '수익을 좇지 말고, 비율을 좇아라!'를 다시 한번 정독하기를 바란다.

만약 미국이나 호주 등의 나라처럼 DC형 퇴직연금이 발달하여 디폴트 옵션(Default Option, DC형 가입자의 운용 지시 없이도 금융사가 사전에 결정된 운용 방법으로 투자 상품을 자동으로 운용하는 제도)이라는 것이 도입이 되면 변액연금의 자동재배분 기능과 비슷한 효과를 누리는 것이 가능할 것으로 예상된다.

기존의 퇴직금을 IRP 원금보장형에 방치를 하거나, 세제혜택을 보기 위해 IRP 계좌에 추가납입을 집중적으로 하게 더라도 은퇴할 때쯤이면 원금의 약 20%에 육박하는 많은 수수료를 부과하게 되므로 주의하기를 바란다.

퇴직연금의 DC형이나 IRP의 원금보장형은 앞서 보증 비용을 언급한 것처럼 사실은 실질적인 원금은 더 못 가져가게끔 되어 있다. 그렇기 때문에 특히 이 퇴직연금은 금융 회사의 장(長)들이 유치를 하려고 애를 쓰는 것이다.

퇴직연금도 마찬가지로 보증되지 않는 것이 가장 보증되는 것이다.

퇴직연금은 세제혜택을 받기 위해 절대 IRP에는 추가납입을 해서도 안 되고, 퇴직 시에나 회사를 이동할 때에만 잠시 보관용으로 사용하

거나 제대로 관리를 해야 한다.

한편, IRP에 묶어 두어서도 안 된다. 어차피 IRP에 세액공제 한도만큼 추가로 납입한 가입자 부담금을 일시금으로 찾거나 해지를 하여 기타소득세가 부과되도록 할 것이 아니라면, 어느 정도의 강제성도 부여되어 있고 매달 또는 분기마다 규칙적으로 퇴직연금이 입금되니 자연적으로 평균단가를 조절할 수 있기 때문에 반드시 변액연금의 자동재배분의 기능과 마찬가지로 확정기여형(DC형)의 주식형 펀드와 채권형 펀드(채권이나 예금, MMF 등의 안정자산)으로 운용을 하면 유리하게 된다.

자동재배분 기능의 원칙에 입각하여 DC형으로 운용을 하게 되면, DC형이나 IRP 계좌의 원금보장형보다 수수료도 적게 부담할 뿐만 아니라 결과적으로 반드시 원리금[원금+이자(수익)]도 훨씬 많아지게 된다.

직장인으로 근무하면서 6개월마다 비율을 계산해서 재배분하는 것은 할 만하지 아니한가?

단, 주식의 단타나 펀드의 단기투자 하듯이 하면 안 된다.

필자가 고객들에게 알려 주면 많은 사람들이 비율을 계산해서 재배분을 하는 것을 의외로 재미있어 한다.

이 퇴직연금의 확정기여형(DC형)에서 수익이 많이 나면 수익이 많이 날수록 좋은 것은 당연하지만 세금을 더 많이 내거나 5년 확정형 연금으로는 받아 가기 힘든 구조로 되어 있으므로, 자동재배분 기능의 원칙에 따라 펀드는 변경을 시키되 굳이 추가납입은 하지 말도록 하자.

IRP 계좌에서는 세제혜택을 받은 금액으로 연금이 지급될 때는 연금소득세(5.5%)를 부과하고, 일시금으로 찾을 경우에는 기타소득세(16.5%)를 부과한다.

어설프게 세제혜택 받으려고 몇백씩 IRP 계좌에 넣었다가 긴급자금 필요 시 추가납입을 한 금액 모두를 기타소득세로 적용시켜 해지해야 하는 경우도 많다.

IRP 계좌는 들어갈 때는 분납으로 들어가도 나올 때는 한 방에 나와야 한다. 즉, IRP는 대부분 중도 인출이 불가능하고, 긴급 자금 필요 시에는 완전한 해지를 해야 한다. 이는 직장인들의 약점을 알고 일부러 이렇게 만들어 놓은 것이다.

정당한 인출 가능 사유는 55세 이전의 질병 및 상해 등의 이유로 한 퇴직이나 55세 이후의 퇴직뿐이다.

군대로 따지면 의과사 제대를 하거나 만기 제대를 하는 것과 같다. 즉, 정상적인 퇴직이 아니라면 인출이 불가능하다.

퇴직연금은 회사로부터 수령한 금액만을 가지고 확정기여형(DC형)으로 펀드의 자산 비율을 재배분하며 누적시켜 가는 것이 가장 효율적이고 유리할 뿐만 아니라, 사실은 가장 안전한 방법이다.

연금에서 제대로 된 분산투자를 하는 방법

연금 최적화에서는 우선 기본적으로 주식형 펀드와 채권형 펀드의 비율이 일정 주기마다 변동이 되면, 자동재배분이라는 기능에 의해 최초에 설정한 비율로 변경을 한다고 하였다. 물론 이 비율도 변경이 가능하다.

이렇게 되면 수익이 실현되거나 이 사이클이 순환해서 그 이후에 수익 실현을 할 수 있는 발판을 마련하게 된다.

분산투자를 할 경우에는 전체적인 주식형 펀드와 채권형 펀드의 비율은 변함이 없고 이 주식형 펀드의 비율 내에서만 주식형 펀드 A, 주식형 펀드 B와 같이 2가지 정도로 분산하거나 주식형 펀드 A, 주식형 펀드 B, 주식형 펀드 C와 같이 많아야 3가지 정도 등으로 분산을 하면 되는데, 보통은 2~3가지 정도만 해도 충분하다.

어떤 사람들은 펀드 종류별로 몽땅 투입을 하는 경우도 있는데, 펀드의 종류에 너무 집착을 하고 욕심을 내지 않는 것이 좋다.

무조건 장기적이고 안정적으로 기계적인 수익이 누적되어야 진정한 복리의 힘이 작용한다.

결정적으로 수익의 안정적 누적은 주식형 펀드와 채권형 펀드의 비율을 자동재배분하면서 발생한다. 주식형 펀드 내에서의 주식형 펀드의 종류가 많이 분산되어 있다고 꼭 유리한 것만은 아니다.

한편, 연금 최적화에서는 최적화된 조건으로 설정시킨 최소 2가지의 변액연금 상품을 가져가게 되면 이상적이라고 할 수 있는데, 변액연금 상품 1의 주식형 펀드는 주식형 펀드 A와 주식형 펀드 B로 구성을 하고, 변액연금 상품 2의 주식형 펀드는 주식형 펀드 C와 주식형 펀드 D로 구성을 하면 된다.

이렇게 펀드를 설정하게 되면 일정 기간이 경과되어 변액연금 상품 1과 2의 성능을 두 눈으로 확인할 수 있어, 진정한 분산투자가 됨과 동시에 각각의 변액연금에서 자체적으로 자동재분배가 되고 있어 결과적으로 안정적인 수익을 누적시킬 수 있다.

여기에서는 변액연금 상품 1과 변액연금 상품 2의 내에서 각각의 자산 배분 비율이 변동 및 유지되면서 수익을 창출시키기 때문에 두 가지 변액연금 상품의 수익 크기에 차이가 발생될 뿐이지, 이 변액연금 상품들이 유기적으로 연관이 있는 것은 아니다.

이와 같이, 수익 크기의 차이가 발생이 되면 어느 연금 상품이 잘 달리는 연금이고 어느 연금 상품이 못 달리는 연금인지를 구분할 수 있게 된다.

연금 최적화에서 변액연금 상품을 선택할 때 탑재되어 있는 펀드의 개수가 최소 약 10개 이상은 되어야 하고 펀드의 구성이 종류별로 다양해야 한다고 하였다.

이와 같이 분산투자가 제대로 되어 있고 자동재배분 시스템에 의해 비율이 변동될 때마다 재배분을 하기 때문에 한정된 국가나 섹터 또는 개별 펀드의 상승과 하락에 따른 리스크를 헤지(Hedge, 대비책)할 수 있게 되는 것이다.

예를 들면, 선진국형 펀드에서 수익이 발생될 때에 이머징 마켓(신흥 시장)형 펀드에서는 손실이 발생될 수 있고, 국내 인덱스형 펀드에서 손실이 발생될 때 원자재(Commodity)형 펀드에서는 수익이 발생될 수 있다.

이처럼 상대적인 성향의 펀드들로 구성을 하게 되면, 사실 채권형 펀드의 중요성도 줄어들게 된다.

최적화된 변액연금 상품에서 채권형 펀드의 의무 투입 비율이 0%이기 때문에, 상대적인 성향의 펀드들로 구성을 할 수 있게 된다.

상대적인 펀드들이 서로 리스크를 헤지하면서 자동재배분으로 인하여 차익을 발생 및 누적시키기 때문에 결국 한 변액연금 상품의 전 기간 주기로 보았을 때 수익이 단계적으로 누적되는 것이다.

투자 상품에서는 손실을 보지 않는 시스템이 1등 시스템이고 손실을 보지 않으면 결국 수익을 보게 되고 수익을 보는 투자 상품이 무조건 깡패다.

즉, 수익이든 손실이든 자산배분의 비율을 일정하게 유지하며 수익을 발생시키기 때문에 시간만 많다면 더 많은 수익을 발생시킬 수도 있다.

여기서 파생되는 복리는 진짜 복리가 된다.

소비가 많은 지금과 같은 현대 사회에서 큰 금액을 무리해서 연금으로 준비할 수 없다. 연금 적립금은 큰 목돈이어야 제 구실을 하는데, 큰 목돈도 하루 아침에는 절대 준비할 수 없다. 그래서 긴 시간이 필요한데, 장기 투자의 모든 방면에 있어 최적화가 되어 있는 변액연금이 가장 유리하다. 어차피 장기간이 소요되는데, 이 시간을 가만히 두어서 무엇을 하겠는가?

장기간 동안 자동으로 자산을 재배분시키면서 수익을 누적시키거나 이후의 수익을 누적시킬 기회를 마련하는 것이다.

불리한 전쟁에서도 차후의 전쟁에서 승리의 기회를 얻을 수 있도록 하는 것이 중요하다.

적립식 펀드나 연금펀드는 태생적으로 장기 투자가 아닌 단기 투자에 적합하도록 프로그래밍이 되어 있다.

2~3년의 단기간의 적립식 펀드는 무조건 납입 후반부에 상승 전환이 되어야 겨우 수익으로 마감할 수 있고 연금펀드로 장기 투자 시에는 수수료와 세금이 물귀신처럼 발목을 잡는다.

변액연금에서는 주어지는 시간이 많으면 많을수록 더 많은 수익을 누적시킬 수도 있고, 세금으로부터 완전히 자유롭고 독립적이다.

그래서 이렇게 실상은 모른 채 막연히 연금펀드로 전향한 사람들이 자세한 내막을 알게 되고 다시 연금계획을 세우는 경우도 의외로 많다. 주의하기 바란다.

한편, 주식형 펀드를 배치할 때는 저평가되어 있는 주식형 펀드도 하나둘쯤은 포트폴리오에 집어 넣는 것도 좋은 방법이다.

반면, 지나치게 주식형 펀드에 집착은 하지 않는 것이 좋다. 연금 최적화는 한 주식형 펀드의 상승과 하락을 예측하는 것이 아니기 때문이다.

그래서 금융 회사 A의 인덱스 주식형 펀드 1, 금융 회사 B의 인덱스 주식형 펀드 2와 같이 하여, 코리안 파이낸셜 미스테이크 중의 하나 인 잘못된 분산투자의 오류를 범하게 되면 아무 실익을 거둘 수 없게 된다.

인덱스 주식형 펀드 1과 2가 올라도 펀드변경을 하지 못하고, 떨어지 면 떨어지는 대로 둘 다 물리게 되는 것이다.

한편, 물려 있는 동안 수수료는 계속 야금야금 빠져나간다.

만약 설사 수익을 거두게 되더라도 초심자의 행운이거나 단기적인 수익일 뿐이어서 시스템이 되어 있지 않으면 장담컨대 모두 다 언젠가 는 토해 내게 되어 있다. 이는 필자의 수많은 상담 사례와 연구를 통 하여 도출해 낸 심오하면서도 지극히 간단 명료한 결론이다.

연금 가입자에게 도움이 되는 연금 상품은 물가상승률을 극복하고, 중장기적으로 누적 수익을 쌓아 적은 돈으로도 큰 연금 적립금을 만 들 수 있어야 한다는 점을 잊지 말자.

여러분의 연금에 도움을 줄 수 있는 연금은 오로지 연금 최적화를 적용시킨 연금뿐이다.

연금 최적화에 가장 적합한 금융 상품은 단 하나

이 '변액(Varible)'이라는 것에 관하여 정확하게 짚고 넘어가겠다.

필자는 우리 국민들이 가입할 수 있는 개인연금 상품을 가장 최적화 시키는 설정과 자동재배분이라는 펀드변경 시스템을 통하여 월 연금 수령액을 가장 풍부하게 받을 수 있도록 연금 최적화라는 방법으로 집대성을 하였다.

여기서 국내의 모든 연금 관련 상품을 비교·분석하는 과정이 있었 는데, 연금 최적화에 적합한 금융 상품은 변액연금밖에 없음을 재확인할 수 있었다.

변액연금만이 진정한 복리의 효과, 다양한 펀드의 활용, 펀드 이동의 무(無)수수료, 자동 자산 배분으로 인한 누적 수익 실현, 확정형과 종신형 연금의 선택에 있어서의 유연성, 연금소득세의 비과세, 연금 수령의 독립성, 물가상승률의 극복, 장기적인 연금 적립금 마련의 실현 가능성이라는 혜택을 모두 동시에 얻을 수 있다.

즉, 노후의 은퇴 자금을 마련하고 축적하고 불려서 연금으로 수령하는 데 있어 가장 적합한 상품은 바로 '변액연금(變額年金, VA, Variable Annuity)'임이 틀림이 없다.

한국에 도입되면서 한국인의 '빨리 빨리'라는 급한 성질과 '뭐가 좋단다'라는 묻지마 투자와 밀물처럼 밀려 왔다가 썰물처럼 쓸려 내려가는 유행 문화에 몸살을 앓는 과정에서 성숙이 되지 않아 부작용이 생겨서 그렇지 선진국인 미국에서도 변액연금의 성능은 검증이 되었다.

동화 『신데렐라』에서도 유리구두의 진정한 주인은 따로 있듯이 변액연금은 반드시 최적화를 시켜야 하고, 유리구두의 주인인 신데렐라의 발 사이즈가 유리구두에 딱 맞는 것처럼 최적화 조건에 딱 맞는 변액연금 상품이어야 한다.

그런데, 변액이라는 글자가 붙으면 많은 사람들이 아직도 헷갈려 하고 오인을 하는 부분이 있으니 정확하게 짚고 넘어가겠다.

변액이라는 글자가 붙었다고, 필자가 말하는 다 같은 변액연금이 아니므로 철저히 주의를 해야 한다.

먼저, 변액종신보험, 변액유니버설종신보험은 상품의 이름에서도 확인할 수 있듯이 사망 보장을 해 주는 종신보험이기 때문에 연금전환이 된다 하더라도 기대에도 못 미치는 연금을 수령할 뿐만 아니라, 연금의 취지와도 맞지 않고, 사망 보장이 주된 목적이므로 연금 최적화와는 거리가 멀기 때문에 무조건 배제해야 한다.

변액연금에서는 연금이 개시되기 전의 기간 동안 피보험자가 조기 사망하게 될 경우 특별계정의 운용 실적과는 관계없이 최저사망보험금 (GMDB,Guaranteed Minimum Death Benefits)이라는 것을 최저보증해 주고 있다.

최적화된 변액연금의 경우 극도로 미미한 수준의 위험 보험료와 보증 비용이 차감되므로 신경을 쓸 필요는 없는 수준이고 이는 앞서 언급한 사업 비용에 이미 포함된 구성 요소라 중요한 사항이 아니다.

단, 추가납입 금액은 단 10원의 비용도 차감되는 것이 없이 100%가 모두 특별계정에 투입이 되므로, 전체 납입 금액을 기준으로 한 사업 비용의 비율은 더 떨어지게 된다.

일부의 사람들은 보험의 구성 요소가 들어가냐 안 들어가냐를 놓고, 보험의 구성 요소가 들어가면 배척을 하는 경우가 있는데, 정말 무식하고 바보 같은 생각이므로 이번에는 제대로 알고 넘어가야 한다.

즉, 변액연금은 이 얼마 되지도 않는 위험 보험료로 인하여 보험 중에서도 저축성 보험의 한 부류인 연금 보험류로 분류가 된 까닭에 10년 이상의 모든 차익에 대한 100% 비과세와 이로 인한 연금소득의 비과세 혜택 및 종합과세로부터의 독립성뿐만 아니라 연금 개시 전 사망시에 최저사망보험금까지도 보장받을 수 있게 되는 것이다.

알아도 제대로 알아야 한다.

이와 같은 비과세의 범위나 조건에 대한 내용은 국세청에서도 상세하고 자세하게 안내를 해 주고 있다.

최저사망보험금이라는 글자가 들어간다고 해서, 종신보험류와 같이 부담이 되는 정도의 금액이 차감되는 것이 아니므로 전혀 걱정은 하지 않아도 된다.

한편, 변액유니버셜보험(VUL)도 펀드변경이 된다는 점은 변액연금과는 동일하지만 시간이 지나면 지날수록 사망보험금의 양도 증가하고 사망보험금에 해당되는 비용(월 대체 보험료)도 점점 많이 차감이 되어, 후반기에는 이 비용도 만만치 않게 된다.

사망을 목적으로 하지 않는데 사망보험금의 비용을 그동안 지불하였으니 그동안 지불이 된 사망보험금에 해당되는 비용은 결국 갖다 버린 꼴이 되므로 실속도 없거니와 납입 기간이 평생의 전기납이기 때문에 납입을 하지 않거나 중지를 시키면 월 대체 보험료라는 것이 빠지게 되어 근본적으로 연금이라는 목적에는 아귀가 맞지 않는다고 본다.

즉, 노후에 수입이 없을 때에도 비쌀 대로 비싸진 보험 비용이 월 대체 보험료로 빠지기 때문에 비용 부담 없이 수익 활동을 하며 돌아가는 변액연금보다 비효율적이게 된다.

물론, 장기적으로 납입을 할 때에는 적립식 펀드보다는 변액유니버셜보험이 더 유리하고 자금의 출입 등이 유리하다.

하지만, 이 변액유니버셜보험으로 연금전환을 한다 하더라도 일반적인 경우의 대부분의 사람에게는 연금의 목적이 정해져 있는 최적화를 시킨 변액연금이 가장 유리하다고 할 수 있다.

한편, 연금 최적화의 조건을 갖춘 변액연금은 주식형 펀드의 투입 비율이 최소 약 80% 이상은 되어야 된다고 하였고 현재 최적화 조건을 갖춘 필자가 추천하는 변액연금에서는 주식형 펀드의 투입 비율이 무려 100%나 되기 때문에, 자동재배분 기능을 활용함에 있어도 무리가 전혀 없다.

주식형 펀드의 투입 비율이 무려 100%나 된다고 하여 특별한 시스템 없이 100%를 모두 주식형 펀드로 투입하는 것은 아니라고 하였다.

그렇기 때문에 노후의 연금이 목적이라면 대부분의 사람들은 굳이 전반적으로 주식형 투입 비율이 좀 더 높다고 하는 변액유니버설보험으로 할 필요가 전혀 없다. 최적화 조건을 갖춘 변액연금의 주식형 펀드의 투입 비율이 100%로 가장 높기 때문이다.

괜히 잘못 가입하였다가 평생 납입을 해야 하는 족쇄가 될 수도 있고, 매월 꼬박꼬박 빠져나가는 월 대체 보험료를 볼 때마다 스트레스를 받을 수도 있다.

변액유니버설보험은 고소득의 자영업자나 금융자산가 또는 큰 규모의 임대사업자에게 더 적합한 종합자산관리계좌라고 비유할 수 있다.

아울러, 변액보험은 '변액'이라는 글자가 들어가는 변액종신보험, 변액유니버설종신보험, 변액유니버설보험, 변액연금 등을 포괄하는 광의의 단어이기 때문에 단순히 변액보험이라고 하여 꼭 변액연금을 뜻하는 것은 아니므로, 반드시 이 부분은 정확히 구분을 해야 한다.

변액연금을 뜻하는 연금 상품의 명칭은 변액연금뿐이다.

중도 인출과 대출은 가능하지만 아예 안 된다고 생각을 하자

연금 최적화에서는 매달 납입하는 금액에 부담이 없어야 하므로, 장기간 납입이 가능한 금액을 정한다고 하였다.

연금을 찔끔찔끔 받을 것이 아니라면 연금 재원인 연금 적립금은 큰 목돈이어야 한다. 이 큰 목돈은 하루아침에 절대 준비할 수 없다. 그렇다고 부담이 되는 크기로 납입을 하게 되면 반드시 무리가 오고 작심삼일이 온다.

즉, 부담이 없는 크기의 금액으로 최적화를 시켜 납입을 하게 되면 개인의 현금 흐름은 오히려 더 좋아지게 된다.

이와 같이 최적화를 시킨 변액연금은 연금의 목적으로 가져가고 기타 단기성 자산과 현금들로는 재테크나 저축 및 투자를 효과적으로 잘하면 된다.

이 변액연금은 목적이 소중한 노후를 위한 것이기 때문에 이 연금 적립금에 손이 타면 안 된다.

변액연금의 연금 적립금에서는 비상시에 활용할 수 있도록 중도인출과 약관 담보 대출이라는 기능이 있다.

하지만, 가급적 이 중도 인출과 약관 담보 대출이라는 기능은 없다고 생각하는 것이 연금 적립금의 목적을 달성하는 데 있어 유리하다.

중도 인출은 연금 적립금에서 일정 금액을 중도에 인출하는 것이기 때문에 주식형 펀드나 채권형 펀드의 수익률에 영향을 미칠 수 있고 인출할 때마다 해약 환급금의 50% 정도 이내에서 가능하며 최소 한도를 남겨두고 연 12회까지 가능하며 말 그대로 인출이기 때문에 이자는 없지만 2,000원 미만의 수수료가 차감된다. 인출한 금액을 다시 납입할 기약이 없을 때는 어쩔 수 없이 중도 인출을 이용하는 것이 낫다.

반면, 약관 담보 대출은 인출을 하는 것이 아니라 연금 적립금을 담보로 대출을 하는 것이기 때문에 연금 자산의 변화는 없지만 대출이자가 발생이 된다. 반면 중도상환 수수료는 없고 대출 이자 연체 시에도 사실 가산되는 이자는 없기 때문에 단기 대출을 급히 이용해야 될 때는 중도 인출보다 유리하다.

필자가 이렇게 연금 최적화를 시켜 소액으로도 큰 연금 적립금을 만드는 것도 다른 잉여 자금으로는 부동산이나 저축 또는 기타 단기성 재테크를 하라고 여유와 기회를 만들어 주는 것이다.

즉, 절대 이 변액연금의 연금 적립금은 특별한 비상시가 아니면 손을 대면 안 된다.

사실 가계(부부)의 자산을 최적화시키게 되면 손을 댈 일도 없어진다. 한 부부의 경우 1인당 30만 원 꼴이다. 해 볼만 하지 않은가?

계약자는 한 가지만 제대로 하면 된다

변액연금을 최적화시키고 나면 펀드의 비율이 자동으로 재배분되면서 수익을 누적시켜 주거나, 저평가된 주식형 펀드의 좌수를 보다 많이 확보하고 한 사이클은 돌아가고 또 소폭의 수익을 누적시켜 주기를 반복하기 때문에, 펀드나 주식처럼 치고 빠지기를 할 필요가 없다고 하였다.

계약자가 주식형 펀드의 종류와 자동재배분이 이루어지는 비율만 정하면 된다.

연금 최적화의 조건을 갖춘 변액연금은 펀드의 종류가 국내, 해외, 주식, 혼합, 채권, 섹터 등 무려 24개나 되고 주식형 펀드의 편입 비율은 100%나 가능하다.

우선 **자동재배분이 이루어지는 비율은 주식형 펀드와 채권형 펀드를 60:40 정도 비율로 정하는 것이 보편적인 방법이다.** 물론, 이 주식형 펀드 안에는 보통 채권 및 유동성 자산도 일부 포함이 되어 있으므로 정확하게 표현하자면 순수한 주식형 펀드의 비율은 60%보다는 이하라고 보면 된다.

두 펀드의 비율은 6.0:4.0이나 5.0:5.0으로 정하면 큰 무리가 없다.

주의해야 할 점은 주식형 펀드이든 채권형 펀드이든 하나의 펀드 비율을 100%로 설정하면 절대 안 된다는 점이다.

이유는 축구 경기처럼 간단하게 생각하면 된다. 반드시 공격수와 수비수를 같이 두어야 한다. 그래야 공격도 할 수 있고 수비도 할 수 있게 된다. 연금 적립금에 있는 주식형 펀드의 비율을 100%로 몰았을 때 펀드의 가격이 하락하게 되면 낮은 가격으로 더 많은 좌수를 확보하기 힘들어지므로 그다음 자동재배분 시에 수익 실현이 불가능해지고, 채권형 펀드의 비율을 100%로 몰았을 때 펀드의 가격이 상승하게 되면 다른 펀드들은 다 달리고 있는데 채권형 펀드의 수익률은 제자리걸음만 하게 되니, 펀드의 비율은 절대 하나의 펀드로만 100%의 비율로 오랜 시간 묶어 두면 안 된다.

연금 최적화에서는 기본적으로 펀드의 시세를 예측하는 것이 아니라 자산의 비율을 재배분하여 누적 수익을 창출하는 것이다.

연금은 반드시 실현 가능성이라는 것이 있어야 한다. 자동재배분 기능은 장기적으로 실현이 가능하다. 그래서 소폭의 수익을 실현하는 부분에 대한 걱정은 하지 않아도 된다.

한편, 연금 최적화의 기본 취지에 맞게 최적화를 시킨 변액연금은 가입 후 초기 2~3년의 수익률에 연연하지 말고 제발 끝까지 고수하기를 바란다.

여러분이 끝까지 고수할 수 있도록 하기 위해서 이 책을 통하여 많은 말들을 정말 쉽게 풀어서 설명을 하였다. 끝까지 고수하는 것이 중요하다. 그럼 결국 지속적으로 수익이 누적되는 법칙은 반복이 되고, 여타의 어떤 개인연금 상품보다 많은 연금을 수령할 수 있게 된다.

한편, 펀드변경이 일어나면 그 수익률의 숫자는 사라지게 되므로 한 펀드의 수익률이 중요한 것이 아니라 연금 적립금의 물리적인 양(量)인 계약자적립금이 가장 중요하다.

이제 변액연금 상품에 기본 설정을 처음 한 번 세팅하고 추가납입을 신청하고 자동재배분이 되는 펀드와 비율만 설정을 하면 장기적으로 안정적이고 보다 높은 수익을 볼 수 있는 노후를 위한 최고의 개인연금 상품이 된다.

펀드변경 및 기능변경은 변액연금 상품에 가입한 금융 회사의 인터넷 사이버 창구나 모바일 창구 또는 콜 센터를 통하거나 직접 내방하여 신청할 수 있다.

가장 중요한 점은 **주식형 펀드가 마이너스를 보고 있을 때에는 이 주식형 펀드를 임의로 변경하면 절대 안 된다는 점이다. 굳이 꼭 주식형 펀드를 변경하고 싶을 때에는 다음 사이클에서 주식형 펀드로부터 소폭의 수익 실현이 이루어지고 난 다음에 주식형 펀드의 종류를 변경해야 한다.**

펀드 종류의 비율을 분산하는 방법

1) 주식 : 채권 = 6.0 : 4.0
  ● 인덱스 펀드 60%
  ○ 채권형 펀드 40%

가장 기본이 되면서도 어렵지 않게 활용할 수 있는 방법이다. 두 가지 각기 다른 성향인 인덱스 주식형 펀드와 채권형 펀드의 비율을 임의로 60 : 40으로 설정하였다.

2) 주식 : 원자재 = 5.0 : 5.0
  ● 주식형 펀드 50%
  ○ 실물 자산 원자재 펀드 50%

최적화의 조건을 갖춘 변액연금 상품에서는 주식형 펀드의 투입비율이 100%이기 때문에 꼭 채권형 펀드가 아니더라도 서로 상반되는 성향의 펀드를 배치하여 변액연금에서의 누적 수익을 실현할 수 있도록 도와준다.

3) (주식A : 주식B) : 채권 = (3.0 : 3.0) : 4.0
- ● 삼성그룹주혼합형 펀드 30%
- ● 중국본토주식형 펀드 30%
- ○ 채권형 펀드 40%

주식형 펀드를 꼭 하나의 펀드로 할 필요는 없다. 2~3개 정도의 주식형 펀드로 분산을 해도 된다. 이때 여기서는 모든 주식형 펀드의 비율을 모두 합하여 60%가 되게 한다.

4) (동유럽 : 신흥시장) : 채권 = (4.0 : 3.0) : 3.0
- ● 동유럽혼합형 펀드 40%
- ○ 이머징마켓 주식형 펀드 30%
- ◎ 채권형 펀드 30%

주식형 펀드 내에서는 분산투자 효과도 발생이 되면서, 서로 이질적인 성향으로 리스크도 줄여 주고 반사 수익을 얻을 수 있도록 도와줌과 동시에 주식형 펀드와 채권형 펀드의 비율도 7.0 : 3.0으로 되어 있기 때문에 주식형 펀드와 채권형 펀드 사이에서도 자동재배분이 이루어진다.

5) (인덱스 : 글로벌주식 : 이머징마켓 : 중국본토 : 아시아퍼시픽 : 브릭

스:동유럽:원자재:삼성:채권) = 1:1:1:1:1:1:1:1:1:1

● 인덱스 펀드 10%

○ 글로벌 주식형 펀드 10%

○ 이머징마켓 주식형 펀드 10%

○ 중국본토주식형 펀드 10%

○ 아시아퍼시픽 혼합형 펀드 10%

○ 브릭스 혼합형 펀드 10%

○ 동유럽 혼합형 펀드 10%

○ 실물자산 원자재 펀드 10%

○ 삼성그룹주 주식형 펀드 10%

○ 채권형 펀드 10%

이와 같이 분산하여 다양한 펀드를 선택한 후 집중형 자동펀드변경 기능을 선택하면, 펀드의 전월 수익이 가장 많이 발생한 펀드로 100% 변경이 된다.

이때 이 펀드의 관성을 이용하여 이 펀드의 수익률이 꺾일 때까지 이 펀드로 유지를 하게 되므로 수익을 제대로 맛볼 수 있게 된다. 장기적으로 이 기능을 사용하면 좋은 성과를 볼 수 있지만 단기적으로는 너무 일희일비하지 않는 것이 좋다.

펀드의 종류에 따른 비율을 설정하는 방법은 이 외에도 상당히 많다.

이 펀드의 부분은 너무 복잡하고 어렵게 생각하지 말고 도저히 모르겠다 싶으면 대표적인 인덱스 주식형 펀드와 채권형 펀드로만 구성해도 되고 변액연금의 상품마다 다르게 적용하자. 그래야 분산이 된다.

일정 주기마다 자동재배분을 통하여 수익을 쌓아 가는 것이 중요하지, 화려한 백화점식 포트폴리오가 중요한 것이 아니기 때문이다.

이와 같이 주식형 펀드와 채권형 펀드에서처럼 두 가지의 펀드 간격은 벌어졌다가 좁아지기도 하고, 좁아졌다가 다시 벌어지기도 하는데, 이 과정에서 자동재배분이 일어나면서 수익을 실현할 수 있게 되는 것이다.

한편, 펀드의 생성 원리상 최초 설정 가격인 1,000원보다 지나치게 많이 올랐을 때에는 다른 펀드로 옮겨 가는 것도 하나의 방법이다. 펀드의 종류를 다른 펀드로 변경하려고 한다면 이 펀드로 인한 수익이 플러스일 때 변경을 해야 한다. 펀드의 수익이 마이너스일 때에는 그대로 낮은 가격으로 더 많은 좌수를 확보하여 가시적인 마이너스 수익률이 줄어들기에 그다음 사이클에 소폭의 수익을 실현할 수 있도록 기다려야 한다고 하였다. 물론 자동재배분으로 이루어지기 때문에 이를 걱정할 필요는 없지만, 원리를 알고 있어야 불안하지 않기 때문에 굳이 설명을 하는 것이다.

펀드 변경 및 비율 설정에 관한 내용은 상당히 광범위하기 때문에 더 궁금한 독자는 필자의 카페 '보험과 연금 최적화시키기(https://cafe.naver.com/optinsu)'를 활용하기 바란다.

변액연금의 펀드에 대한 수익률 및 자산 구성 내역이나 상품별 수익률 등은 생명보험협회(www.klia.or.kr)의 공시실에서도 확인할 수가 있다.

꼭 기억하도록 하자. 공시실에서 수익률을 확인할 때에도 변액연금에서는 절대 지나치게 수익률에 목을 매달면 안 된다. 병법에서 길목을 잘 지켜야 한 사람으로도 천 명의 적을 두렵게 할 수 있는 것처럼 변액연금에서도 펀드의 수익률이 아니라 펀드의 자동재배분 비율 원칙을 철저히 고수해야 장기적으로도 단 한 번의 결과적인 손실 없이 안정된 수익을 계속 확보할 수 있다.

결과적으로 절대 잃지 않는다는 말이 이해가 되는가? 이것을 두고 원금을 보장해 준다는 무식한 발언을 할 것인가?

적은 돈으로
큰돈을 만드는 것이
진짜 연금 최적화

TDF와
실적배당형 투자연금(GLWB, GMWB)에
불혹(不惑)하라!

당하고 또 당하고 이번엔 TDF에 또 당할 것인가?

TDF(Target Date Fund)는 납입하는 동안에는 세제혜택이 주어지는 연금펀드이기 때문에, 연금수령 시에도 5.5%의 연금소득세가 발생될 뿐만 아니라 세액공제를 받은 사적연금(퇴직연금+개인연금)의 연간 연금 수령액이 1,200만 원(월 100만 원)만 넘어도 초과된 부분에 대해서는 종합과세가 되어 세금 폭탄을 맞게 된다. 이 때문에 5년 확정형 연금으로 선택하기도 쉽지 않고 이로 인하여 찔끔찔끔 소액으로 연금을 받아 버리면 노후의 삶에 있어 상당히 비효율적이라고 설명하였다.

이 외에도 왜 TDF에 소중한 노후를 맡기면 안 되는지 국내의 어떤 기사나 서적, 블로그 등에서도 다루지 않는 내용을 필자가 제대로 한 번 알려 주겠다.

첫 번째, 멋진 이름과 그럴듯한 운영 시스템을 빙자로 한 최고의 역대급 수수료 및 보수가 매년 계속 부과가 된다. 총 보수라는 수수료는 보통 연 1.2~1.9% 정도인데, 평균적으로 약 1.5% 정도라고 보면 되고 2%를 훌쩍 넘어가는 경우도 있다.

한 직장인이 취업에 성공하여 TDF에 가입하여 세제혜택도 받고, 은퇴 시점까지 꾸준히 유지를 하게 되면 납입한 총 원금의 약 30%대에 육박하는 거금을 수수료로 쏟아내게 되는 것이다.

필자가 보증되지 않는 것이 가장 보증되는 것이라고 하지 않았던가? 연금 펀드는 구조적으로 연금의 목적에 적합하지 않을 뿐만 아니라 장기 상품으로 끌고 간다고 유리한 것이 아닌데 수수료까지 비싸기 때문에 앞뒤로 다 털리게 된다.

한편 TDF는 우리나라에서 만든 것이 아니라 주로 재간접 펀드라 수수료가 좀 더 비싸다고 보면 된다. 항상 한국으로 넘어오면서 생기는 로열티와 김치 프리미엄이 문제다. 이번에는 힘없는 대한민국 직장인의 푼돈을 다 쓸어갈 셈인가 싶다.

두 번째, 항상 대한민국에서는 묻지마 투자가 문제인데 지금의 TDF 펀드는 묻지마 가입이나 묻지마 전환이 너무 많다. 그냥 다반수가 '나도 그럼 TDF로 할까?'라는 식이다. 특히 젊은 직장인들이여, 노후를 골로 보낼 수도 있으니 정신 좀 차릴 수 있도록 하자.

더 큰 문제는 증권 회사의 대표나 주요 인물들이 TDF를 적극 홍보하고 있다는 사실이다. 물론 그들 입장도 이해는 하지만 국민의 연금을 최적화시키는 필자 입장에서는 납득하기가 어렵다.

TDF는 미국 내에서도 투자액이 1,000조 원에 달하였으며 직장인의 70%가 가입할 정도로 인기가 많은 것은 사실이다. 미국은 우리나라 인구보다 6~7배나 더 많고 이 수치는 퇴직연금에서 많은 비중을 차지하고 있으니 저 숫자에 놀랄 필요는 전혀 없다.

그런데 한국형으로 넘어오면서 인기몰이를 하고 있는 것뿐이다. 그래서 이름도 한국형 TDF라고 한다.

미국에서도 TDF가 인기 절정인 또 다른 이유 중의 하나가 기존 퇴직연금의 디폴트 옵션이나 전통적인 연금펀드 체계로부터 큰 실망을 하고 만족이 안 되고 있었기 때문이다.

국내에서도 퇴직연금 및 연금 펀드를 TDF로 갈아타고 일반 펀드까지 더한다면 퍼센트(%)는 저만큼도 더 나오게 된다.그래서 이번의 TDF라는 쓰나미급 파도의 기회를 놓치지 않으려고 적극 홍보하는 것이다.

특히 우리나라에서의 직장 조직 내에서는 묻지마 합류가 더 강한 습성이 있기 때문이다. 퇴직연금의 IRP와 DC형의 원금보장형만 봐도 국내 분위기는 거의 '묻지마' 또는 '모두 다 함께' 또는 '에라이 모르겠다' 또는 '귀찮아' 또는 '남들이 하니까'라고 보면 된다.

한국형 TDF라 불리는 이 TDF 펀드는 국내에 도입이 된 지 불과 몇 년도 채 되지 않아, 전문가들도 실상은 제대로 잘 모르는 경우가 대부분이다.

특히, 시간이 가면 갈수록 생애 주기에 맞춰 안정형 자산인 국채, 공채 등의 채권 비중을 점점 높여 가는데 채권의 비중이 높을 때 마이너스가 발생되면 값비싼 수수료와 높은 채권 비중으로 인하여 좀처럼 회복이 되지 않고 결국 납입 원금 대비 수익은 점점 내 눈에서 멀어지게 된다. 연금을 수령한 뒤에야 어떤 일이 벌어졌는지 알게 될 것이다.

실제 퇴직연금의 확정기여형(DC형)을 자산재배분 원칙으로 소폭의 수익을 누적시킨 것과 퇴직연금의 TDF를 비교하면, DC형의 연금 적립금이 월등이 많으며 시간이 가면 갈수록 그 격차가 점점 더 벌어지게 된다.

TDF의 폐해는 미국에서도 많이 찾아 볼 수 있다. 한편, TDF 펀드라고 해서 무조건 수익이 발생하는 것이 아니다. TDF가 수익이 발생할 때 다른 펀드들도 수익이 발생하고 TDF가 손실이 발생할 때 다른 펀드들도 손실이 발생한다. TDF는 헤지 수단이 절대 아니고 단지 첨단화된 마케팅이 잘되었을 뿐이다. 지금도 마이너스를 보고 있는 TDF는 수두룩 빽빽하다.

노후를 위한 연금을 목적으로 한다면 장기적으로 안정적인 수익률이 뒷받침되어야 되는데 이건 단순히 TDF만으로는 불가능하다.

필자가 앞에서도 강조하였듯이 수익이 발생되면 수익이 발생된 일부분은 안정자산인 채권으로 이동해야 하고 손실이 발생이 되면 일부분의 채권을 위험 자산인 주식으로 이동을 시켜서 수익은 실현하고 보존하며 손실은 보완하여 시장을 예측하지 말고 자산배분의 비율을 일정하게 자동재배분하여 시스템적으로 고수해야 된다. 퇴직연금이나 개인연금은 둘 다 연금이기 때문에 하루이틀 할 것이 아니기 때문이다.

하지만, TDF 펀드는 이런 구조가 아니다. 사람들이 착각을 하는 경우가 상당히 많은데, TDF 펀드는 자산 운용의 방어가 되는 것이 아니다. 수익이 발생되기도 하지만 반드시 손실도 발생한다. 그럴싸하게 마케팅이 잘된, 수수료 높은 원금 보장 지향 형태를 띠고 있는 혼합스타일의 연금 펀드일 뿐이다.

특히 몇 년 경과 후에 알 수 없는 금융 위기 한 방이면 노후가 날아간다.

단, 변액연금의 자동재배분 기능에서는 자산 배분의 비율을 따라가기 때문에 금융 위기가 와도 손실에 대한 방어가 되고 수익을 쌓아 갈 수가 있다. 이는 상당히 중요한 것이다.

TDF 펀드도 일종의 주식 혼합형 펀드로 봐야 하는데, 일정 시기에 한 번 고꾸라지면 채권의 비중으로 인한 필요 수익률이 많이 필요하고 꾸준히 빠져나가는 높은 수수료로 인하여 오히려 일반 펀드보다 더 회복이 힘들어질 수도 있다.

TDF 펀드에서는 비행기가 착륙할 때 서서히 낮아지는 항로를 뜻하는 글라이드 패스(Glide Path)처럼 위험성 자산인 주식의 비중을 단계적으로 점점 줄여 나간다고 설명하고 있다.

이 글라이드 패스도 자산 운용의 손실이 시스템적으로 방어가 될 때 효과를 볼 수 있는 것이지, 이와 같이 **탈만 바꾸어 쓴 TDF 펀드에서는 손실 방어도 되지 않고, 근본적으로 연금의 취지와 맞지도 않기 때문에, 어설프게 글라이드 패스(점점 주식의 비중이 줄어듦=점점 채권의 비중이 많아짐)했다가 고공(高空) 속에 두고 온 수익을 영원히 잃어 버릴 수 있다.**

즉, TDF 펀드의 가입 후반부인 은퇴 직전에 안정 자산인 채권의 비율을 높이는 것은 좋은데, 이렇게 **주로 투자가 되어지는 자산 배분의 비율 조절 없이 안정 자산을 생애 주기별로 고정을 해 버리면 수익률은 장기적으로 절대 안정적으로 발생이 될 수 없을 뿐만 아니라 회복도 불가능해진다.**

채권의 비율이 0%일 때는 TDF에서 5%의 수익률이 발생이 되면 전체적으로는 5%의 수익률이 발생이 되는 것이고 채권의 비율이 50%일 때는 TDF에서 5%의 수익률이 발생이 되면 전체적으로는 2.5%의 수익률이 발생되는 것이며 여기에서 수수료 및 보수도 차감해야 한다. 이런데 어떻게 회복이 되겠는가?

그리고, 안정 자산인 채권이라고 해서 무조건 손실이 방어가 되고, 수익이 발생되는 것이 아니다. 이는 하나만 알고 둘은 모르는 것이라고 보면 된다. 채권에서 손실이 발생될 때는 오히려 주식에서 수익이 발생되는데 이때 위험 자산과 안정 자산의 자산 배분 비중 조절이 되면서 역으로 추가 수익을 누적시킬 수도 있다. 그런데 안정 자산으로만 구성되어 있는 TDF의 후반부에서는 오히려 더 위험할 수도 있고 안정적인 수익의 누적이 힘들어질 수 있다.

즉, 만약 채권의 비중이 100%인데, 이 채권이 모두 소폭이지만 마이너스 손실이 발생되면 어떻게 할 것인가?

그래서 자산 배분의 비중은 유연성 측면에서도 중요한 것이다.

세 번째, 펀드는 하나의 회사 또는 기업이라고 볼 수도 있기 때문에, 성장하고 발전하면 정점을 찍고 반드시 쇠퇴를 하게 되어 있는데, TDF도 말만 거창할 뿐 하나의 펀드이다.

즉, 펀드의 원리를 알고 운용하는 요령과는 전혀 반대되는 방법이고 역행하는 방법이다.

결국 TDF 연금 펀드로 은퇴를 준비한 금융 소비자들은 마케팅이나 유행, 붐(Boom) 등에 의해 100% 희생양이 되어 버린다.

특히, 이렇게 인기를 끌고 있는 펀드는 쇠퇴하고 도태되는 주기가 더욱 빨라진다.

금융 전문가가 TDF를 적극 홍보한다면 잘 모르고 그렇게 얘기하는 것이거나 유치 업적에 눈이 먼 것이다.

한 펀드에서 수익이 잘 발생이 되다가도 돈이 몰리면서 너무 대형화가 되어 버리면 어느 정도 돈이 몰릴 때까지는 수익이 지속이 되지만 반드시 수익률은 떨어지게 되어 있다.

수익이 계속 발생이 되려면 사고 팔기가 계속 순환이 되어야 하는데 매매 단위가 지나치게 커지면서 사기도 팔기도 힘들어지고 움직임은 둔해질 수밖에 없다.

펀드의 초대형화가 이루어지면 펀드도 감사를 받게 되고 시작할 때보다는 움직임이 둔해지게 되며 혹여라도 손실이 발생하면 운용을 하고 있는 주변에서도 안정성을 위해 채권 투입률을 높이거나 투자의 대상이나 범위를 늘리라는 등의 말이 많아지고 보는 눈은 더 많아지게 된다.

펀드의 대형화는 이 펀드를 쪼개는 역할도 하게 되는데 2차, 3차, 4차로 분할이 되면서 운용을 하는 펀드 매니저나 운용 인력 등의 팀도 대체가 된다.

한편, 초기에는 금융 회사의 돈이 들어가면서 회사 측에서 심혈을 기울이지만 금융 소비자의 돈으로 채워지고 나서는 초기보다 열정도 식어 버리기 마련이다. 그럼 수익률도 떨어지는 것이다.

한 할머니가 마포에서 인기 폭발의 즉석 떡볶이집을 하고 있다. 이 떡볶이집을 체인점화했을 때도 같은 일이 일어난다. 주먹구구식으로 뒤늦게 생겨나는 체인점들의 매출과 순이익이 1호점을 못 따라가지만 똑같이 로열티 및 각종 비용은 지출이 되는 것처럼 말이다.

TDF는 아닐 것이라고 하지만 오히려 더하면 더한 것이 사실이다.

그런데, 아무리 과거의 수익은 미래의 수익을 보장해 주지 않는다고 떠들어도 금융 소비자들은 과거의 수익(History)을 본다. 희한할 뿐이다.

펀드에 돈이 몰릴 때는 그 자체의 힘만으로 일단 하락장에서도 마이너스를 면하게 될 수 있지만 이게 중요한 것이 아니다.

즉, 펀드는 너무 규모가 커서 동네방네 국민 펀드가 되어 버리면 다시 애물단지 펀드가 되어 버린다. 그때가 되어서 대국민 사기니 뭐니 속쓰린 사정을 하소연해도 이미 무너진 건물을 복귀할 수 없음을 기억하자.

사례는 수없이 많다. 중국이 뜨면서 붐을 일으킨 차이나 펀드부터 시작해서 돈 되는 지역을 찾아 직관에 의존해 집중 투자하는 인사이트 펀드, 말은 그럴싸한 자산배분형 MVP 펀드, 오를 것 같으면 일찍 사고 떨어질 것 같으면 미리 팔며 시장 상황에 개의치 않고 절대 수익을 추구하는 롱숏 펀드, 마라톤 펀드, 베트남 펀드 등 대부분의 인기

펀드들은 인기몰이가 끝난 뒤로는 수익률 부진으로 애를 먹고 있다.

미국에서 퇴직연금의 TDF 펀드도 마찬가지이다. 퇴직연금은 디폴트 옵션을 잘 이용하여 주식형 펀드와 채권형 펀드의 자산 배분 비율을 조절하여 누적 수익이 창출되도록 해야 된다. 하지만 그렇지 못한 퇴직연금 계좌도 어마어마하다. 미국에서도 디폴트 옵션이 있으면 뭘 하겠는가?

대한민국 국민들은 봉이 아니다. 연금에 있어서는 특히 주의를 해야 한다.

인기가 많아지면 돈이 몰리면서 수익률도 올라가고 반드시 정점을 찍기 마련이고 수익률이 저하되면서 다시 추진력이 발휘되고 또 인기가 줄어들면서 수익률도 점점 부진을 겪게 된다. 그래서 중소형 펀드의 인기 초반에는 운영을 잘해서이기도 하지만 많은 돈이 유입이 되므로 수익률이 더 잘 나온다.

TDF를 하나의 특정한 펀드로 보아야지, 맹목적으로 TDF를 노후수단으로 배치하면 자산 관리의 법칙에도 어긋나게 된다.

그래서 이런 펀드 하나에 필자가 그렇게 강조하는 여러분에게 소중한 노후를 맡긴다는 것은 상당히 위험한 일이고, 단기적인 수익에 일희일비를 할 필요가 없다는 것이다.

이렇게 심각한 것이 바로 인기 초절정의 TDF 연금펀드이다.

펀드에도 일종의 원리가 있고, 운용하는 방법이 있는 것이다.

연금 개시 후의 실적배당 투자연금 전환은 유명무실(有名無實)

일반적으로 실적배당형 변액연금은 연금이 개시되기 전까지 펀드를 활용하여 수익 활동을 하게 된다. 이러한 이유로 금리의 영향을 받는 공시이율형 연금 상품과는 다른 종류인 실적배당형 연금 상품으로 분류되기도 한다.

하지만, 기본적으로 실적배당형 변액연금도 한번 연금이 개시되고 나면 펀드의 수익 활동은 전혀 일어나지 않고 최저보증이율이라는 최소한의 이율로만 적용되면서 안정적으로 연금을 지급하도록 되어 있다. 사실은 이게 지극히 정상적인 것이며 가장 효율적인 것이고 가장 가까운 곳에 답이 있는 것이다.

반면, 연금이 개시되고 나서도 실적배당형으로 굴러가는 대표적연금 상품으로는 증권사의 연금펀드가 있다.

이 연금펀드는 연금 개시 이후에도 각각의 펀드에서 발생되는 수익에 따라 연금 적립금이 변동되는 전통적인 오리지널 실적배당형 연금 상품의 대명사라고 할 수 있다.

앞서, 연금펀드는 문제도 많고, 구조적으로 크게 도움이 되지 않으므로 추가납입도 하지 말고 의무 납입 기간이 있는 것이 아니기 때문에 납입 중이었다면 납입 중지를 하거나 일찌감치 해약을 하라고 하였다.

변액연금은 연금펀드와 마찬가지로 실적배당형 연금에 속하기 때문에 연금 개시 후에도 실적배당형으로 초과 수익을 창출할 수 있게 해주는 실적배당형 투자연금(GLWB, GMWB)으로 계약을 전환할 수 있다고 하였다.

이 투자연금은 일반적인 연금에서와 마찬가지로 종신형 투자연금(GLWB)과 확정형 투자연금(GMWB)으로 구분할 수 있다.

종신형 투자연금(GLWB)은 여태껏 셀 수 없이 언급하였던 일반적인 종신형 연금으로 간주하면 되고, 10년(20년) 확정형 투자연금(GMWB)은 일반적인 10년(20년) 확정형 연금으로 간주하면 아무 무리가 없다.

아직도 많은 연금 전문가나 금융인 또는 연금 가입자들이 잘못 알고 있는 경우가 많은데, 필자가 제대로 한번 짚어 주겠다.

종신형연금액보증(GLWB, Guaranteed Lifetime Withdrawal Benefits) 옵션은 연금 개시 후에도 특별계정에서 펀드로 운용을 하여, 종신형 연금과 마찬가지로 평생 동안 죽을 때까지 연금 개시 시점에 정해진 연령 및 유병자별 지급 비율만큼의 연금액을 생존연금 방식(생존해 있는 동안 계속 지급됨)으로 지급하게 된다.

종신형 투자연금에서 보증해 주는 것은 납입 원금이나 연금 적립금이 아니다. 정해진 지급 비율만큼의 연금액을 보증해 주는 것이다. 실제 연금 적립금이 0원이 되더라도 기준이 되는 금액의 지급비율만큼은 연금액으로 보증해 준다는 뜻이다.

결국, 높은 보증 비용이 발생됨으로써 연금이 지급되게 되는 것이므로 이 종신형연금액보증 옵션에 많은 사람들이 열광을 하고는 있지만 탈만 바꾸어 쓴 종신형 연금과 거의 동일하다고 볼 수 있다.

세상에 공짜는 없다.

일반적인 종신형 연금과 종신형 투자연금은 도토리 키 재기이며 거기서 거기이고 단지 간판만 바꾸어 달고 다시 나온 것과 같아서 크게 신경 쓸 필요가 없다고 하였다.

우선 실적배당형 투자연금의 원리에 대해서 잠깐 설명을 하겠다.

연금 개시 시점에 기준이 된 연금 적립금을 기반으로 특별계정에서는 펀드를 활용하여 동일하게 수익 활동을 하게 된다.

최적화된 조건을 갖춘 변액연금의 경우 채권형 펀드의 의무 투입비율이 연금 개시 전에는 0%이고 연금 개시 후에는 30%로 늘어나게 되므로 연금 개시 후에 펀드의 가용 범위는 70%가 되는 것이다.

변액연금 중에서 채권형 펀드의 의무 투입 비율이 이 정도이면 거의 전 세계에서 가장 우수하다고 보면 된다.

일반적으로 대부분의 투자연금에서는 채권형 펀드의 의무 투입 비율을 안정성이 필요하다는 이유로 약 40~70% 정도의 비교적 높은 비율로 고정해 두고 특별계정의 많은 자리를 차지하도록 두고 있다.

채권형 펀드의 의무 투입 비율은 별것 아닌 것 같지만 상당히 큰 차이를 불러 일으킬 뿐만 아니라 어마어마한 의미를 지니고 있고 생각지도 못한 작용을 하게 되는 중요한 요건임을 알아야 한다.

그래서, 대부분의 실적배당형 투자연금 계약 전환은 일반적으로 연금 개시 전보다 더 많은 채권형 펀드의 비율이 차지하고 있기 때문에 펀드의 수익 활동을 할 수 있는 기능의 효율 자체가 크게 떨어지고 무의미하다고 할 수 있는 것이다.

30~50%가 대수냐고 할 수 있겠지만 천만의 말씀이다. TDF의 중후반부에서 채권의 비중이 높은 것도 마찬가지라고 할 수 있다.

물론, 연금의 금액이나 크기에 따라 이 연금 개시 후의 실적배당형 투자연금을 기가 막히게 활용을 할 수도 있다.

하지만 대부분은 현실적으로 어쩔 수 없는 한계가 있음을 분명히 인지하는 것이 좋다.

사람들은 그저 막연하게 실적배당형 투자연금이니까 어떻게든 더 많은 연금을 받을 수 있을 것이고 어떻게든 원금이나 연금 적립금의 일부라도 보장을 받을 수 있다고 알고 있는 경우가 많다.

이 채권형 펀드의 의무 투입 비율 30%가 뭐가 그리 중요하냐고 말하겠지만 사실 가장 중요하다. 하물며 연금 개시 후의 기간에 채권형 펀드의 의무 투입 비율이 30%인 것은 우리나라에서도 가장 낮은 투입 비율임에도 불구하고 치명적인 악영향을 끼친다.

연금 개시 전에서 후로 넘어가면서 채권형 펀드의 의무 투입 비율이

0%에서 30%로 늘어나게 되면 연금 적립금의 수익률을 올리는 데 직접적으로 필요하고 실제 수익 활동에 유효한 펀드의 비율은 100%에서 70%로 줄어들게 되는 것이며 30%의 채권형 펀드는 거의 놀고 있게 되는 것이나 다름이 없다.

즉, 연금 적립금에서 30%를 차지하고 있지만 수익을 올리는 데는 아무런 힘을 쓸 수 없는 구조라고 볼 수 있다.

마치, 과거에 우리나라에 쳐들어 오는 수나라 군사 100만 대군 중에 30만 명은 물자 수송 보급 인력 등이라 실제 전쟁 투입 가능 병력은 약 70만 대군도 안 되는 100만 대군으로 보아도 무리가 없는 것처럼 말이다.

채권형 펀드의 의무 투입 비율이 30%이면 펀드의 수익 활동이 가능한 비율은 70% 같은 100%라고 볼 수 있다.

물론 여기서 이 채권형 펀드도 소폭의 플러스와 마이너스를 오고 가기도 하지만, 이 부분은 결국 미미하므로 무시해도 된다.

가령, 주식형 펀드와 채권형 펀드의 일정한 비율을 유지시키고 원칙에 입각하여 자동재배분이 되면서 수익 창출을 끊임없이 누적시켜야 하는데 이 30%를 활용하지 못하게 되므로 70%만 가지고 100%의 연금 적립금을 부양해야 하는 것이다.

만약 이와 같은 상황에서 무리하게 주식형 펀드와 채권형 펀드의 비율을 70:30로 유지를 했을 때 주식형 펀드가 상승을 하면 아무 문제가 없는데 주식형 펀드가 하락을 했을 경우에는 이미 채권형 펀드의 의무 투입 비율이 30%를 꽉 채워서 차지하고 있기 때문에 더 이상의 자동재배분도 불가능하고 결국 더 이상의 주식형 펀드를 투입하여 더 많은 좌수를 확보할 만한 총알이 없기 때문에 주식형 펀드를 더 이상 매수할 수 없게 된다.

이렇게 되면 마이너스인 상태의 주식형 펀드는 주구장창 물려 있게 되고 회복이 좀처럼 쉽지 않게 되며 소중한 시간을 버리게 되는 것이다.

더더구나 이때는 연금 개시 전이 아니라 연금 개시 후이기 때문에 적립식이 아니라 목돈의 거치식으로 운용이 되고 있고 연금도 지급이 되고 있다.

단 한 번이라도 이런 상황이 전개가 된다면 그 한 번으로 인하여 더 이상은 초과 수익 창출이 완전히 100% 불가능해지고 이 마이너스가 회복되려면 꽤나 오랜 시간이 필요하게 된다. 회복이 되기도 전에 연금 지급으로 연금 적립금이 0이 되는 시점이 더 빨리 도래할 것이다.

이때는 연금 개시 후의 연금을 지급하고 있는 기간이기 때문에 인출(Withdrawal)이 되어야 할 연금액(Benefits)과 보증 비용(Guarantee fees)이 매달 줄서서 기다리고 있는데, 한 번 이런 상황이 연쇄적으로 들이닥치면 좀처럼 회복이 불가능하게 될 뿐만 아니라 실제 연금 적립금의 마이너스는 속수무책이 된다.

즉, 변액연금의 연금 최적화에서 반드시 실현이 되어야 할 자동재배분이 이루어지지 않으니 일정한 시간이 경과된 후에 소폭의 수익이 실현되고 누적되는 효과를 전혀 볼 수 없게 되는 것이다.

그렇다면 다시 원점으로 돌아와서 채권형 펀드 30%를 아예 없다고 생각하고 70%만 가지고 논한다면 주식형 펀드와 채권형 펀드의 비율을 40:30으로 세팅할 수 있으므로 펀드 자산의 비율 변동에 따른 자동재배분 기능을 이용하여 누적 수익의 창출이 가능해진다.

최적화된 조건을 갖춘 변액연금은 연금 개시 후에도 자동재분배 기능을 활용할 수 있다.

여기까지는 이론상으로 나쁘지 않다. 하지만, 이것도 수많은 실전 경험과 테스트를 해 본 사람만이 알 수 있다.

여기서 잠깐 수익률을 계산해 보겠다.

연금 적립금이 1억이 있는데, 이 1억을 모두 활용하여, 수익률이 5%가 발생되면 1억 5백만 원이 된다.

그러나 연금 적립금이 1억이 있는데, 이 1억 중에서 3,000만 원은 아예 활용을 못 하고 있고, 나머지 7,000만 원을 가지고 활용하여 수익률이 5%가 발생되면 7,350만 원에 3,000만 원을 더하여 1억 350만 원이 된다. 즉, 연금 적립금 1억의 수익률은 5%가 아니라 3.5%가 된다.

이 5%의 수익이 발생되어도 7/10을 곱한 비율만큼만 적용되어 연금 적립금의 수익률은 5%가 아닌 3.5%가 되기 때문에 장기적이고 평균적으로 5%대가 되는 것이 힘들거나 불가능한 일이 되어 버린다.

채권형 펀드의 의무 투입 비율이 30%인 변액연금 상품에서 연금 개시 후의 기간에 평균적으로 5%의 수익률이 발생되려면 실제는 7.15%의 수익률이 발생이 되어야 하는 꼴이다. 평균적으로 7.15%는 달성하기에 현실적으로 너무 높은 수익률인 것을 알아야 한다.

워런 버핏은 10% 정도의 목표 수익률을 꾸준히 달성하고 있다.

그렇다면 연금 개시 전의 주요 수익 활동 구간에 채권형 펀드의 의무 투입 비율이 높은 변액연금에 가입하면 안 되는 이유가 이해가 되는가? 필자의 최적화된 변액연금에서는 채권형 펀드의 의무 투입 비율이 0%이기 때문에, 펀드의 활용이 100%나 가능하다. 그럼 채권형 펀드의 의무 투입 비율이 30%이면 얼마나 무서운 수치인지가 느껴지는가?

하물며, 안정 자산인 채권의 의무투입비율이 점점 높아지다가 종국에는 약 80% 정도까지 올라가는 TDF의 글라이드 패스는 어떠하겠는가? TDF는 반드시 하나의 특이한 펀드로만 보아야 한다.

최적화된 조건을 갖춘 변액연금이 연금 개시 후에는 채권형 펀드의 의무 투입 비율이 30%로 국내의 모든 변액연금 중에서 가장 낮은 비율임에도 불구하고 연금 적립금의 수익률 창출에 있어 항상 7/10만큼의 적용을 받으므로 아슬아슬한데 다른 여타의 변액연금 상품들은 채권형 펀드의 의무 투입 비율이 보통 최소 40~50% 이상은 되므로 실적배당형 투자연금으로 전환하여 실익을 거두는 것은 거의 불가능하다고 보아도 무방하다.

그래서 채권형 펀드의 의무 투입 비율은 무조건 낮아야 한다.

주식형 펀드에 몰아서 주식형 펀드와 채권형 펀드의 비율이 70:30으로 되어 있을 때 한 번 작살이 나면 더 이상의 자동재배분은 이루어지지 않기 때문에 이 연금 적립금은 전체적으로 상승급 반전이 일어나지 않는 한 선순환 구조의 자동재배분으로 인한 수익창출은 불가능하다고 보면 된다.

계속 연금액은 지급이 되어야 되는데 수익의 발생은 차일피일 보류가 되고 있고 보증 수수료는 계속 빠지며 여기에다가 마이너스까지 발생이 되면 결과야 불을 보듯 뻔하지 않겠는가?

이러한 이유로 인하여 최적화된 조건을 갖춘 변액연금에서도 실적배당형 투자연금 전환특약을 활용하여 현실적으로 큰 실효를 거두기 힘든 마당에 미안한 말이지만 국내 또는 전 세계에 있는 모든 변액연금의 실적배당형 투자연금 옵션 기능은 모두 무용지물이라고 보아도 전혀 틀리지 않는다.

그래도 실적배당형 투자연금은 제대로 알고 나면 좀 사기를 당한 느낌이어서 그렇지, 보증된 연금액이 지급이 되기 때문에 기존의 종신형 연금과 확정형 연금의 연금액과 거의 동일하다고 볼 수 있어 그나마 다행이다.

이것이 바로 경험생명표에 지친 소비자를 가지고 노는 전 세계 보험 회사들의 기가 막힌 최첨단 마케팅 아이디어라고 할 수 있다.

한편, 종신형 투자연금은 기준이 되는 금액의 지급 비율만큼을 연금액으로 평생 받을 수 있도록 보증을 하고 있는데 이 보증은 당연히 그냥 되고 있는 것이 아니라고 하였다. 보증 비용은 연금 적립금에서 약 1.5% 이상이 매년 빠지게 되는 것이다.

그럼 여기서 눈치가 빠른 사람은 이해를 했을 것이다. 최적의 조건을 갖춘 변액연금 상품으로 연금 개시 후의 기간에 실적배당형인 종신형 투자연금을 통하여 연금액을 수령하는 동안에 수익 창출이 가능한 70%의 연금 적립액을 가지고 3%의 수익률을 발생시키면 연금 적립액 전체의 수익률은 2.1%(=3%×7/10)가 되는 것이고, 보증 비용은 연금 적립액의 1.5% 정도가 미리 빠지게 되므로 수익을 본 2.1%는 다시 거의 0% 정도가 되어 버린다.

그런데 종신형 투자연금에서 연금액의 지급 비율인 5.4%만큼의 연금도 지급되므로 1년 동안 5.4%의 연금액이 지급되면서 연금 적립금은 약 95% 이하로 떨어지게 되는 것이다. 고작 1년 동안 연금액이 지급되었는데 수익률이 3%가 발생이 되었음에도 불구하고 1억은 9,500만 원 이하로 줄어 있게 된다.

여기서 연 평균 꾸준히 연금 적립금의 3~4%씩 수익률이 꾸준히 발생한다고 가정하여 '×7/10'을 적용하고 투자연금의 보증 비용 약 1.5% 정도를 차감하고 여기에다가 연금액까지 매년 5.4%가 인출되니 실제의 연금 적립액은 매년 계속 줄어들게 되고 점점 줄어드는 연금 적립액의 크기마저도 줄어들고 있으니 발생되는 수익률은 또 점점 줄어들게 된다.

이처럼 줄어들 때에는 기하급수적으로 줄어들게 된다.

여기서 수익률을 많이 발생시키면 될 것 같지만 절대 불가능하다.

지극히 간단한 예를 들자면 **한 펀드에서의 1억이 50%의 마이너스(-)가 발생되어 5,000만 원이 되었다. 이 5,000만 원이 다시 1억이 되려면 50%의 플러스(+)가 아니라, 100%의 플러스(+) 수익이 발생이 되어야 한다.**

마찬가지로 3~4%의 수익이 발생되고 있음에도 불구하고 매년 5.4%씩의 연금이 지급될 때에는 1년 그리고 1년이 지나면 지날수록 수익률 3~4%에 대한 실수익률은 상대적으로 더 떨어지기 때문에 1년만 경과하더라도 연금 적립금은 연쇄적으로 도미노처럼 무조건 더 빠른 속도로 떨어지게 된다.

매달 지급이 되고 있는 연금액 자체가 연금 적립금 기준에서는 마이너스나 마찬가지이므로 점점 필요로 하는 기대수익률은 높아져야만 한다.

한편, 수익을 많이 내어 시작 지점의 연금 적립금만큼 회복하려면 훨씬 더 많은 수익률을 발생시켜야 한다.

조금 이해가 되는가?

여기서 5.4%의 연금액은 연금이 지급될 때의 적립금의 5.4%가 아니라 기준이 되는 금액인 1억의 5.4%가 인출이 되었으니 실제의 연금 적립액이 줄어드는 속도는 생각했던 것보다 훨씬 더 빠르고 고작 20년도 안 되어 실제의 연금 적립금은 0원이 되어 버린다. 이것이 꼼수인 것이다.

증권사의 실적배당형 연금펀드도 연금 개시 이후에 연금이 지급되고 있을 때에는 이러한 이유로 수익률을 떠나서 자동환매가 되는 일들이 허다하고 계좌들이 녹아내려 연금 지급이 중단되는 것이다. 이중 한몫 더하는 것은 7일 전에 연금 지급 계획에 맞추어 이유 불문하고 자동환매가 미리 이루어지는 것도 크다. 이때 연금 적립금은 기하급수적으로 줄어들게 된다.

그래서 필자가 그토록 증권사의 실적배당형 연금펀드는 미리미리 납입 중지하거나 과감하게 해약을 하라고 하는 것이다.

혹자는 증권펀드의 연금 개시 후에 연금 MMF와 같이 안정적인 펀드로 구성을 해 놓으면 된다고 하는 사람도 있다. 그럴 것 같으면 왜 굳이 연금 개시 후에 높은 수수료 부담을 떠안고 연금 개시 후에도 실적배당형으로 운용을 하는 것이며 여태껏 거론하였던 세금이며 종합과세는 어떻게 할 것인가? 아니면 찔끔찔끔 연금을 받을 것인가?

그래서 연금도 연금 개시 후에는 정관수술이 필요하다. 나이 든 사람에게 이러한 펀드들은 평생 동안 각 계통에서 전문 분야로 살아온 이 사람들을 바보로 만들어 버린다. 연금은 연금답게 안정적으로 소멸되면서 지급되는 것이 결국은 가장 유리하다.

종신형 투자연금에서는 파생 상품을 통하여 연금액을 보증해 주고 있으므로 30년이든 40년이든 죽을 때까지 매년 기준이 되는 금액의 5.4%만큼은 지급이 되는 것이다.

그렇다면 10년 확정형 투자연금의 경우에는 연금액의 지급 비율이 10.75%이기 때문에 더욱더 빠른 속도로 연금 적립금이 고갈되고 투자연금의 최대 장점으로 꼽히는 확정 기간이 종료된 이후에도 잔여 적립금을 받는 건 아예 불가능한 일이 되어 버린다.

투자 수익률에 관계없이 10.75%의 비율을 지급해 주는 것은 정말 기하급수적인 수치라 반드시 10년 안에 고갈되도록 되어 있다. 이는 즉, 10년 확정형 연금과 거의 동일하거나 조금 부족하다는 말이다.

여기서 종신형 투자연금의 연금액 지급 비율인 5.4%는 평생 변하지 않는다. 즉, 결과적으로 연금을 수령하는 양만 따지면 일반적인 종신형 연금과 동일할 뿐이고 연금 소비자들이 쉽게 알기 힘든 구조와 원리 및 어려운 용어로만 둔갑을 한 형태라고 보면 된다.

지금 언급한 사례는 국내에서 가장 유리하고 최적화된 조건을 갖춘 변액연금 상품에서 실적배당형 투자연금으로 전환했을 경우 채권형 펀드의 의무 투입 비율이 30%일 때의 상황을 이야기한 것이다.

이것은 지극히 간단한 투자의 기본 원리에 불과하다. 원금에서 그것도 계속 연금액을 빼어 쓰니 힘을 발휘하지 못하거나 발휘할 수 있는 시간적 여유를 주지 못하고 결국 기하급수적으로 더 많은 수익률이 발생되어야 되는데 채권형 펀드의 의무 투입 비율이 높기 때문에 수익률은 오히려 더 저조하므로 **연금 개시 후의 실적배당형은 생명보험사에 있는 변액연금에서의 투자연금이든 증권사의 연금펀드이든 TDF 연금펀드이든 TDF 퇴직연금이든 아에 기대를 하지 않는 것이 좋다.**

즉, 연금 개시 후의 실적배당형은 연금의 기본 원리상 연금의 지급 구조와 맞아 들어가지를 않는다.

물론 연금펀드는 채권형 펀드의 의무 투입 비율이 없지만 자동재배분이 되지 않아 모두 수동으로 조절해야 하고 수익률이 단 한번이라도 대세하락장이라는 늪에 빠져 버리게 되면 미국 등의 금융 선진국에서의 수많은 사례들처럼 종국에는 예상했던 연금 수령액보다 적게 수령하거나 연금 지급이 조기에 중단되어 낭패를 볼 확률이 상당히 크고 여기에다가 세금도 연금 가입자의 편에 서 있지 않아 더욱 불리하다고 볼 수 있으며 가장 큰 문제는 연금을 수령하는 노인들이나 이를 관리해 주는 전문가들조차 연금펀드의 장기적인 관리 자체가 안 되고 있다는 것이다.

자산의 비율이 자동재배분이 이루어지면서 수익이 발생되어야 되는데 그렇지 않고 여러 종목에 분산이 되어 있어 결과론적으로 순수익의 누적이 좀처럼 되지 않으며 연금이 개시되고 난 후에는 꼬박꼬박 7일 전에 자동환매가 들어가므로 울며 거자 먹기로 마이너스 매도하는 경우가 대부분이고 눈앞에서 코를 베어 가듯 속수무책으로 바라보아야 하고 그럼에도 불구하고 약정된 연금은 일단 지급이 되고 있으므로 총 연금 적립금은 예상했던 것보다 훨씬 더 빨리 줄어들게 된다.

즉, 한 번 지급되는 연금은 계속 규칙적으로 지급이 되어야 하기 때문에 연금 적립금의 기준에서의 마이너스는 가면 갈수록 점점 더 심해지게 된다.

이 부분이 생각보다 훨씬 무서운 부분이다. 일부는 해당 증권 회사의 전문가들이 펀드 관리에 대한 부분을 가이드해 준다는 것을 철석같이 믿고 있는데, 제일 관리가 안 되는 것이 증권사의 연금펀드나 적립식 펀드 같은 투자형 상품이다.

연금 가입자는 힘없는 노인일 뿐이고 보고 들어도 이해가 되지 않을 뿐이며 제반의 서류들은 증권사가 0.1%의 잘못도 없도록 모두 동의가 되어 있을 뿐이다.

실적배당형의 순수 혈통 100%인 연금펀드는 동일한 세제혜택이 주어지는 연금저축이나 연금저축보험에서 지급되는 연금의 총량만큼만 받아도 정말 잘 받은 것이다.

미국이나 영국, 캐나다, 유럽 등의 해외에 여행갔을 때 노령의 이민자나 연금펀드를 개시한 지 10년 정도 지났을 것 같은 할아버지나 할머니가 길에 지나가고 있으면 꼭 한 번 물어보면 알 수 있다.

점점 이해가 되고 있는가?

결국 연금 상품은 연금이 지급되는 연금 개시 후의 기간에는 연금의 본연으로 돌아와야 한다.

이런 차원에서 실적배당형 투자연금은 말은 정말 거창한데 비하여 큰 효과는 없지만 그래도 일반적인 연금만큼은 지급이 되니 차라리 다행이라고 보면 된다.

한편, 연금 개시 전에는 실적배당형의 자동재배분으로 최적의 효과를 보고, 연금 개시 후에는 최적화된 방법을 동원하여 리스크 없이 가장 효율적으로 연금을 수령하니 연금 최적화가 얼마나 대단한지 느껴지고 있는가?

그렇다면 일반적인 다른 변액연금 상품들은 채권형 펀드의 의무투입 비율이 50~70%이기 때문에, 실적배당형 투자연금의 소문난 장점으로 꼽히는 연금 지급 기간의 종료 후 잔여 적립금을 수령이 가능하다는 점은 99.9% 불가능해지며 이것은 유명무실한 미봉책(彌縫策)임에 틀림이 없다.

그래서, 연금 개시 후의 실적배당형 투자연금 제도는 지금도, 앞으로도 채권형 펀드의 투입 비율이 0%가 되지 않는 한 심리적으로만 위안이 될 뿐이고 이름만 거창할 뿐이며 0%가 되어도 연금 지급이라는 연금의 기본 원리상 흐름을 역행할 뿐이다.

연금 최적화에서 최적화된 조건을 갖춘 변액연금 상품을 가지고 연금 개시 전에 평균적으로 약 5% 정도를 상회 또는 하회하는 수익률을 누적시킬 수 있는 근본적인 이유는 특정 펀드의 수익률이 잘 나와서가 아니라 **채권형 펀드의 의무 투입 비율이 0%라 자동재배분의 기능을 꾸준히 활용할 수 있기 때문이고 정말 중요한 숨어 있는 이유이자 듣고 나면 허무해지는 이유는 앞서 원리를 설명했듯이 연금을 수령하고 있지 않기 때문이다.**

필자는 의무적인 조건들을 제외하고는 보증 비용으로 빠지는 제반의 쓸데없는 기능들은 단 하나도 추가하거나 선택하지 않았다.

보증되지 않는 것이 가장 보증되는 것이라고 그렇게 얘기하지 않았던가?

예를 들어 실적배당형 투자연금에서는 최초 연금 개시 시점에 기준이 되는 금액인 1억에 마이너스가 발생이 되어 9,000만 원이 되었다고 가정해 보자.

이때도 보증이 되므로 5.4%의 지급 비율이 적용되는 기준 금액은 1억으로 간주를 하게 해 준다. 수익률이 마이너스가 발생이 되면 기준이 되는 금액인 1억이 9,000만 원으로 줄어들지 않고 1억이 그대로 재설정(Reset)이 된다.

반대로 1억이 1억 1,000만 원이 되었다고 가정해 보자. 이와 같이 수익률이 플러스일 경우에는 기준이 되는 금액이 1억 1,000만 원으로 재설정되어 변경되고 만약 1억 1,000만 원이 마이너스가 발생이 되어 9,000만 원이 되면 재설정되어 다시 1억 1,000만 원이 된다.

즉, 수익이 발생이 되면 기준이 되는 금액은 상향된 금액으로 재설정이 되고, 손실이 발생이 되면 기존의 금액 그대로 재설정이 된다.

국내뿐만 아니라 해외에서도 재설정은 1년마다 되기도 하고 3년 마다 되기도 한다. 그럼 연금 지급의 기준이 되는 1억 1,000만 원을 기준으로 하여 5.4%의 지급 비율만큼을 연금액으로 지급하게 된다.

즉, 기준이 되는 금액보다 플러스가 되면 재설정되고 마이너스가 되면 마지막으로 기준이 된 금액을 그대로 적용받게 되는 것인데 기준이 되는 금액은 평생 떨어지지는 않고 올라갈 수는 있다는 뜻이다.

즉, 수익률이 마이너스가 되어도 기준이 되는 금액은 줄어들지 않으니 관계가 없다. 이는 곧 수익률에 마이너스가 발생이 되어도 된다는 뜻이다.

그런데, 수익률이 마이너스가 되면 실제의 연금 적립금도 많이 줄어들게 되지만 연금액이 지급되는 데는 영향을 끼치지 못한다.

앞서, 어차피 실적배당형 투자연금은 극초기 사망했을 때를 제외하면 잔여 적립금을 받을 수 없다고 하였다. 즉, 실적배당형 투자연금의 펀드는 수익을 보든 손실을 보든 관계없이 의무적으로 투입되는 30%의 채권형 펀드를 제외하고 펀드를 선택할 수 있는 70%는 무조건 가장 위험한 주식형 펀드로 몰아서 배치를 하는 것도 하나의 방법이다. 단, 이 원리를 먼저 이해해야 수익률에 불안해지지 않을 수 있다.

이렇게 되면 비록 실제의 연금 적립금은 손실을 입게 된다. 매년 3~4%의 수익률이 발생이 되어도 연금 적립금은 모두 고갈이 되어 어차피 잔여 적립금은 받을 수 없는 것이다. 하지만 만약 큰 수익률이 발생이 되었을 때에는 연금액의 지급 비율에 직접적으로 관계하고 있는 기준이 되는 금액이 높은 금액으로 재설정될 수 있는 가망성이라도 있다.

여기서 착각을 하면 안 되는 것이 이 기준이 되는 금액은 실제의 연금 적립금이 아니라는 점이다. 그 기준 금액은 연금액을 지급하기 위한 일종의 기준이 되는 가상의 금액이라고 보면 된다.

그러나 위의 사례에서 확인했듯이 이 연금 적립금 1억에 10%의 수익률이 발생이 되려면 1억의 '×7/10'인 7,000만 원을 주식형 펀드에 70% 몰아서 이 주식형 펀드의 수익률이 16.5%가 발생이 되어야 한다. 그래야 전체 연금 적립금인 1억의 수익률이 11.5%가 되고 약 1.5%의 보증 비용을 차감하면 수익률이 10%가 된다. 여기에서 기준이 되는 금액의 5.4%를 지급 비율만큼에 해당되는 연금액으로 차감하고 나면 정확한 수익률은 약 4% 정도가 된다.

결론은 최적화된 조건을 갖춘 변액연금도 주식형 펀드 70%를 전부 몰아서 16.5% 이상의 수익률이 발생이 되어도 연금 적립금의 순수익률은 약 5%가 되지 못한다.

운좋게 한 해에 주식형 펀드로 몰빵을 하다가 연 수익률이 약 15% 대가 발생이 되었다고 가정을 해도 필자가 장담하건대 절대 1~2년 이상을 가지 못할 것이다.

그래서 연금 개시 후의 실적배당형 투자연금은 결국 일반적인 경우의 종신형 연금과 거의 동일한 양의 연금을 받을 뿐이다.

연금액을 평생 지급하기 위한 보증 비용이 매년 빠지고 연금액도 계속 지급이 되니 실제의 연금 적립금의 총량은 무조건 고갈되게 되어 있고 0으로 수렴을 한다.

상황이 이렇다 보니 실적배당형 투자연금에서의 납입 원금이나 실제의 연금 적립금에 대한 보증은 물리적으로 불가능할 수밖에 없고 단지 지급 비율만큼의 연금액을 보증해 줄 뿐이다.

즉, 실적배당형 투자연금의 모든 원리와 구조는 다 연극일 뿐이다.

어쨌든 종신형 투자연금에서 남자의 지급 비율이 여자보다 높고 고혈압이나 당뇨의 유병자일 경우 지급 비율이 더 높을 뿐만 아니라 혹여나 조기 사망 시 잔여 연금액을 받을 수도 있기 때문에 피보험자가 남자로 되어 있는 마지막 주자의 연금을 종신형 연금으로 개시할 때나, 독신 남성이 10년 보증형의 종신형 연금으로 개시할 경우에는 종신형 투자연금으로 연금을 수령하는 것이 연금 수령 효율 측면에서 조

보증 연금액의 지급비율	연금지급	여자			남자		
구분	개시나이	표준체	고혈압	당뇨	표준체	고혈압	당뇨
투자연금종신형(GLWB)	55~59세	3.85%	3.97%	4.02%	4.25%	4.48%	4.57%
	60~64세	4.30%	4.47%	4.56%	4.65%	4.98%	5.07%
	65~69세	4.70%	4.94%	5.05%	5.40%	5.86%	6.02%
	70~74세	5.40%	5.72%	5.91%	6.15%	6.77%	7.04%
	75~79세	6.30%	6.80%	7.09%	6.60%	7.39%	7.82%
	80세	6.90%	7.45%	7.94%	7.20%	8.06%	8.64%
투자연금 10년 확정형(GMWB)	무관	10.75%					
투자연금 20년 확정형(GMWB)	무관	6.25%					

[그림 14-1] 남성이 마지막 연금을 종신형으로 개시할 때와 종신형 연금으로 개시하는 미혼남성이 고혈압이나 당뇨가 있을 때에는 종신형투자연금(GLWB)이 조금 더 유리하다

금 더 유리하다.

혹시라도 고혈압이나 당뇨가 있다면 반드시 연금 개시 전에 고혈압이나 당뇨를 증명하는 진단서를 제출하여 지급 비율을 높이도록 하자. 연금은 무조건 높은 비율로 받는 것이 장땡이다.

여자의 경우에도 고혈압이나 당뇨가 있을 경우에는 종신형 투자연금을 활용하게 되면 연금 수령 효율을 미미하게나마 조금 올릴 수가 있지만 남자보다는 훨씬 미미한 수준이다.

이렇게 되면 조금이라도 더 많이 받게 되므로 오래 살면 오래 살수록 더 많이 받아가는 것은 사실이지만, 조기 사망 시에는 여태껏 받아간 금액을 제하고 잔여 연금액을 돌려주기 때문에 조기 사망 시에는 결국 잔여 연금액에서 더 받은 만큼은 빠지게 되는 것이므로 어쨌든 받는 입장에서는 무조건 오래 사는 것이 연금 수령 효율 측면에서 좋다.

실제의 연금 적립금에서 보증 비용 약 1.5% 정도와 지급 비율 5.4%를 합하여 약 7%의 지출을 방어할 수 있는 수익이 발생이 되면 좋은데, 결국 7%의 수익이 발생되려면 연금 적립금의 30%는 채권형 펀드로 고정이 되어 있으므로 70%의 펀드에서 약 10% 정도의 수익률이 발생이 되면 연금 적립금의 7%에 해당되는 지출을 방어할 수는 있다.

그렇다면 실제의 연금 적립금 대비 2~5% 정도의 수익이 발생이 되면 결국은 마이너스인데 이럴 경우 기준이 되는 금액은 공제되지 않고 그대로 지급비율이 적용이 되어 연금액이 나오는 것이고 만약 70% 비율의 수익 창출 가능 펀드에서 약 30% 정도의 수익률이 발생이 된다면, 실제의 연금 적립금에서는 21% 정도의 수익이 발생이 되는데 7%의 지출을 빼더라도 실제의 연금 적립금에서의 수익은 14%나 된다.

이럴 경우 기준이 되는 금액이 2억일 경우 재설정이 되어 14%가 올라 2억 2,800만 원이 되어야 하는데 재설정 한도는 수익이 아무리 많이 발생이 되어도 기준이 되는 직전 금액의 110%가 넘을 수 없으므로 2억 2,000만 원이 될 뿐만 아니라, 총 납입 금액의 300%도 넘을 수 없으므로 다시 2억 1,600만 원(=[10만 원+20만 원]×12개월×20년×300%)이 되므로, 지급비율 5.4%를 적용하면 월 97만 원씩 연금액을 받을 수 있는 것이다. 원래보다 월 7만 원씩 많이 받게 되는 것이다.

여기서도 착각을 하면 안 되는 것은 수익이 발생이 많이 되어서 월 7만 원씩을 더 받는 것이 아니라, 수익이 많이 발생이 되면 기준이 되는 금액이 증가하기 때문에 기준이 되는 금액의 수익률만큼을 적용해서 먼저 많이 받는 것과 같을 뿐이라는 점이다.

그리고 고수익이 발생되었을 경우에도 10% 제한이 걸리거나 납입 금액의 300% 제한이 걸리기 때문에, 결국 월 연금 수령액은 무한정 수익률만큼 많이 받아갈 수는 없는 것이고, 사망 시 일시금도 연금 적립금을 넘을 수 없으므로 사망 시 일시금은 수익이 많이 발생하더라도 조기사망이 아니라면 거의 못 받아 가도록 되어 있다.

한편, 최적화된 조건의 변액연금 상품을 정상적으로 유지하여 70세에 종신형 투자연금으로 개시한다면, 이때의 연금 적립금이 납입 금액의 300% 정도에 해당되는 금액을 일반적인 기대 목표로 하고 있기 때문에 이는 곧 큰 차이가 없으니 결국은 더 못 받아 가게 되는 것이고 더 받아 갈 것도 없는 것이다.

예를 들면, 약 30~35세의 연금 가입자가 총 7,200만 원[=(10만 원+20만 원)×12개월×20년]을 납입하면, 70세에 약 2억원 정도의 연금 적립금을 기대 목표로 설정하게 된다. 그러나 이렇게 되면 이미 납입 금액의 300% 정도에 해당되기 때문에 더 받아갈 것도 없는 것이다.

그럼 추가납입을 하지 않으면 되지 않느냐고 물어보는 경우도 있는

데, 더 말을 하지 않겠다.

종신형 투자연금는 일반적인 종신형 연금에서처럼 보증 기간에 관계 없이 사망 시에 잔여 연금 적립금이 지급이 되는 것이 초장점인데, 극 초기가 아니면 나올 돈이 없다고 이미 언급하였다.

물리적인 계산상으로도 나올 돈이 없고 이미 수령한 연금액을 공제 해도 나올 돈이 없으며 오래 생존하면 나올 돈은 더 없다.

애초부터 종신형 투자연금의 사망 시에 지급되는 잔여 적립금은 받 을 수 없도록 프로그래밍이 되어 있고, 마케팅이 기가 막히게 진화되 고 첨단화되었을 뿐이다.

원론으로 돌아와서 종신형 생존연금은 종신형 연금이든 종신형 투 자연금이든 신경 쓸 것 없이 무조건 오래만 살면 된다. 이것이 정답 이다.

즉, 금융 회사는 손해 볼 짓을 하지 않으며 연금 가입자는 무조건 가능한 한 빨리 많이만 받아 가면 그만인 것이다.

확정형연금액보증(GMWB, Guaranteed Minimum Withdrawal Benefits) 옵션은 연금 개시 후에도 특별계정에서 펀드로 운용을 하여, 확정형 연금과 마찬가지로 10년 또는 20년의 확정된 기간 동안 연금 개시 시 점에 정해진 지급 비율만큼의 연금액을 확정형 연금 지급 방식으로 지 급하게 된다.

확정형 투자연금에서 보증을 해 주는 것은 납입 원금이나 연금 적립 금이 아니라 정해진 지급 비율만큼의 연금액이다. 실제 연금 적립금이 0원이 되더라도 기준이 되는 금액의 지급 비율만큼은 연금액으로 보 증해 준다는 뜻이다.

이 확정형 투자연금의 연금액은 일반적인 10년 또는 20년 확정형과 거의 동일하거나 오히려 미세하게나마 적은 경우가 많다.

이 확정형 투자연금의 가장 치명적인 단점은 확정형 연금 중에 가장 연금 지급 효율이 가장 높은 5년 확정형 연금으로는 받을 수 없다는 점이다. 이처럼 확정형 연금 지급 형태에서조차 선택의 유연성이 발휘가 되지 않으면 개인연금을 최적화시키는 데 도움이 되지 않는다.

5년 확정형 연금과 10년 확정형 연금 간의 월 연금 수령액의 차이는 무려 2배나 된다.

강조하건대, **5년 확정형 연금으로 연금소득세의 비과세를 누릴 수도 없으며 독립적이고 집중적으로 받을 수 없는 연금은 개인에게 도움을 주는 개인연금(Personal Pension)이 아니다.** 제발 명심하도록 하자. 개인 연금의 꽃은 5년 확정형 연금이다.

정부와 금융 기관 그리고 여러 가지의 세금 제도는 5년 확정형 연금을 선택할 수 없는 방향으로 보이지 않는 위협과 비양심적인 안내를 하고 있을 뿐이다.

금융 회사 입장에서도 5년 확정형 투자연금 전환 특약을 선보이기는 생각보다 수월하지 않을 것이다.

만약 출시가 되더라도 일반적인 5년 확정형 연금보다는 무조건 조금이라도 연금액이 적을 수밖에 없고 만약 더 많다면 연금이 지급되는 기간이 짧아질 수밖에 없다.

그 이유는 5년 확정형 투자연금이 보증하는 연금액의 지급 비율이 10년 확정형 투자연금의 약 2배 정도는 되어야 하는데 지급 비율이 너무 높아 연금 적립금의 수익을 조금이라도 보존하기란 여간 어려운 상황이 아닐 수 없기 때문이고 수익을 조금이라도 발생시키는데 끌 수 있는 시간이 너무 부족하기 때문이다.

한편 주의를 해야 할 부분이 있다. 두 가지의 10년 확정형 투자연금으로 동시에 복층으로 수령하는 경우보다 5년 확정형 연금을 하나씩 하나씩 순차적으로 이어서 개시하거나 일정 기간 동안 중첩되도록 개시하는 것이 여러 면에서 훨씬 더 유리하다.

이렇게 연금을 최적화시키면 연금 수령액도 훨씬 더 많을 뿐만 아니라 연금 수령 효율도 높아지며 유연성도 뛰어나지므로 풍부한 연금을 수령할 수 있게 된다.

특히 연금 개시 시점까지 힘들게 완성을 시킨 두 가지의 최적화된 변액연금을 모두 동시에 10년이나 20년 확정형 투자연금으로 개시하는 어처구니 없는 실수는 절대 저지르지 말도록 하자.

5년 확정형 연금으로 연금 개시를 앞두고 있는 사람도 종착지까지 거의 다 와서 괜히 실적배당형 투자연금으로 계약전환을 하면 안 된다. 결과적으로는 5년 확정형 연금을 10년으로 변경하는 것과 동일한 것도 하나의 이유이기 때문이다.

10년 확정형 투자연금를 선택하여 투자 수익을 잘 내서 5년 확정형 연금만큼 받을 수 있을 거라는 어리석기 짝이 없는 생각은 버려야 한다. 죽었다 깨어나도 그런 일은 절대로 일어나지 않는다.

필자가 국내 최초로 공식적인 입장에서 제대로 강조하는 비과세의 5년 확정형 연금이 여러분의 노후를 바꾸어 줄 것이다.

종신형연금액보증(GLWB, Guaranteed Lifetime Withdrawal Benefits), 최저연금적립금보증(GMAB, Guaranteed Minimum Accumulation Benefits), 최저사망보장보증(GMDB, Guaranteed Minimum Death Benefits), 최저확정형연금액보증(GMWB, Guaranteed Minimum Withdrawal Benefits), 최저연금소득보증(GMIB, Guaranteed Minimum Income Benefits) 등의 **모든 화려한 보증 옵션은 빛 좋은 개살구일 뿐이며 대한민국 연금 가입자에 대한 눈속임일 뿐이며 점점 연금 상품을 복잡하고 어렵게 만들어서 금융 소비자를 기만하는 행위에 불과할 뿐**이므로, 필자가 모든 것을 걸

고 장담하건대 전혀 중요한 부분이 아니고 도움도 되지 않으므로 철저히 무시해도 된다.

이제 확실히 이해가 되는가? 국내 최초로 세부적으로 이해하기 쉽게 설명하였다. 여러분에게는 연금 가입자 기준에서 연금을 효율적으로 많이 받는 것이 중요하다.

이처럼 연금 가입자가 사망하고 나서 유족이 일시금을 신청할 때쯤이면 지급되는 잔여 적립금이 없음을 알고 이 연금도 똑같은 연금이니 아니니 등을 따지지는 않는다. 어차피 적립금이 나오는 것을 아는 사람은 연금 가입자이고 이 연금 가입자는 이미 사망을 하였으며 유족은 아무 힘이 없고 금융 회사는 책임질 일이 하나도 없으며 사망을 한 이 연금 가입자는 말이 없기 때문이다.

국민연금도 퇴직연금도 금융 회사의 개인연금도 필자를 절대 속이지 못한다. **연금 최적화를 적용한 변액연금은 국내가 아니라 세계에서도 가장 많은 연금을 받을 수 있다.** 자부심을 가져라!

국내의 종신보험은 해당되지 않지만 대한민국 금융 회사의 최적화를 시킨 변액연금은 전 세계에서도 가장 많은 연금을 가장 효율적으로 받는 개인연금인 것이다. 대한민국 국민들이여, 자부심을 가져라. 세계에서 가장 많은 연금을 받을 수 있게 되는 것이다.

전 세계에서 최적화를 시킨 변액연금이 가장 우수하다는 근거는 여태껏 역설하였다. 그다음은 전 세계에서 돈만 있으면 살기에 가장 편리한 나라인 대한민국에서 돈을 잘 쓰기만 하면 된다.

6만 원만 올려도
60만 원 이상 더 받을 수 있다

+10%의 마법

> 6)
> 현재 매월 납입 여력 가능 금액이 60만 원이라면
> ⓐ 연금 상품 1을 10만 원으로 가입하고 20만 원을 추가납입하며
>   연금 상품 2를 10만 원으로 가입하고 20만 원을 추가납입한다.

연금 최적화 두 번째의 '구체적인 추가납입 금액 정하기'에서 이와 같이 안내를 하였다.

매월 연금을 목적으로 부담없이 납입할 수 있는 금액이 딱 60만 원이라면 이처럼 해도 무관하다.

하지만, 매월 잉여 금액이 조금씩 남아 추가적으로 조금 더 연금 상품에 납입이 가능하거나, 마음만은 이 60만 원씩 매월 납입하는 금액 외에 추가적으로 10~30만 원 더 내고 싶기는 한데 더 납입을 하자니 부담스럽거나, 월 10만 원짜리 연금 상품을 하나 더 추가로 가입하는 것도 큰 무리는 없을 것 같긴 한데 당장 이 월 10만 원 짜리 연금 상품에는 추가납입을 할 것도 아니라서 좀 마음이 시원치 않거나 그냥 이

대로 하자니 이제 추가납입 가능 한도도 없는데 연금 적립금은 부족한 것 같이 느껴진다면, 연금 최적화의 연금적립액 +10% 올리기 스킬을 이용하면 실제로 꽤나 도움이 된다.

어쨌든 월 납입 금액이 10%가 늘어나고, 이 납입 금액은 동일하게 최적화가 되므로, 연금 적립금(연금 재원)도 거의 동일하게 약 10% 정도가 올라가기 때문이다.

크게 어렵지는 않은 방법이므로, **납입 여력이 가능하다면 소중한 골드 노후를 위해 기본 가입 금액과 추가납입 금액의 10%를 올려 보도록 하자. 월 연금 수령액도 약 10% 정도가 올라가게 된다.**

가입금액	보험기간	납입기간	보험료
1,320만원	종신	20년납	110,000원

[그림 15] 납입 여력이 조금 더 된다면, 납입 금액을 부담 없이 10%만 올려 보자

이렇게 하게 되면 월 60만 원 납입할 금액을 66만 원으로 올린 셈이다.

> 6) +10%
> 현재 매월 납입 여력 가능 금액이 66만 원이라면
> 연금 상품 1을 11만 원으로 가입하고 22만 원을 추가납입하며
> 연금 상품 2를 11만 원으로 가입하고 22만 원을 추가납입한다.

한 개인이나 부부의 월 수입 지출의 현금 흐름상 약간의 잉여 금액이 있다고 한다면 큰 무리가 되지는 않을 것이고 향후에 연금 적립금도 동일하게 무려 약 10% 정도나 올라가게 된다.

한 부부가 더도 말고 덜도 말고 66만 원만 이와 같이 연금으로 최적

화를 시켜도 노후가 완전히 달라진다.

만약 연금 적립금이 원래 3억이라고 한다면 납입 금액의 +10%로 최적화시켜서 큰 힘을 들이지 않고 연금 적립금을 3억 3천으로 만든 셈이다. 여기에 누적되는 복리 수익까지 반영한다면 더 큰 금액이 될 수 있다.

이 연금 적립금 약 3천만 원은 세금 부담 없이 월 250만 원 정도를 1년 동안이나 받을 수 있는 금액이다. 돈 나갈 곳도 많고 사실 돈만 있으면 있는 대로 쓸데가 가장 많은 은퇴 직후의 집중 활동 기간에는 이 돈으로 하여금 돈으로는 바꿀 수 없는 중요하고 소중한 일들을 많이 할 수 있다.

이때는 은퇴 이후의 기간 중에서도 가장 중요하고 가장 빨리 지나가 버리는 시간이다.

지구에서의 인생은 단 한 번뿐이다.

정말 중요한 연금 수령을 목적으로 삼고 있다면 정말 간단하면서도, 도움이 안 될 것 같으면서도, 은근히 많은 도움이 되지 않는가?

필자는 이런 간단하면서도 연금 가입자 입장에서는 실속적인 아이디어 기법조차도 활용을 하는 영업장을 필자 외에는 단 한 번도 본 적이 없다. 단 한 번도!

VIP 센터, WM 센터, 금융 창구에서도 고액의 월 납입 금액을 판매하는 데만 급급한 것이 아닌가 싶다. 이렇게 납입을 하게 되면 결국 연금 적립금이 약 10% 정도가 늘어났으니 수령하게 되는 연금 또한 약 10% 정도는 더 많아지게 된다.

이것이야말로 지극히 현실적인 방법이지 않는가?

아직도 연금 최적화가 말이 안 된다고 생각하는가?

연금의 주인을
정하는 방법

'계약자＝피보험자＝수익자＝여자'로 하면 생기는 것

확정형 연금과 종신형 연금 중 하나를 선택할 수 있는 변액연금에는 종신형 연금이라는 연금 지급 형태가 탑재되어 있기 때문에 결국 경험 생명표의 직접적인 영향을 받는다.

어찌 보면 지극히 당연한 원리인데, 이러한 이유로 변액연금은 생명 보험사에서만 취급을 하고 있는 것이다.

앞서 보험에서는 몸의 대상자를 피보험자라고 하였다. 한편 보험 계약을 하는 사람을 계약자라고 한다. 이 변액연금의 계약자는 이 연금 계약을 좌지우지할 만한 권한을 갖게 되므로 중요한 의미를 가지고 있다.

특히 요즘 이혼률이 높은데, 만약 이혼을 하였을 경우에도 실제로 누가 연금 상품에 납입을 했는지는 관계가 없고 계약자가 무조건 이 연금 상품의 주인이며 절대적인 권리를 갖게 된다.

앞서 연금 최적화에서는 피보험자를 가능한 한 여자로 설정하였는데 계약자가 남자일 경우에 이 역시 이혼 여부와는 관계 없이, 이혼을 하더라도 이혼 전의 피보험자인 여자의 생존 여부에 따라 동일하게 적용을 받게 되며 피보험자의 변경은 아예 원천적으로 불가능하지만 이 연금 상품 자체가 사망과 관련이 있는 것이 아니라 종신형 연금으로 개시할 때에 피보험자가 오래 생존하면 생존 연금(생존 보너스)이 계속 나오는 것과 밀접한 관련이 있기 때문에 여자의 입장에서 위험이 없으므로 적절히 합의 후 연금계약의 유지 여부를 결정하면 된다.

보통 연금 상품의 수익자는 계약자가 되는데, 수익자를 미리 지정해 놓을 수도 있다. 수익자를 미지정 했을 경우에는 계약자나 법적 상속인이 곧 연금을 개시할 때의 수익자가 된다.

그래서 **부부의 경우 계약자를 누구로 하든 아무 관계는 없지만, 두 가지 연금 상품을 가지고 갈 때에 한 사람당 하나의 연금 상품을 계약자가 되는 경우가 많다. 계약자는 얼마든지 변경을 할 수도 있다. 물론 피보험자는 모두 여자로 한다.**

한편, 이 변액연금은 세제혜택이 되지 않아 이 상품에서 발생되는 차익의 소득세는 이자소득이든 연금소득이든 간에 모두 비과세가 된다.

단, 연금 상품에서는 목적이 연금이기 때문에 이자소득의 비과세는 크게 중요하지 않다.

즉, 세제혜택이 되지 않는 변액연금에 가입하고 있으면 납입 기간 중에 돌려 받을 세금도 없기 때문에 부부의 경우 사실 계약자는 누구로 하든지 물리적인 득과 실은 없다.

한편, 한 사람이 연금 상품을 계약할 때는 당연히 본인을 계약자로 하면 되고, 부부가 연금 상품을 계약할 때에는 좀 더 시간적 여유가 되는 사람을 계약자로 하면 좋다.

가끔 연금 상품에 가입한 금융 회사의 콜 센터에 전화를 해서 펀드 변경이나 추가납입 등의 내용을 확인해야 하는데, 아무래도 부부 중에 최적화된 연금 상품에도 좀 더 관심이 있고 좀 더 꼼꼼하고 가정의 돈 관리도 하고 시간적인 여유를 내서 금융 회사의 업무 시간에 전화한 통 정도 할 수 있는 사람으로 정하는 것이 더 효율적이다.

단, 변액연금을 최적화시켜 관리하다 보면 의외로 연금 적립금이 금방금방 늘어나게 되는데 이때 일부 남자들의 경우 중도 인출이나 약관 대출이 되기만 하면 틈만 나면 숨 쉴 새도 없이 찾아 쓰는 경우가 있다. 이런 부분을 사전에 방지하고 싶다면 애초부터 계약자와 피보험자 및 수익자를 모두 여자로 설정하면 된다.

즉, 부부의 경우 이렇게 최적화된 변액연금의 계약자와 피보험자 그리고 수익자를 모두 여자로 해도 더 최적화가 된다.

원래 자고로 여자가 편안해야 가정도 편안한 법이고 최적화된 연금의 계약자가 여자로 되어 있으면 풍부한 연금 적립금에 손이 안 타고 피보험자가 여자로 되어 있으니 연금을 더 많이 받을 수 있으며 설사 남자가 사망을 하여도 여자는 계속 공짜의 연금(생존 보너스)을 받을 수 있고 노후에도 이 가정은 편안함을 유지할 것임에 틀림이 없다.

연금 최적화는 물리적으로 풍부한 연금의 양을 넘어서 그 이상의 의미를 지니고 있다고 볼 수 있다.

기회는 볼 줄 알아야 하고
타이밍은 제때에 잡아야 한다

대한민국 개인연금 상품의 현주소

사람들은 지금 당장 먹고 살기도 빠듯하고 여유도 안 되는데 당장 쓸 돈도 아닌 연금에다가 많은 돈을 무리하게 짜내어 납입하는 것이 얼마나 실현 불가능하고 비현실적이며 와 닿지도 않는 일인지를 너무나도 잘 알고 있다.

그렇다고 노후에 30만 원 정도의 연금을 받기 위해 매달 30만 원씩을 납입하는 것도 바보 같은 짓이다. 이렇게 받은 30만 원은 화폐가치마저도 떨어져 실제로는 약 15만 원 정도 밖에 되지 않을 것인데 연금으로 이렇게 받아서 입에 풀칠은 할 수나 있을지 의문이다. 세제혜택 몇 푼 받으려고 30만 원을 납입했다면 이 얼마 되지도 않는 30만 원에서 또 연금 소득세도 공제된다.

이러한 이유로 일각에서는 화폐 가치의 하락을 고려해서 미래 가치로 실 연금 수령액을 계산하는 경우도 있다. 하지만 이렇게 되면 현재 납입해야 할 금액이 비현실적으로 커지게 되어 결국 이와 같이 소액의 금액으로는 납입이 불가능해진다.

여러분 같으면 월 50만 원씩 연금으로 수령하기 위해 월 100만 원씩을 납입할 수 있겠는가?

이것이 대한민국 개인연금 상품의 현주소라고 할 수 있다. 이런데도 과연 노후에 도움이 될 수 있겠는가?

연금 플랜은 현실적으로 실현이 불가능하면 안 된다

한편 은퇴 이후에는 전쟁 같은 생존과 생계를 위해 일만 하는 삶 보다는 인생을 되돌아보며 못했던 일도 하고 그동안 느껴 보지 못했던 삶의 가치와 여유를 즐기는 삶이 될 수 있도록 보내는 것이 더 바람직하다.

그러기 위해서는 대한민국에서 현실적으로 가능한 유일한 묘수(妙手)가 있다. 노후를 위해 현실을 희생하는 것이 아니라 현실에서는 현실이라는 사회에 맞게 최선을 다해서 적응하면 되고 개인연금 상품은 연금 최적화를 시키면 된다.

일부의 전문가들은 카드를 자르고 생활비를 줄이고 저렴한 곳으로 이사를 가고 사교육을 시키지 말라고 하는 등 현실과 동떨어져도 한참 동떨어진 소리를 하면서 무조건 줄이라고만 한다.

얼마나 현실 가능성이 떨어지고 실현 불가능한 일인지 모른다. 단순히 마음 독하게 먹는다고 될 문제가 아니고 작심삼일(作心三日)이 뻔하지 않겠는가?

이는 수많은 상담을 통해 자연스럽게 알 수 있었던 내용인데 무턱대고 저런 영혼 없는 말을 함부로 해서는 안 된다고 본다.

직접 한번 해 보고 저런 말을 하기를 바란다. 더구나, 저렇게 와닿지도 않는 말들을 연금 가입자들이 실행하기란 거의 불가능하다고 보면 된다.

일부 바뀔 수도 있지만, 수레바퀴처럼 돌아가고 있는 인간은 사회적인 동물이기 때문에 정말 독종 끝판 대장이 아니라면 저렇게 실행하는 것이 쉬운 일이 아닐뿐더러 오래지 않아 원래의 패턴대로 돌아가 있을 것이다.

물론 어느 정도의 고정 지출을 줄이고 무분별한 소비 패턴을 건전하게 바꿀 필요는 있다. 하지만 대한민국 사회에서는 기본적으로 최소한의 비용이 발생되기 때문에 분명 무조건 줄인다는 것은 현실성이 떨어진다. 항상 이론적인 계획은 현실적으로 실현 가능성이라는 것이 있어야 한다.

여유로운 노후를 위해 은퇴 이후 약 100~200만 원 정도를 연금으로 받아도 모자랄 판에, 현재 월 100~200만 원을 납입하라고 하면 과연 어느 누가 실행을 할 수 있겠는가?

오히려 노년층까지 소비 환경이나 소비 문화가 티도 나지 않게 깊이 스며들어 있는 요즈음의 예비 은퇴자들에게는 더더욱 쉽지가 않고 앞으로 나중에 이들이 노인이 될 때쯤이면 현재의 노인보다 오히려 물리적, 정신적으로는 더더욱 힘들어지게 된다.

이처럼 현실적으로 제대로 된 은퇴 준비도 쉽지 않은데 만약 준비하지 못한 채 노후를 맞이하게 되면 이 노후 빈곤이라는 악몽에서 깨어나려 해도 깨어날 수 없거나 이 노후 빈곤이라는 악몽에서 깨어나더라도 여전히 노후 빈곤을 겪고 있는 것이다.

마치 과거에 인기를 끌었던 공포 영화 〈나이트메어〉처럼 악몽에서 깨어나 보니 이 현실이 그대로 악몽인 것처럼 말이다. 노후 빈곤이 꿈인 줄 알았는데, 깨어나도 현실은 노후 빈곤이니 생각만 해도 끔찍하다고 생각하지 않는가? 그래서 잘 먹고 잘산다고 하는 대한민국의 노인 빈곤율도 OECD 국가 중 1위이고 노인 자살률도 거의 세계 1위나 마찬가지인 것이다.

최저임금이 지속적으로 상승하면 물가도 무조건 상승하게 되어 있다. 물가가 상승을 하니 화폐 가치는 자연스럽게 떨어지게 된다. 급속도로 발전하는 상업화와 소비 문화의 상용화에 젖어 들어 노후 빈곤을 맞이하는 힘없는 노인들에게는 생존하고 있는 이 현대화된 사회마저 그림의 떡이 되어 버린다.

그런데, 문제는 장수 시대에 진입을 하면서 계속적인 고통을 본인과 본인의 가족들이 받게 되는 것이다. 결국 은퇴 이후의 노후에 부족한 돈을 뜻하는 연금 때문인 것이다.

그래서 필자는 노후에 월 100~200만 원을 연금으로 받기 위해서 월 100~200만 원을 개인연금 상품에 납입하자는 현실 불가능한 이야기를 하는 것이 아니라, 갖은 기술을 최대한 활용하고 최소한의 힘만을 들여 최대한의 효과를 보자는 것이다.

이 책의 내용은 국가나 금융 회사 및 은퇴 관련 연구소에서도 대신 알려 주지 않는다. 알려 주기는커녕 안 뜯어 가면 다행이다.

연금을 최적화시키는 기법과 노하우를 총동원하고 단점으로 발생되는 피해는 상쇄시키고 장점으로 발생되는 이익은 철저히 가입자 중심으로 극대화시켜 최소한의 납입 금액으로 최대한의 연금을 수령하여 단순 생존밖에 도움이 안 되는 유명무실한 연금이 아니라, 평생 하지 못했던 것도 이제서야 할 수 있게 해 주며 제2의 인생을 알차게 지낼 수 있도록 가이드를 해 주는 진짜 연금이 되게 하는 것이다.

이렇게 중요하기 때문에 사소한 연금의 설정 요소 하나하나라도 최적화된 세팅을 하는 것이다. 필자가 집대성을 한 연금 최적화이다. 만약 제대로 이해가 되지 않는다면 반드시 처음부터 다시 정독을 해 보기를 바란다.

일반적인 방법의 연금 상품보다 연금 최적화의 모든 조건을 적용시킨 연금 상품은 연령이나 상황에 따라 차이는 있겠지만 평균적으로 약 3배 정도에서 많게는 5배 이상까지도 연금을 더 효율적이고 풍부하게 받을 수 있게 된다.

분명 강조하지만 절대 허황된 이야기가 아니라 실제로 현실 가능한 이야기이며 앞으로도 계속 통용될 수 있는 방법이다.

통계의 평균수명이 연장되기 전에 가입하는 것이 유리하다

만약 개인연금 상품의 가입을 고려 중이거나 예정 중이라면 하루라도 빨리 가입하는 것이 유리하다.

물론, 하루빨리 가입을 하더라도 소액으로 납입을 하는 것이기에 아무 문제가 되지 않는다.

우리는 남들처럼 많은 돈을 납입하거나 비효율적으로 연금을 준비하는 것이 아니다.

풍부한 연금이 지급되려면 풍부한 연금 적립금이 있어야 한다. 이처럼 풍부한 연금 적립금인 목돈은 하루아침에 준비가 되지 않으므로 적은 금액이라도 하루빨리 시작을 하는 것이 중요하다고 하였다.

연금 최적화에서는 큰돈을 때려 넣은 것이 아니다.

한편 연금 가입 예정 시점이 경험생명표 개정을 앞두고 있는 시점이거나 어차피 가입할 예정이라면 경험생명표가 변경되기 전에 가입을 서두르도록 하자.

서울대는 꼴찌로 합격해도 합격만 하면 다 똑같은 서울대생인 것이다.

경험생명표 개정은 언제 하냐고 많이 물어보는데 이것은 걱정하지 않아도 된다. 보통은 약 3년 주기(경험생명표 9회 이후부터는 5년 주기)로 개정이 일어나고 경험생명표가 개정이 예정되어 있다면 예정을 앞두고 두세 달 전부터 각종 뉴스나 언론, 보험회사, 보험개발원, 영업 현장에서 시끄럽게 많이 떠들어 대기 때문에 그 개정 시점 이전에 연금 상품을 알아보다 보면 포털 검색창에 연금이라고만 검색해 보아도 자연스럽게 알 수 있게 되어 있다.

한편 다가오는 2019년 4월 1일에 경험생명표가 개정 예정이므로, 현재 보험개발원에서는 수집 데이터를 정제하고 새로 적용될 요율 산출 작업을 진행하고 있을 것이다.

경험생명표 구분	남자 평균수명	여자 평균수명	경험생명표 개정 적용시점
1회 경험생명표	65.8세	75.7세	1988년 10월 적용
2회 경험생명표	67.2세	76.8세	1991년 08월 적용
3회 경험생명표	68.4세	77.9세	1997년 01월 적용
4회 경험생명표	72.3세	80.9세	2003년 01월 적용
5회 경험생명표	76.4세	84.4세	2006년 04월 적용
6회 경험생명표	78.4세	85.3세	2010년 01월 적용
7회 경험생명표	80.0세	85.9세	2012년 07월 적용
8회 경험생명표	81.4세	86.7세	2015년 04월 적용
9회 경험생명표	83.6세(추측)	88.2세(추측)	2019년 04월 예정
10회 경험생명표	85.4세(추측)	91.7세(추측)	2024년 04월 예정

[그림 17] 보험개발원의 경험생명표에 의하면 '평균수명'은 머지 않아 90세를 넘긴다

9회 경험생명표는 보험개발원에서도 아직 산출된 요율을 발표하지 않았기 때문에 필자가 추측을 한 것이다.

연금 최적화의 조건을 갖춘 변액연금은 확정형 연금과 종신형 연금 중 어느 연금 지급 형태를 선택하게 될지 알 수 없기 때문에 두 가지 연금 지급 형태 중 한 가지를 선택할 수 있는 변액연금 상품이 후보군

이라 하였다.

즉, 연금 최적화의 조건에 부합되는 연금 상품은 확정형 연금과 종신형 연금을 선택할 수 있는 연금 상품이므로 만약 평균수명에 근간을 두고 있는 종신형 연금을 선택하였을 때에는 경험생명표의 영향을 받게 된다.

그렇기 때문에 경험생명표가 변경 예정이라면 가급적 변경 전에 가입을 하는 것이 유리하다.

경험생명표는 보험개발원에서 평균수명의 통계를 통하여 산출이 된다. 즉, 평균수명이 늘어나기 전에 가입을 하는 것이 유리하다는 뜻이다.

물론 **어느 연금 상품을 5년 확정형 연금으로 먼저 개시를 하게 될지는 알 수 없으나 만약 이 5년 확정형 연금을 선택하여 개시하는 연금 상품은 경험생명표와는 아무런 관계가 없다.**

연금 상품을 하나로만 가져갈 경우에는 5년 확정형 연금으로 선택하는 것이 물리인 연금 수령 효율 측면에서 가장 유리하기 때문에 이와 같이 확정형 연금으로 선택하게 되는 연금 상품에서는 결과적으로 경험생명표와는 전혀 관계가 없다.

한편, 변액연금에서 연금 개시 시점에 실적배당형 연금전환특약으로 계약전환을 해서, 투자연금 종신형으로 연금을 수령하는 경우에는 평균수명에 근간을 두는 것이 아니라 단지 사망할 때까지 일정한 비율의 연금 지급을 보증해 주는 것이기 때문에 죽을 때까지 연금이 나오는 종신형 연금임에도 불구하고 경험생명표와는 아무런 관계가 없다. 이 종신형 투자연금은 큰 의미는 없으니 신경은 쓰지 말라고 하였다.

아울러 경험생명표 개정으로 인한 보험사의 막무가내식 절판마케팅으로 인하여 그 의미가 퇴색이 되었고 머리가 상당히 좋은 보험회사는 이에 한 발 앞서 경험생명표와 관계가 없는 종신형 투자연금으로 현혹을 하고 있으니 참으로 할 말이 없을 뿐이다.

그래서 원론으로 돌아와서 항상 기본이 중요한 것이고 연금을 최적화시켜 두 가지 연금 상품을 가져간다면 최소한 한 가지의 연금 상품이라도 경험생명표 변경 전에 가입을 하는 것이 환경의 힘을 이용하는데 있어 훨씬 더 유리하다.

연금 최적화에서는 연금 수령액의 효율성 증대를 위하여 여러 가지 연금 상품의 개시 순서를 향후에 정하게 되므로 어쨌든 제대로 연금 최적화를 시킬 것이라면 경험생명표가 변경되기 전에 가입을 하는 것이 유리하다.

평균적으로 마지막에 개시를 하는 종신형 연금에서는 이 경험생명표가 유리하게 적용되어 있는 점을 활용할 수 있다.

한편, 경험생명표가 이미 변경이 되었더라도 너무 걱정은 하지 말자. 필자는 연금 상품의 단 0.0001%까지 최적화시키는 데 치중하다 보니 종신형 연금의 수령 가능성까지 염두를 둔 것인데, **연금 최적화에서 가장 활용 빈도가 높은 연금 지급 형태는 5년 확정형 연금이고 이 5년 확정형 연금은 연금 최적화의 꽃이고 연금 최적화의 진정한 주인공이다.**

그러므로, 하루아침에 준비할 수 없는 연금은 하루라도 빨리 부담 가지 않게 시작하는 것이 중요하다.

그리고 **경험생명표 변경도 중요한데 사실 그보다 더 중요한 것은 최소 가입 금액 10만 원이 그 이상으로 변경되기 전에 가입하는 것이다.**

많은 대형 참사들을 보면 조금만 더 미리 대피를 했었더라면 수많은 생명을 구할 수 있었던 것과 마찬가지로, 노후도 조금만 제대로 알고 미리 준비를 하면 재앙이 아니라 오히려 축복으로 맞이할 수 있다.

현재 거울에 비치는 지금의 젊은 얼굴을 보고 본인은 늙지 않을 것처럼 안도와 착각에 빠지지는 않도록 하자.

연금이 무서운 이유는 지금 당장은 보이지 않는데 준비가 되어 있지 않은 상태에서 막상 부닥치게 되면 해결 방법이 없다는 점 때문이다.

기회는 볼 줄 알아야 하고, 타이밍은 제때에 잡아야 한다. 연금 최적화가 한국인의 노후를 축복으로 맞이하게 줄 것이다.

일시납이나 거치식 목돈으로
타임머신 타기

인생은 추억이 전부다

다소 서정적인 말이지만 **인생은 추억이 전부라고 해도 과언이 아니다.**

필자의 할아버지와 할머니께서도 현재는 모두 돌아가셨지만, 필자에게는 할아버지와 할머니의 사소했던 추억만이 기억의 구석구석에 남아 있을 뿐이다.

이처럼 사람의 인생에 있어서는 추억이 전부이지 돈이 전부가 아니다. 돈은 추억을 위해 존재할 뿐이고 추억은 인생에 있어서 전부라고 할 수 있다.

특히 노후의 시간에는 추억을 많이 쌓는 것이 뭐니 뭐니 해도 최고다. 그중 은퇴 후의 집중 활동 구간의 추억이 80% 이상을 차지한다. 그런데 노후가 빈곤하면 좋은 추억을 쌓을 수가 없기 때문에 연금을 최적화시켜서 풍부하게 받는 것이 중요한 것이다.

결국 누구든 얼떨결에 노후를 맞이하게 된다

은퇴를 하기 직전까지는 장정 같은 자식도 분명 갓난아기였을 때가 엊그제 같을 것이다.

자식을 키우느라 시간을 다 보내고 집을 사서 30년 장기의 원리금 균등상환 주택 담보 대출을 받았던 적도 엊그제 같았는데 벌써 거의 다 갚았을 것이다.

자식을 교육시키느라 불혹(40세)과 지천명(50세)의 나이도 언제 지나 갔는지 아득할 것이고 자식이 결혼한다고 분주했던 적이 엊그제 같았 는데 벌써 손자나 손녀도 태어났을 수 있을 것이다.

대부분의 사람들은 이런 과정을 보내는 동안 평생이 다 지나가고 기 대 반 걱정 반으로 얼떨결에 노후를 맞이하게 된다.

사회에 나오기가 무섭게 우리는 평생 죽도록 일만 하며 생계 위주로 살아왔다. 물론 이 생계 안에서도 많은 추억은 있다. 하지만 대한민국 의 부모들은 가정이나 자식에게 더 충실하게 살아왔고, 본연 속의 자 아는 없었다.

한편으로는 현재의 젊은 사람들도 부모들과 본질적으로는 크게 다 르지 않다. 피만 흘리지 않을 뿐인 현대판 전쟁터 속에서 무엇이 진실 이고, 무엇이 거짓인지도 모른 채 대중(大衆)과 사회라는 파도와 함께 무의식적으로 현대의 고통 수준에 맞게 휩쓸려 가고 있을 뿐이지 결국 젊은 사람들도 비슷한 과정을 거치고 과거에 상응하는 고통을 겪으며 노후를 얼떨결에 맞이하게 된다.

노후를 바꾸는 5년 확정형 연금

수입 활동을 하는 동안 많은 시간을 보내고 적은 힘을 들여 만족할 만한 연금 적립금을 만들었다면 은퇴 직후의 집중 활동 기간에야말로 소비하는 시간을 보내야 한다.

만약 적립식이 아니고 일시납이나 거치식으로 한 번에 목돈을 납입했다면 장기간 동안 적립식으로 납입하여 적립금을 만들어 가는 과정을 생략하고 마치 타임머신을 탄 것처럼 한 번에 만든 것이다.

몇 번 강조했지만, 은퇴 직후의 집중 활동 기간에는 돈 나갈 곳이 많고 넘쳐 나기 때문에, 5년 확정형 연금으로 개시하여 풍부한 연금을 효율적으로 사용하기만 하면 된다고 하였다.

설사 은퇴 이후에 다른 일을 하고 있다 하더라도 이 집중 활동 기간에는 돈이 가장 많이 들어가기 때문에 적당한 시기를 틈타 5년 확정형 연금으로 수령하는 것을 권한다. 물론, 개인적인 상황에 맞게 그 일을 몇 년 더 하다가 연금 개시를 해도 된다.

하지만 결과적으로 많은 사례를 보면 대부분의 한국인에게 있어 돈은 제때에 활용을 하는 것이 더 활용이 잘된 것이고 어느새 몇 년 정도 나이가 더 들면 돈 나갈 데가 갑자기 줄어들게 되고 돈 나갈 데도 없어지며, 돈이 없어서 안 쓴다고 누가 뭐라고 하지도 않는다.

평균적으로 약 65세 정도 이전의 연령대가 은퇴 이후의 집중 활동 기간이 해당되므로 이때 집중적으로 풍부한 연금을 제때에 사용하는 것을 추천한다.

풍부한 연금을 5년 동안 집중적으로 받는 것을 절대 아까워하면 안 된다.

의외로 평균수명이 약 80세 정도인 남자분들은 약 70세 정도가 넘어가면서 활동 반경이 기하급수적으로 떨어지게 된다. 물론 이 때 배우자인 여자의 활동 반경도 같이 떨어지고 할 일도 없고 소외되고 아파서 덜 움직이고 병원비 외에는 소비 금액도 더 줄어들게 된다.

그래서 놀 땐 놀고 공부할 땐 공부해야 하는 것처럼 **은퇴 이후의 집중 활동 기간에는 5년 확정형 연금을 집중적으로 다 써 버려야 된다.**

노후의 5년은 길고도 짧은 시간이다.

평생 조금씩 납입을 해서 축적을 했든 목돈으로 한번에 가입을 했든, 코리안 연금의 미스테이크에서는 한국인들이 항상 범하는 비효율적인 오류와 습관들이 있다고 하였다.

5년 확정형 연금에 대해서 강조하는 연금 전문가들은 거의 전무(全無)하고 금융 회사는 길게 지연만 시키고 시중에서는 관심조차도 없다.

하지만 장담하건대 5년 확정형 연금은 잊을 수 없는 노후를 만들어 준다. 노후의 이 5년은 생각보다 길고 중요하다. 그리고 그 5년이 노후의 전부라고 해도 과언이 아니다.

그동안 하지 못했던 것이나 쓸 곳 등을 생각하면서 매달 꼬박꼬박 들어오는 목표 기준 금액인 약 300만 원 정도를 다 쓸 수 있도록 해 보자. 물론 이 외에도 국민연금이나 기타 수입이 있을 수 있으므로 하다못해 남으면 적금이라도 들었다가 5년 확정형 연금이 끝나면 조금씩 써도 나쁜 방법은 아니다.

약 30~35세 정도인 사람이 하나의 최적화된 변액연금을 완납하면 65세에 약 1억 5,000만 원 정도를 기대할 수 있는데, 1억 5,000원 정도의 목돈을 동일하게 일시납으로 가입해도 약 300만 원씩을 5년 동안 수령하게 된다.

물론 과하다 싶으면 개인 상황에 맞추어 10년 확정형 연금으로 수령해도 되지만 5년 확정형 연금을 가장 추천한다. 만약 돈이 남으면 자유적금으로 대체한 후 연금 지급 종료 후 조절하여 써도 된다.

월 300만 원 정도가 지급되는 5년 확정형 연금으로 신청할 수 있겠는가? 아니면 동일한 시기에 장기간 연금 지급 형태의 연금으로 매월 죽을 때까지 약 30만 원씩을 받을 것인가? 죽 쒀서 개 주고 싶으면 이렇게 해도 된다.

이 1억 5천만 원을 그냥 소비로 다 써 버린다고 생각하면 큰 오산이다. 은퇴 직후의 집중 활동 기간에 돈을 제대로 쓰지 않으면 돈의 주인은 바뀌게 되고 돈의 힘이 이동하게 되면서 돈은 똥이 되고 만다.

연금은 암을 극복한 암 완치 환자들처럼 소비해야 한다

암을 극복한 암 완치 환자들이랑 일반인들 사이에는 눈에 띄는 큰 차이가 존재한다.

가장 큰 차이가 암을 극복한 암 완치 환자들은 의외로 소비 위주의 삶을 미련없이 즐기는 데 비하여 일반인들은 생계 위주의 재미 없는 삶을 보낸다는 것이다.

가장 큰 이유 중의 하나는 암을 극복한 암 완치 환자들은 한 번 죽을 고비를 크게 넘겼기 때문에 작고 사소한 삶의 순간 순간들을 보람되고 알차게 소비하려고 한다는 점에 있다.

하지만 일반인들은 생과 사를 넘나드는 경험을 해 보지 못했기 때문에 사소한 일상조차도 얼마나 소중한지를 잘 알지 못한다.

사실 은퇴 직후의 집중 활동 기간에는 암을 극복한 암 완치 환자들처럼 미련 없이 뒤도 돌아보지 말고 연금을 소비해야 한다.

목돈으로 연금을 개시한다 하여도 5년 확정형 연금으로 받는 것을 추천하며 월 300만 원씩 필요가 없다 싶으면 10년 확정형 연금으로 약 150만 원씩 받아도 나쁘지는 않지만 5년 확정형 연금을 추천한다. 그 다음으로 연이어 개시되는 종신형 연금도 있지 않은가?

국민연금의 연기연금제도도 큰 실익이 없는 경우가 많기 때문에 신청하지 말라고 하였다. 즉, 미친 짓이다.

노후의 돈은 소중하다.

은퇴 이후 가장 중요한 집중 활동 기간 5~10년

은퇴를 하고 나면, 정리할 것은 싸그리 정리하고 시를 쓰든 그림을 그리든 등산을 하든 인사동을 가든 국내 여행을 가든 세계 여행을 가든 새로운 일을 하든 귀농을 하든 하고 싶었던 일을 하든 불우이웃 돕기를 하든 자선사업을 하든 본인에게 있어 뭔가 의미 있는 새로운 삶을 즐겨 보도록 하자.

돈 몇 푼 아끼고 돈 벌 것을 생각하면 현실적으로 하기 힘들어진다. 우리는 다른 사람들보다 최적화를 시킨 풍부한 연금이 나오고 있으니 뭐든 할 수 있지 않겠는가?

노후 자금인 연금은 목적 자체가 교육 자금이나 주택 마련 자금 등과는 달리 순전히 본인이나 배우자의 노후에 쓰여지는 자금이다.

무턱 대고 과소비를 하라는 말이 아니다. 한 달에 300만 원을 써도 하루에 10만 원 꼴이다. 이것도 다른 할 일이 있다면 아껴 써야 하는 금액이다. 그런데 희한하게도 이렇게 돈을 쓰면 오히려 돈이 들어 오기도 한다. 이게 바로 돈의 원리 중 하나이다.

물론 최적화를 시킨 연금을 받으면서 남는 돈은 적금을 들어도 된다. 그럼 집중 활동 기간이 끝나고 모자랄 때 쓸 수 있다고 하였다.

은퇴 이후 집중 활동 기간이 지나고 10년 후에는 이때의 추억을 회상하며 죽을 때까지 보내게 된다.

이 집중 활동 기간이라는 것이 생계나 삶에 찌들면 찌들수록 길게 느껴지고 보람되고 알차게 지내면 지낼수록 짧게 느껴진다.

노후 빈곤을 겪고 있는 사람은 5년도 엄청 길다고 느낄 것이고 최적화를 시킨 풍부한 연금을 받는 사람은 노후의 생활에 흠뻑 빠져 있어 시간 가는 줄 모를 것이다. 이 5년은 길다면 엄청 길고 짧다면 엄청 짧은 시간이다.

그리고 명심해라. 집안에서는 돈을 벌어 개미같이 모으는 사람은 따로 있고 목돈을 쓰는 사람은 따로 있다. 아울러 돈은 벌어야 하는 시기가 따로 있고 반대로 써야 할 시기가 따로 있다.

군대에서 만기 복무를 하고 전역한 지 며칠도 안 되는 예비역 병장은 사회를 맘껏 즐기고 아무 생각 없이 놀아야 맞는 것이지 이때에도 일을 하고 있으면 이상한 것이다. 이처럼 은퇴 직후의 집중 활동 기간은 벌어야 하는 시기가 아니라 소비해야 하는 시기인 것이다.

그래서 개인연금 상품을 최적화시키는 필자의 입장에서도 그 어깨가 얼마나 무거웠는지 모른다. 사람들 인생의 마지막 하이라이트인 은퇴 직후의 집중 활동 기간을 책임져야 해서 너무나도 중요할 뿐만 아니라 많은 전문가들이 손을 놓은 개인연금 상품을 다루고 있으니 말이다.

이와 같은 이유로 연금 최적화에 얼마나 많은 공(功)과 에너지를 들였는지 모른다.

절세의 미인 주변에는 남자들이 득실거리듯이 큰 목돈이 존재하면 손이 타게 되어 있고 괜한 곳으로 새어 나가게 되어 있다.

이런 진리를 알고 있는 어르신들이 돈을 꼭꼭 숨겨 놓는 경우가 있는데 결국 돌아가시고 나면 어르신도 못 쓰고 자식들도 다 못 쓰고 애꿎은 상속 재산 평가 금액만 높아져서 오히려 토해 내야 할 돈만 많아지게 된다.

자식들 입장에서도 부모가 대책 없이 목돈을 지니고 있는 경우보다 계획적으로 연금소득을 받고 바쁜 일상을 보내는 부모가 덜 부담스럽다.

이 돈을 쓰는 집중 활동 구간에는 가급적 목돈 불리기는 피하도록 하자. 기존에 거주하고 있는 주택도 있고 다른 것도 충분히 해 오지 않았던가?

모든 사람은 공수래공수거(空手來空手去, 빈손으로 왔다가 빈손으로 간다)하게 되어 있다. 물론 거주하고 있는 주택은 필요에 따라서는 주택연금을 신청하고 보유하고 있는 부동산 등은 그대로 운영해도 나쁘지 않고 좀 과하다 싶으면 사전 증여를 하는 것이 좋다.

감각이 떨어짐에도 불구하고 노인들이 부동산에서 실패하지 않는 이유는 결국 부동산은 화폐 가치의 하락과 임금 상승 및 이로 인한 물가 상승과 장기적인 저금리로 인하여 그 수치인 부동산 가격은 시간이 지나면 결과론적으로 계속 오르게는 되어 있으니 무리한 투자만 하지 않는다면 단기간에 큰 손해를 볼 위험성은 상대적으로 떨어지기 때문이다.

목돈 불리기는 수익을 최우선으로 두게 되고 수익은 욕심을 불러오고 인간의 욕심은 끝이 없고 욕심은 불행을 불러오고 불행은 파멸을 불러온다.

자식에게도 무턱대고 많은 자산을 남겨 주는 것보다 추억과 지혜를 많이 남겨 주는 것이 가장 중요하다.

여러 가지 감각이 떨어지는 은퇴 이후의 노후에는 특히 목돈 불리기를 절대적으로 주의해야 한다. **약 80세를 넘기고 나서도 너무 부동산이나 목돈 불리기에 집착을 하면 나라님이 어부지리(漁父之利)를 취하게 된다.**

은퇴 이후에는 어느 정도의 내려놓은 듯한 느낌의 마음가짐을 갖는 것도 중요하다. 모든 것을 내려놓고 자신만의 시간을 갖도록 해 보자.

이 집중 활동 기간에 마음껏 소비를 하면서 최적화를 시킨 연금만은 꼭 다 쓰도록 하자. 도저히 쓸데가 없다면 손자, 손녀에게 용돈을 계속 주어도 된다. 그럼 손자, 손녀들도 계속 찾아오니 계속 볼 수 있어서 좋다.

은퇴를 하고 나서는 공격보다 수비가 더 중요하다. 노인들의 노후 자금을 노리는 업체들이 얼마나 많은지 알고 있는가? 항상 노인들 주변에는 목돈을 노리는 사기꾼들이 득실거린다. 대형 회사는 조직적이고 합법적이며 멋진 마케팅으로 의심할 여지조차 주지 않는다. 온통 다 사기투성이다.

칼만 안 들었을 뿐 합법적인 노후자금의 강탈자가 유명 체인점이다. 거리에 많으니 10군데 정도만 아무 가게나 들어가서 사장님 불러놓고 물어보면 된다. 꼭 경기가 좋지 않아서 그런 것만은 절대 아니다.

노후 자산관리에 있어서 가장 중요한 것은 뭐니 뭐니 해도 안정성이다. 이 노후 자금을 안전하고 지속적으로 관리해 줄 수 있는 유일한 수단은 최적화를 시킨 변액연금뿐이다.

이 얼마나 좋은가?

마지막으로 개시하는 종신형 연금을 받는 동안에는 좋은 게 좋은 거라고 자식들도 내심 오래 살기를 바라게 된다. 평생 식당을 몇 군데를 운영하며 돈도 꽤나 많이 벌고 엄청 바쁘게 지낸 어느 식당 사장님께서 어느덧 나이를 많이 잡수셨는데, 정말 돈을 쓸 시간이 없어서 못 쓴다고 한다.

필자는 이것도 일종의 불행이라고 본다. 돈을 버는 데 너무 바쁜 사람은 정작 본인이 돈을 쓸 시간이 없다. 약 70세 이전의 은퇴 이후 집중 활동 기간은 한번 지나고 나면 다시는 되돌아오지 않는다.

그럼 왜 돈을 버는가?

자식은 무능력해질 뿐이다. 자식을 위해서 번다고 하여도 본인이 벌지 않은 돈은 그 생명력이 떨어지게 되어 있다. 허무하지 않은가?

필자의 최적화를 시킨 연금 플랜을 실행한 한 고객분이 필자에게도 인상 깊은 말을 남겼다. 그는 그 짧은 몇 년 동안 너무 많은 추억을 만든 것 같다고 정말 고맙다고 하였고 이 연금 최적화의 원리와 이념 하나로 자산관리에 있어서 너무나도 큰 도움이 되었다고 하였다.

일시납이나 거치식으로 타임머신 타기

보통 목돈을 일시납이나 거치식으로도 한번에 가입을 많이 한다.

이 경우에도 연금 최적화에서 2개 이상의 연금 상품으로 가입을 한 것과 마찬가지로 목돈을 나누어 가입을 하게 되면 더 많은 연금을 더 수령할 수 있게 된다.

2억일 경우에 1억으로 나누어서 가입을 하여, 하나의 연금 상품을 먼저 5년 확정형 연금으로 개시를 하고 나머지 연금은 개인적인 상황에 맞추어 5년이나 10년 확정형 연금 또는 종신형 연금으로 개시를 한다.

이렇게 하면 2억을 하나의 상품으로 개시를 한 것보다 많게는 약 10~30% 이상이 더 나온다. 하나의 연금이 개시되어 지급되고 있는 동안에 이 연금은 최저보증이율로 적용되고, 다른 하나의 연금은 수익 활동을 하면서 돌아가기 때문이다.

일시납이나 거치식으로 목돈을 납입할 경우에는 수익 활동을 할 시간이 넉넉하지 않으므로 오히려 안정적인 공시이율형 연금상품으로 가입하거나 중도인출을 활용하는 것도 하나의 방법이다.

최근에는 미국발 금리인상의 여파로 변동금리인 공시이율도 소폭 상승을 했으니 목돈으로 일시납이나 거치식으로 가입하는 사람은 이럴 때 공시이율형 일시납 연금 상품으로 활용을 해도 괜찮다.

만약, 변액연금으로 일시납이나 거치식으로 목돈을 납입할 경우에는 만에 하나 급락의 경우 자동재배분 기능으로 한 사이클이 돌아와서 회복할 시간적인 여유가 충분하지 못할 수 있으므로 채권형 펀드의 비율을 60% 이상으로 설정을 하든지 평균분할투자라는 기능을 이용하면 된다.

이 평균분할투자 기능은 만약 변액연금의 일시납이나 거치식에 1억을 납입하면 전액이 모두 단기채권형 펀드에 투입이 되고 3개월, 6개월, 12개월 단위 중 선택을 한 기간 동안 분할해서 선택한 펀드별 편입 비율로 자동투입이 되는데, 만약 평균분할투자기간을 6개월로 선택하게 되면 6개월의 6회 동안 분할하여 펀드의 비율대로 투입이 되므로 6개월 동안의 평균치로 매수가 되어 한번에 투입을 한 것보다 훨씬 안전하고 리스크가 적다고 할 수 있다. 평균 단가로 안착이 되면 그다음 사이클 때에 자동재배분으로 인하여 소폭 수익이 누적이 된다.

한편, 금융 선진국에서는 가입즉시연금이 많이 발달되어 있는데, 우리나라보다 합리적인 생각을 갖고 있다는 본보기이자 증거라고 할 수 있다.

미국이나 유럽권의 영화 속 일상생활에서도 노인들이 여유로운 생활을 보내며 즐기는 것을 어렵지 않게 볼 수 있는 것처럼 말이다.

노후에는 다른 일을 벌이는 것보다는 가입즉시연금을 신청하여 인생의 후반부인 노후에 못했던 일도 하고 인생도 되돌아보며 그동안 느껴 보지 못했던 삶의 가치와 여유를 즐기는 삶이 되도록 하는 것이 바람직하지 않을까 싶다.

나이가 많더라도 다른 곳으로 눈을 돌리지 말고 일시납이나 거치식 연금에 비중을 싣기를 바란다.

일시납이나 거치식으로 목돈을 하나의 연금으로 가입할 때는 특히 종신형 연금으로 고정이 되어 있는 종신 연금을 주의해야 한다. 종신 연금은 연금 지급 형태의 변경 자체가 아에 불가능하기 때문이다.

부디 코리안 연금의 오류를 범하지 않기를 바란다.

상속형 연금을 압도하는 5년 확정형 연금

한편, 상속형 연금으로 수령하는 연금 상품에 가입해야 할 사람들을 위해 또 기가 막힌 방법을 알려 주겠다.

일단, 우리나라 사람들은 원금에서 깎아 먹는 것을 참 싫어하는 것 같다. 희한하게도 원금에서 차감이 되면 심리적으로도 뭔가 손해가 일어나는 것 같은 착각을 불러 일으키기도 한다.

그러다 보니 고액의 목돈을 일시납으로 연금 상품에 가입하여 상속형 연금으로 수령하는 경우가 의외로 많이 있는데 제발 상속형 연금으로는 수령하지 말도록 하자.

그리고, 상속형 연금에서 사람들이 모르고 있는 부분들이 있다. 연금 적립금의 원금을 상속을 하는 것이 목적이라면 상속형 연금으로 연금 개시를 하면 안 된다.

원금을 상속시키는 것이 목적이라면 사전 증여나 기타의 방법을 써야 맞는 것이지 고액의 현금을 상속형 연금으로 가입을 하면 금액이 크면 클수록 상속은 더 복잡해지고 상속 재산 평가 금액은 더 많아지며 더 많은 세금으로 뜯길 뿐이다.

그래서 상속형 연금은 가급적 활용을 하지 말도록 하자.

이 저금리 시대에 상속형 연금은 매달 찔끔찔끔 나올 뿐만 아니라 결국 말만 상속형 연금일 뿐 고액의 연금 재원(약 원금)은 모두 상속 자산의 평가 대상에 포함될 뿐만 아니라 2억 이상의 즉시연금의 상속형 연금도 만기 또는 해지 시점에 한꺼번에 세금을 부과하기 때문에 기타 부동산 등의 자산과 함께 세금폭탄을 맞게 될 수도 있고 중도에 계약자를 변경해도 증여에 해당되므로 세금을 부과하게 되므로 실익이 거의 없다고 보면 된다.

2억 원 이하의 즉시연금에서는 상속형 연금의 연금 소득세가 비과세가 된다고 해서 이렇게는 선택하지 말도록 하자.

찔끔찔끔 연금을 받을 뿐이고 결국 상속 자산에 약 2억 원이 합산될 뿐이다.

물론 상속형 연금은 종신형 연금과는 다르게 중도에 언제라도 해약은 가능하다. 하지만 이뿐이다.

만약 상속형 연금을 받고 있다면 지금이라도 상속형 연금을 해약하고 보다 유익하고 효율적이며 보람이 되는 플랜을 생각해 보기 바란다. **상속형 연금으로는 상속을 시키지 않는 것이 가장 효율적으로 상속되는 것이다.**

예를 들어, 1억 원을 일시납 상속형 연금으로 생각을 하는 경우에 더욱 최적화를 시켜 보겠다. 특히 만 65세 이하인 사람은 주목을 하기 바란다. 만약 만 65세 이하인 사람이 우선적으로 사망보험금 1억 5,000만 원인 일시납 종신보험에 가입 후 중도 인출(인출 한도 50~70%)의 최대 한도만큼 인출을 하게 되면 계약 시의 사망보험금 1억 5,000만 원은 인출한 금액만큼 줄어들게 된다.

병력이 심하지 않다면 가입을 시도해 볼 만하다. 요즈음은 간편 종신보험의 형태도 있는데 가입이 훨씬 수월하지만 보험료는 더 비싼 편이고 상황에 맞추어 활용을 할 수도 있다.

이렇게 되면, 순 납입 금액 약 3,000~4,000만 원으로 약 1억의 사망보험금이 확정되었을 뿐만 아니라 나머지 6,000~7,000만 원으로 5년 확정형 연금을 수령하면 매년 약 105~120만 원씩을 5년 동안 받게 되고 10년 확정형으로 수령하면 매년 약 55~65만 원씩을 10년 동안이나 수령하는 게 가능하다.

물론 일시납이나 10년 미만의 거치식 연금에서 수령하는 확정형 연금이 원금을 초과하는 시점부터는 이자로 간주되어 잔여 기간 동안은 이자소득세가 발생이 되지만 단지 확정형 연금을 받는 후반부의 짧은 기간 동안만 이자소득세가 발생되는 것이라 큰 의미도 없고 어차피 훨씬 이득이다.

1억 원으로 일시납 상속형 연금으로 선택해서 월 약 20만 원 정도의 연금을 받는 것과는 확연한 차이가 있지 않은가? 여러분은 현금 1억 원을 상속형 연금으로 가입하여 겨우 월 약 20만 원의 연금을 받다가 사망 시 1억 원은 또 상속세 공제 후에 상속을 시킬 것인가?

물론 자산이 적은 경우에 기본적으로 공제가 되기 때문에 상속세는 발생되지 않는다.

한편, 종신보험에 가입할 때 자녀에게 현금 5,000만 원을 무상 증여하여 계약자는 자녀, 피보험자는 본인, 수익자는 자녀로 가입을 하면 상속 세금 10원 없이 현금 1억 원은 상속시키고, 약 7,000만 원을 5년 확정형 연금으로 약 130만 원씩 받거나 10년 확정 연금으로 약 65만 원씩을 받을 수도 있다.

자녀에게 현금으로 5,000만 원을 무상 증여하였을 경우에는 관할세무서에 가족관계증명서와 증여받은 현금이 입금된 통장 사본이나 이

체증을 증여세 과세표준신고서와 함께 3개월째 되는 달의 말일 이전까지 제출하면 문제가 될 것도 없다.

이 경우 증여재산가액이 5,000만 원인데 증여재산공제액이 5,000만 원이므로 결국 증여과세표준은 0원이 되어 납부할 세액도 0원이 된다.

3억일 경우에는 자녀 한 명당 5,000만 원씩 무상 증여를 하게 되면 1억 5,000만 원으로 현금 3억 원은 상속 재산의 평가 금액에 합산시키지 않고 상속시킬 수도 있다.

현금 무상 증여는 자녀 1인당 5,000만 원씩을 10년마다 할 수 있다. 그럼 나머지 금액으로 매달 5년 확정형 연금으로는 약 400만 원씩 받거나 10년 확정형 연금으로는 약 200만 원씩 받을 수 있다.

만 65~70세 사이의 사람도 종신보험 가입은 가능하나 높은 연령으로 인하여 조건이 까다롭기 때문에 혜택이 좀 더 줄어들 수 있다. 가입이 힘든 경우에는 합법적으로 해외의 종신보험 가입으로 활용할 수도 있다.

만 70세 이상의 사람은 자녀에 대한 무상 증여를 적극 활용하도록 하자. 여기서 종신보험도 최적화를 시키면 이익 금액은 더 커지게 된다. 이처럼 금융을 최적화시키면 얼마든지 돈을 효율적으로 사용할 수 있게 된다.

다른 연금과의 조합으로
연금 수령 효율 더 올리기

연금 최적화의 무기는 5년 확정형이 주연금, 종신형은 조연급

연금 최적화에서 주로 활용하는 연금 지급 형태는 여타의 사람들과 전문가가 거의 사용하지 않는 연금 지급 형태인 5년 확정형 연금과 많은 사람들이 오용(誤用)하고 있는 종신형 연금이라고 하였다.

이 두 가지 연금 지급 형태를 자유자재로 사용하는 것이 연금을 최적화하여 효율적으로 수령하는 데 있어 중요한 요소 중에 하나임을 이해하도록 하자.

주로 연금 지급 효율이 가장 뛰어난 5년 확정형 연금을 많이 사용하지만 경우에 따라서는 10년 확정형 연금을 활용할 수도 있다.

종신형 국민연금과의 최적화된 조합

국민연금은 종신토록 죽을 때까지 지급된다. 대한민국 국민이라면 국민연금이 기본적으로 연금 보장의 1층에 자리 잡고 있다.

보통 자녀들은 독립하여 주택을 따로 마련하기 때문에 주택연금을 신청하게 되면 상속되는 평가 재산의 과세 표준을 줄여 상속세를 줄여 주기도 할 뿐만 아니라 부부가 모두 사망할 때까지 보다 나은 삶을 살 수 있다. 즉, 웰리빙할 수 있다.

국내에서 최초로 연금 최적화에서 집중적으로 설명하는 5년 확정형 연금은 은퇴 직후의 주요 활동 기간에 집중적이고 효율적인 활용이 가능하고 노후에 있어 상당히 중요한 의의(意義)를 지니게 된다.

평생 근무하던 직장에서 은퇴 후에도 할 일이나 무리가 되지 않는 직업은 가능한 한 가지는 것이 더 좋다. 이때 처음으로 개시하는 개인 연금 상품의 5년 확정형 연금은 상황에 맞추어 개시 시점을 조절하면 된다.

사적연금(개인연금, 퇴직연금)은 본인에게 맞는 형태로 연금을 계획적으로 수령하고 일시금으로는 수령하지 않는 것이 좋다. 이유는 퇴직연금의 경우 일시금 수령 시 과세 세율도 높고 결국 대부분은 뒤늦게 후회를 하기 때문이다.

퇴직소득세는 분류 과세가 되어 종합소득세에 영향을 미치지 않지만 사실은 종합소득세를 가장한 일종의 분산 뜯어내기이다. 절대로 낮은 세율의 세금이 아님을 알아야 한다.

사적연금을 수령할 때 특히 주의해야 할 점은 어설프게 20년이나 30년 같은 장기간의 연금 지급 형태를 중복해서 수령하면 안 된다는 점이다.

앞서 역설한 것처럼 연금 지급 효율이 떨어질 뿐만 아니라 연금을 수령하는 양도 줄어들게 되고 오히려 도움이 되지 않는다.

가뭄이 오는 이유도 날씨는 덥고 물은 필요한데 제때에 비가 내려 주지 않아서 그런 것이다. **비가 필요할 때에 충분히 내려 줘야 가뭄이 들지 않는다. 연금이야말로 필요할 때 충분히 공급이 되어야 한다.**

대한민국의 모든 금융 회사와 은퇴설계연구소 또는 연금 및 노후 관런 기사나 전문가들은 3층 연금(국민연금+퇴직연금+개인연금)을 안내한다.

이 때문인지는 몰라도 많은 사람들이 3층이나 4층 또는 5층 등의 복층으로 여러 개의 연금을 찔끔찔끔 겹쳐서 수령하는 경우가 대부분이다.

봄이나 여름에 가뭄이 들었는데 물 몇 바가지 갖다 붓는다고 상황이 크게 달라지지 않는다. 그래서 필요할 때에 물이 충분히 있어야 한다. 시간이 흘러 가을이 지나고 어느덧 겨울이 되면 굳이 충분한 양의 물은 필요 없어지기 마련이고 최소한의 물만 있어도 된다.

3층 연금을 믿고 3층 연금식으로 연금을 개시했다가 또 소일거리나 아르바이트를 해야 한다. 그렇지 않아도 대한민국의 노후는 힘든데, 이러니 계속 힘든 것이다.

여유가 있는 상태에서 아르바이트를 하는 것과 부족해서 아르바이트를 하는 것은 완전히 다르다. 최적화된 연금을 수령할 때에는 월 50만 원만 받는 아르바이트를 해도 되고 안 해도 된다.

여러 곳에서 익히 접해 온 이 3층 연금이라는 개념은 갖다 버리는 것이 좋다. 이 3층 연금이라는 개념 때문에 많은 사람들이 복층으로 연금 개시를 하는 것이다.

기억하도록 하자. 복층의 연금은 아무런 도움이 되지 않는다. 최적화된 연금 1층보다도 훨씬 못한데 3층이며 4층이며 5층이며 하물며 10층이 되더라도 무슨 소용이 있겠는가?

연금 최적화에서 설명하는 방법을 기초로 하여 개인연금 상품을 야무지게 최적화해야 되고 3층 4층 5층 복층 개시가 아닌 순차적으로 이어서 집중적으로 개시하는 방법을 택해야 한다. 약 7~8층의 연금보다 단 1층의 최적화를 시킨 연금의 월 연금 수령액이 더 많다.

앞으로는 개인연금 상품을 지배하는 사람이 노후를 지배하게 될 것

이다.

- 종신국민연금無 + 5년확정형연금 + 종신형 연금

  국민연금이 없는 경우, 마지막 주자는 반드시 잘 달리는 연금을 종
  신형 연금으로 배치한다.

- 종신국민연금 + (5년 or 10년) 확정형연금

  개인연금이 하나일 경우 5년 또는 10년 확정형 연금으로 배치하여
  추후에 주택연금의 개시를 결정한다.

- 종신국민연금 + 5년확정형연금 + 5년확정형연금

  약 10년 간 잊을 수 없는 노후를 즐길 수 있고 그 이후는 국민연금
  과 유족연금 및 기타 등으로 생활한다. 필요에 따라서는 5년 확정
  형 연금을 중첩시켜도 된다. 만약 5년 확정형 연금을 받는 동안 남
  는 느낌이 있다면 자유적금을 들어도 된다.

- 종신국민연금 + 5년확정형연금 + 종신형 연금

  대부분의 많은 사람들이 이렇게만 실행해도 만족할 만한 노후를 보
  낼 수 있다.

- 종신국민연금 + 5년확정형연금 + 종신주택연금

  개인연금이 하나일 경우 종료되면 주택연금으로 보완한다.

- 종신국민연금 + 5년확정형연금 + 5년확정형연금 + 종신형 연금

  개인연금이 셋일 경우 반드시 5년 확정형 연금을 순차적으로 연금

개시하는데, 필요에 따라서는 일정 기간 중첩시켜도 된다. 많은 분들이 이 맛을 한번 느껴 보았으면 좋겠다.

- 종신국민연금＋5년확정형연금＋5년확정형연금＋종신주택연금
  향후에 주택연금을 활용할 경우 종신형 연금을 개시하지 말고 5년 확정형 연금으로만 이어서 연금을 개시한다.

- 종신국민연금＋5년확정형연금＋5년확정형연금＋종신형 연금＋종신주택연금
  기가 막힌 노후를 즐길 수 있다.

- 종신국민연금＋5년확정형연금＋5년확정형연금＋5년확정형연금＋종신형 연금
  5년 확정형 연금을 중첩시켜도 또 중첩의 기회가 두 번이나 남아 있으므로 끝내주는 노후를 즐길 수 있다.

확정형 퇴직연금과의 최적화된 조합

대한민국 직장인에게 퇴직연금은 없다.

이 말이 과언이 아닐 정도로 선진국처럼 정량으로 퇴직연금을 받아 가는 사람이 전체 퇴직연금 수급자의 약 2%밖에 안 된다고 한다. 대한민국에서의 퇴직연금은 거의 없다고 볼 수 있다.

매년 퇴직연금 수급자의 95% 이상은 퇴직연금이 아닌 중도 인출이나 해약 또는 일시금 등의 목돈으로 찾아 쓴 경우가 많다. 우리나라의 문화와 관습의 영향도 적지 않게 미쳤을 것이다.

아직도 우리나라의 퇴직연금은 문제도 많고 선진화가 되려면 한참은 먼 듯하다. 그래서 상대적으로 공무원이나 교직원, 교사들의 노후가 더 안정적이라고 볼 수 있는 것이다.

결국 퇴직연금을 찾아 쓸 수밖에 없다면, 손해가 없는 것이 더 낫다. 최적화된 변액연금은 가입 후 얼마 지나지 않아서도 손해가 소멸될 뿐만 아니라 중장기적으로도 여타의 모든 금융 상품 중 절세 효과와 현실적인 운용 효과 및 안정성, 수익성, 환금성 등에 있어 가장 뛰어나다고 할 수 있다.

변액연금은 10년만 경과하면 중도에 일부를 일시금으로 찾아 써도 퇴직연금과 같이 16.5%의 기타소득세나, 5.5%의 연금소득세보다 무조건 높은 퇴직소득세를 부과하지 않는다. 모든 세금이 0원이 된다.

사실, 개인연금 상품을 제대로 최적화만 시키게 되면, 동일한 조건의 납입 금액에 대비해서는 퇴직연금은 물론이고 몰라서 그렇지 특수직역연금보다 더 우수한 것이 사실이다. 그래서 연금을 최적화를 시키고 말고의 차이는 하늘과 땅 차이이다.

우리나라 직장인들은 주택 마련 자금, 장기 요양 자금, 자녀 교육자금, 자녀 결혼 자금, 자녀 유학 자금, 부동산 또는 주식 및 기타 투자 자금, 창업 자금, 직장의 이동 등으로 인한 중간정산 등으로 온전한 퇴직연금의 생존자들이 희박할 뿐만 아니라, 세제혜택이 있는 개인연금 상품들과의 혼선으로 인하여 뒤늦게 세금에게 배신당하고 비효율적인 연금 수령을 하게 되어 노후를 힘들게 보내고 있다.

IRP에 세액공제 한도만큼 추가납입을 하여 비효율적인 연금을 수령하는 일은 없도록 하자.

퇴직연금이나 개인연금은 사적연금이므로 어차피 둘 다 강제적인 구속력이 상대적으로 떨어지기 때문에 결국 본인이 정하기 나름이다. 그렇다면 **독립적으로 완전히 비과세이며 최적화된 개인연금 상품에다가 추가납입을 하는 것이 그 효과를 최대한 끌어올릴 수 있는 방법이다.**

절대로 퇴직연금에다가 추가납입을 하는 우(愚)를 범하지 말자. 어쨌든 퇴직연금은 이러나 저러나 그러나 뜯기게 되어 있다.

퇴직연금은 근본적으로 5년형으로 연금을 수령하면 연금액의 일부에 대하여 16.5%의 기타소득세가 적용되니 비효율적일 뿐만 아니라, 5년형 퇴직연금으로는 아예 받지 않는 게 낫다. 그렇게 받는다면 세금을 더 많이 내는 건 정해진 일이다.

상당 수를 차지하는 퇴직연금의 확정급여형은 물가상승률에도 미치지 못한다.

확정기여형은 리스크도 있고 관리도 전혀 안 되고 있어 너도나도 회피를 하여 거꾸로 원금보장형을 선택하게 되니 오히려 수익을 얻기는커녕 수수료 부담만 커지고 과중되는 현상이 발생된다.

개인형퇴직연금 계좌의 원금보장형에서 수수료는 많이 떼어 가는데 운용 지시도 변경하지 않아 당연히 수익은 저조해지므로 퇴직연금의 문제는 더욱 심각할 수밖에 없고 불신이 생길 수밖에 없다.

과세되는 측면에서도 퇴직연금은 55세 이전에 일부 또는 전체를 연금 외 일시금 등으로 수령할 경우에는 퇴직소득세를 부담해야 하는데 이 퇴직소득세는 종합과세가 안 되는 분류과세라고 해서 결코 부담이 없는 수준은 아니라고 하였다. 보통 많은 사람들이 퇴직소득세가 산출되면 의외로 많이 부과되는 것을 보고 깜짝 놀라곤 한다.

한편, 55세 이후에 연금으로 수령할 경우에는 퇴직소득세의 30%만이 할인되어 과세가 될 뿐이어서 큰 도움이 되질 않는다. 물론 퇴직소득세는 분류과세되어 종합소득세에 포함이 되지는 않지만 결국 연금소득세보다는 높고 일시로 할인을 적용하여 티가 나지 않게 저평균의 종합과세화한 것과 마찬가지이므로 그렇게 좋아할 일은 아니다.

세제혜택을 목적으로 IRP에 추가로 납입한 가입자부담금에 대해서는 연금으로 수령해도 연금소득세가 과세되고 이 또한 종합과세로부터 완전히 자유롭지는 못하여 연금 수령 기간 등을 고려해야 하기 때문에 결국 큰 도움이 되질 않는다. 중도 해지 시에는 16.5%의 기타소득세로 일시에 과세되고 퇴직연금도 사라지게 된다.

머지 않아 퇴직연금에 TDF까지 도입되면 사실 도입 전부터 요란하고 현란한 기대와는 달리 더 많은 수수료가 부과되어 연금 수령액은 생각보다 미달될 것이고 TDF 운용 부작용에도 한 방 맞고 세금에게는 발목이 잡히게 된다.

사실 퇴직연금도 완전히 우리 대한민국 직장인의 편이 아니라는 것은 기억해야 한다. 필자는 심히 걱정이 된다. 필자가 '세금! 세금!' 하는데, 현재도 심각하고 앞으로는 더 심각해질 것이기 때문에 잔소리를 하는 것이다.

어렸을 적의 국사 교과서를 통해서도 배우지 않았던가? 조세 제도는 결국 강화되게 되어 있다. 문제는 있는 사람들이야 그렇다 쳐도 수많은 직장인들에게는 남 일이 아니라는 점이다.

돈이 있을 때의 100~200만 원과 돈이 없을 때의 100~200만 원은 생각보다 어마어마하게 큰 차이가 있다.

• 종신국민연금＋(10년 or 15년)확정형퇴직연금＋(5년 or 10년)확정형연금
원하는 월 연금 수령액에 맞게 퇴직연금의 수령 기간을 정하고 끝나자마자 5년 또는 10년 확정형 연금을 수령한다. 퇴직연금의 소득 대체율이 낮기 때문에 월 연금 수령액에 맞게 정하다 보면 연금 수령 기간은 짧아질 수 있다.

- 종신국민연금＋10년확정형퇴직연금＋10년확정형연금

  과세의 영향이 상대적으로 적을 경우 퇴직연금을 먼저 개시하고 불어나는 속도가 더 빠른 개인연금을 후반부에 배치한다.

- 종신국민연금＋5년확정형연금＋(10년 or 15년)확정형퇴직연금

  개인연금이 있을 경우 5년 확정형 연금을 먼저 집중적으로 수령하고 과세 등의 상황을 살펴 후반부에 퇴직연금을 수령하여 최대한 세율은 낮추도록 한다.

- 종신국민연금＋5년확정형연금＋10년확정형퇴직연금＋종신주택연금

  부족함이 느껴지면 주택연금을 신청하자.

- 종신국민연금＋5년확정형연금＋5년확정형연금＋10년확정형퇴직연금＋종신주택연금

  5년 확정형 연금을 집중적으로 활용하고 연금이 부족할 듯하면 공급해 주는 식으로 계속 연이어 개시를 하면 된다. 퇴직연금과 주택연금은 비슷한 시기에 개시를 해도 된다.

- 종신국민연금＋5년확정형퇴직연금＋종신형 연금

  퇴직연금의 연금 적립금이 적을 경우에는 상대적으로 과세의 영향도 적으므로 과감하게 5년 확정형 퇴직연금으로 수령하고 개인연금은 종신형 연금으로 수령한다. 이때 5년형 퇴직연금의 일부는 기타소득세 16.5%로 적용이 되지만 어쩔 수 없다.

- 종신국민연금＋10년확정형퇴직연금＋종신형 연금

  집중적인 수령보다 장기적인 수령을 원할 경우에 적합하다.

- 종신국민연금＋10년확정형퇴직연금＋5년확정형연금＋종신주택연금

  많이 떨어지는 퇴직연금의 소득대체율을 잡을 수 있다.

- 종신국민연금＋20년확정형퇴직연금＋종신주택연금

  근무하는 동안 소득이 높았고 퇴직연금에 손이 타지 않았으며 개인 연금이 없을 경우에 적합하지만 실질 소득대체율이 상당히 떨어지기 때문에 주택연금을 활용하도록 하자.

종신형 특수직역연금과 최적화된 조합

반면에 특수직역연금을 받는 사람들이 원하는 시점에 연금 최적화를 시킨 5년 확정형 연금을 받게 되면 상상을 초월하는 노후를 보낼 수 있다.

이 상상을 초월하는 노후는 연금소득세가 100% 비과세되고 종합과세로부터 100% 독립적이며 연금 수령액이 풍부한 최적화된 변액연금 상품으로만 가능하다. 세제혜택이 있는 연금 상품으로는 때려 죽여도 할 수 없는 일들이다.

만약 부부가 모두 공무원이나 교직원 또는 교사일 경우 5년 확정형 연금과 함께 현재 가치로 약 월 1,000만 원 또는 그 이상의 연금을 5년 동안이나 받을 수 있게 된다.

물론, 5년이 지나더라도 죽을 때까지 현재 가치로 약 600만 원에 해당되는 두 명분의 특수직역연금을 수령할 수 있으니 큰 걱정은 없을

것이라 예상된다. 만약 지원군인 주택연금까지 합세하면 오히려 죽기
싫어질 것이 분명하다. 특히, 특수직역연금을 받는 사람이 세제혜택이
주어지는 연금저축류와 IRP에 세제혜택 한도 이상으로 지나치게 집중
을 하게 되면 풍부한 특수직역연금까지 합산되어 종합과세를 부과받
거나 그게 아니면 도움도 안 되는 소액의 찔끔 연금이 될 수 있으므로
각별히 주의하기를 당부한다.

- 종신특수직역연금 + (5년 or 10년)확정형연금
  집중적으로 노후를 즐길 수 있다.

- 종신특수직역연금 + (5년 or 10년)확정형연금 + 종신주택연금
  끝내주는 노후를 평생 동안 누릴 수 있다.

- 종신특수직역연금 + 일시납10년확정형연금 + 종신주택연금
  부동산 등의 자산이 있을 경우, 퇴직금을 일시납 연금으로 활용해도
  나쁘지 않다. 뒤도 돌아보지 말고 집중 활동 기간을 즐겨야 한다.

종신형 기타 부동산과 최적화된 조합

오피스텔이나 원룸, 빌라, 아파트, 상가 등의 부동산 임대 수입이 있
는 경우에도 5년 확정형 연금으로 수령하여 중요한 시기인 은퇴 직후
집중 활동 기간에는 5년 확정형 연금 같은 단기간의 연금 지급 형태로
연금을 수령하여 돈의 가치를 제때에 살리기 바란다.

한편 약 70세 이후에는 상속 재산의 양을 조금씩 줄이는 것이 여러
가지로 효율적이기 때문에 소모적인 측면으로도 접근을 해야 한다.

주택연금(역모기지론)이 죽어도 싫다면 담보대출을 받으면 된다. 그러면 상속 재산 평가 금액도 줄어들고 돈도 쓸 수 있게 된다.

한편 사망 시까지 납입한 이자의 합의 대부분은 집값의 상승분 보다 적으니 유리한 선택이 아닐 수 없다.

필자가 집중 활동 기간에 제때에 돈을 쓰라고 하는 이유는 이때에도 제대로 돈을 못 쓴 사람들은 더 나이 들어서 오히려 목돈이 남게 되고 이 돈이 결국 눈 먼 돈이 되는 경우도 많고 엉뚱한 곳으로 손도 타게 되며 결국 상속 평가 재산의 양만 늘어나 버려 세금으로 내는 돈만 더 많아지기 때문이다.

돈은 적합한 곳에 제때 쓰라고 있는 것이다.

물론 그동안은 최적화시키지 않은 연금으로 인하여 돈이 부족했겠지만 최적화된 연금 플랜으로 풍부한 연금을 받게 되면 꼭 적합한 곳에 제때에 사용하는 것도 중요한 일이다.

공격은 최선의 수비라는 말이 있듯이 은퇴 직후 집중 활동 구간의 소비는 최선의 절세이자 후회 없는 노후를 만들어 주며 그때의 추억은 평생 동안이나 회자(膾炙)된다.

주택연금이 부담스럽다면 주택담보대출을 활용할 수 있다. 보통 5년 확정형 연금을 집중적으로 수령하고 나면 나이도 더 많아졌기 때문에, 소비가 되는 비용은 줄어들게 된다. 즉, 대출을 받는다고 해서 지속적인 대출 여부에 대해 걱정할 필요는 없다.

이 대출을 빚이라고 생각하면 안 된다. 자녀가 이 주택을 상속받게 되더라도 대출 부분은 전세를 끼고 상속을 받으면 은행의 담보대출은 모두 없어지고 오히려 돈이 남을 수도 있다. 이 역시 우리나라에서만 가능한 일이다.

- 종신국민연금＋5년확정형연금＋종신부동산임대수입
  개인연금이 있을 경우 5년 확정형 연금으로 수령한다.

- 종신국민연금＋5년확정형연금＋종신부동산임대수입＋종신주택연금
  부동산 자산이 많을 경우에는 살고 있는 집은 주택연금을 신청하여 연금도 더 받아 쓰고 상속 재산 평가 금액도 줄이면 일석이조가 된다.

- 종신국민연금＋일시납10년확정형연금＋종신부동산임대수입＋종신주택연금
  현금 자산이 여유롭다면 반드시 연금을 활용하여 집중 활동 구간을 보내야 한다.

가입하면 노후를 망칠 수 있는 연금 상품과 하수인들

아래의 내용이 황당하게 느껴진다면, 앞쪽에서 명확한 근거를 반드시 확인해 보고 정독하길 바란다.

아래의 내용은 절대적으로 주의해야 한다.

- 국민연금
  - **국민연금의 연기연금제도**

- 퇴직연금
  - **퇴직연금의 DB형**(DB형은 어쩔 수 없음, 그냥 따라가야 함)
  - **DC형의 원금보장형**

- 펀드변경을 하지 않는 DC형 퇴직연금
- 퇴직연금의 DC형이나 IRP 계좌에 세제혜택 한도만큼 추가납입

- 연금을 목적으로 하는 종신보험류
  - 생명보험사의 연금 글자가 들어가 있는 (변액)종신보험
  - 생명보험사의 연금전환이 된다고 하는 (변액)종신보험

- 개인연금 및 지급 형태
  - 세제혜택이 주어지는 연금저축(보험)이나 연금펀드
  - 세제혜택이 주어지는 연금 상품에 세제혜택 한도만큼 추가납입
  - 증권사의 TDF(Target Date Fund) 연금펀드
  - 생명보험사의 종신형 연금으로만 고정된 (변액)종신연금
  - 종신형 투자연금(GLWB)의 연금 지급 형태로 올인할 경우
  - 연금펀드의 연금 개시 후 실적배당형 연금 지급 형태
  - 상속형 연금
  - 적립식의 공시이율형 연금보험
  - 확정형 연금으로만 고정된 공시이율형 연금 상품
  - 추가납입을 하지 않고 무리한 금액으로 납입을 한 연금 상품
  - 사업 비용과 수수료가 지나치게 높은 연금 상품
  - 자동재배분 기능으로 펀드변경을 하지 않는 변액연금
  - 효율적이지 못한 조건을 갖춘 변액연금
  - 채권형 펀드의 의무 투입 비율이 30% 이상인 변액연금
  - 연금 지급을 장기간 보증해 주는 연금 상품의 옵션
  - 원금보증형(GMAB) 옵션
  - 15~20년 확정형 이상의 장기간 연금 지급 형태

- 중도 인출이나 약관 담보 대출을 많이 받은 연금 상품
- 연금 상품을 동시에 복층으로 개시하는 경우
- 피보험자가 남자인 종신형 연금
- 피보험자가 여자인 부부형 연금

• <u>연금을 목적으로 하는 금융 상품들</u>
- 노란우산공제 또는 지역 및 지방의 각종 공제
- 생명보험사의 변액유니버셜보험(VUL)
- 연금 수령을 목적으로 하는 CMA, MMF, MMDA 등
- 연금을 목적으로 가입하는 적립식 펀드
- 연금 목적의 확실한 시스템 없이 운용하는 주식
- 연금 목적으로 은행에 예치된 고액의 예금
- 연금 목적의 비과세 저축보험

• <u>준(準)연금 관련 상품류</u>
- 노후를 목적으로 하는 카페 등의 유명 체인점
- 노후를 목적으로 하는 지역주택조합 아파트
- 공급 과다 지역이나 비역세권 및 비인기 지역의 오피스텔(상가)
- 불법 금융 다단계나 가상화폐 채굴기
- 기획부동산의 쪼가리 부동산

　20년이나 30년 같은 장기간의 연금 지급 형태나 종신형 연금지급 형태를 선택하여 연금을 복층으로 동시에 수령하게 되면 연금수령의 효율이 상당히 떨어지게 되므로 반드시 전체적인 연금 자산의 상황을 검토하여 효율적으로 연금을 최적화시킬 수 있도록 해야 한다.

분명 약 70세 이후에는 돈 쓸 일이 줄어든다. 설사 30년 보증형의 적은 월 연금 수령액으로 선택을 해도 70~80세에는 돈도 안 되고 크게 도움도 안 된다. **사기 당했다고 생각하고 반드시 5년 확정형 연금을 활용해 보자.**

노후에는 잃지 않고 잘 쓰기만 해도 충분히 재미있는 시간을 보낼 수 있다. 학창시절에도 수업을 빼먹고 밖에서 놀면 재미있지 않았던가? 노후에는 주된 수업에서 벗어날 때이다.

이미 연금 최적화 시스템으로 많이 벌었는데 조금 더 벌지 않아도 그만이지 않겠는가?

만약 부동산이 있다면 부동산만 잘 관리해도 충분하다. 나머지는 최적화를 시킨 연금으로 구간별로 모조리 써 버리도록 하자. 기타의 투자는 반드시 연금을 제외하고 나서 생각해야 한다.

It's real time to enjoy your old age! 이제는 진짜 즐길 시간이다! 최적화된 연금으로 노후를 마음껏 즐기기만 하면 된다. 자, 어떠한가? 이제 연금 최적화가 전체적으로 이해가 되는가?

교직에 계셨던 분이 하신 말씀

은퇴 후 일시금으로 받은 퇴직금 1억 5,000만 원과 조금씩 모은 예적금 1억에 1억 5,000원을 대출받아 약 4억 원 이상을 투자해 유명 브랜드의 빵집 체인점을 차린 교직에 계셨던 분이 약 3년이 지나서 한마디를 하셨다.

빵집 때문에 신경이 쓰여 다른 문화생활을 할 수도 여행을 갈 수도 없고 돈도 안 되며 오히려 손해이고 넘길 수도 없고 마치 손해를 보려고 가게를 차린 것 같고 이러지도 못하고 저러지도 못하며 빵만 보면 속이 더부룩해서 체한 것 같고 잠도 오지 않고 다시 돌아갈 수만 있다면 절대 이런 짓을 안 할 것이며 연금도 나오는데 왜 이 짓을 했나 싶고 오히려 나오고 있는 연금도 하는 것 없이 까먹을 판이라고 하였다.

단순히 이 빵집만의 문제가 아니다. 남 일이 아니다. 이런 분들이 대한민국의 전국에 수두룩 빽빽하다.

이렇게 되면 보기 좋게 노후를 망치게 되고 은퇴 이후에 가장 중요한 기간인 5~10년을 잃어버리게 되고 그 이후는 진짜 힘없는 노인이 되어 버린다.

만약 이분이 체인점을 차리지 않고 4억이 아니라 1~2억만이라도 최적화된 연금으로 배치를 했었더라면 특수직역연금에다가 최적화를 시킨 풍부한 개인연금까지 더하여 상상을 초월하는 노후를 맞이할 수 있었을 텐데 그저 안타까울 따름이다.

노후의 집중 활동 기간에 땅을 치고 후회하고 싶지 않다면 반드시 최적화시킨 연금에 집중을 하도록 하자.

회장님처럼
연금 적립금 보고서 확인하기

이제 연금 최적화가 이해되는가?

변액연금은 가입하기 전에 투자 성향에 따른 적합성 진단이라는 일종의 설문서를 체크해야 하는데, 성향이 공격형으로 나와야 주식의 비중이 높은 주식형 펀드를 투입시킬 수 있다.

주식형 펀드라고 해서 위험한 것이 아니라고 하였다. 주식형 펀드와 채권형 펀드 간의 펀드변경이 일어나야 하기 때문에 반드시 주식의 비중이 높은 주식형 펀드를 선택할 수 있어야 한다.

이제 전체적으로 연금 최적화가 좀 이해되는가?

꼭 알아야 할 용어

- 펀드설정일 최초 기준가: 모든 펀드가 최초 개설 시 1,000원(1,000좌 당)으로 시작
- **기준가**: 1,000원을 기준으로 한 현재의 가격, 매일 변동
- 펀드 설정일 이후 **누적 수익률**: 펀드 설정일(1,000원)을 기준으로 했을 때의 수익률

- 기간별 수익률(1개월): 1개월간 펀드의 수익률
- **연환산 수익률**: 누적 수익률을 1년으로 환산한 수익률
- 좌수: 특별계정(펀드) 설정 시 1원을 1좌로 함
- 특별계정(펀드): 납입 금액에서 사업 비용을 차감하고 투입된 금액을 실제로 운용하는 신탁계정으로 회사와는 별도로 구분되어 있으며 매일 변동됨
- **펀드별 계약자 적립금**: 펀드별 수익률이 반영된 현재의 적립금
- 계약자 적립금의 적립률: 총 납입 금액의 합계 대비 계약자 적립금의 비율
- 해약(해지) 환급금: 계약 해약(해지) 시에 실제로 지급되는 금액

가장 중요한 것은 수익률이 아니라 계약자 적립금이다

기본 납입 금액으로 납입한 금액은 사업 비용을 차감한 후에 특별계정으로 투입이 되고, 추가납입 금액으로 납입한 금액은 0원을 차감한 후에 특별계정으로 투입이 된다.

이렇게 되면, **현재까지의 수익률을 반영하여 '계약자 적립금'의 금액에 표시가 된다.**

계약자 적립금의 적립률이 오랜 시간이 지나지 않아 100% 정도가 되는데 이때부터는 본격적인 수익이 누적되어 가고 있음을 두 눈으로 몸소 확인할 수 있다

여러분은 만약 최종적으로 연금 최적화에서의 변액연금 상품을 완납하여 완성하게 되면 총 납입 금액인 7,200만 원을 기준으로 계약자 적립금의 금액이 얼마가 되는지만 확인하면 된다.

펀드는 계속 변경이 되고 수익은 실현되기 때문에 수익률을 계산할

필요가 없고 수익률이 중요한 것은 아니다. 3개월마다 발송이 되는 변액연금의 운용보고서를 통하여 자동재배분 기능으로 수익이 실현되면서 적립금이 늘어나고 있는 것을 보고서 검토하듯이 확인하면 된다.

만약 수동으로 펀드의 종류를 변경할 때에는 반드시 한 사이클의 수익 실현이 되고 난 후에 변경을 해야 한다. 수익률은 계속 실현이 되면서 시각적으로 사라지기 때문에 본인의 변액연금에서는 계약자 적립금이 곧 가장 중요한 핵심 숫자라는 것만 기억하면 된다.

한편 누적 수익률을 반드시 1년으로 연환산하여 수익률을 적용해야 1년간의 수익률을 가늠할 수 있다.

여기까지 이해가 되었다면, 30~40세인 사람이 20년간 기본 납입 금액 10~11만 원에 추가납입 금액 20~22만 원을 납입하면서 연금 적립금인 계약자 적립금을 약 1억 5,000만 원 이상을 기대 목표로 하여 만들어 가는 것이 결코 불가능한 일이 아님을 이해할 것이다.

첫 번째 5년 확정형 연금으로 5년간 필자가 알려 준 대로 세금 하나 떼이는 것 없이 약 월 300만 원 정도를 활용하여 은퇴 직후의 집중 활동을 하고, 두 번째 5년 확정형 연금으로 또 집중 활동을 하든지 종신형 연금으로는 영원히 활동을 하면 된다.

물론, 최적화된 연금 외에 국민연금도 나오고 있을 것이고 무리가 되지 않는 일을 여유롭게 하고 있을 것이다.

나이와 체력이 허락하는 한 일도 오래 하는 것이 좋다. 중요한 점은 국민연금과 최적화 연금, 일을 통해 발생되는 월급 모두 이때에 잘 써야 한다는 것이다.

한편, **연금 개시 시점이 약 5년 앞으로 다가오면 채권형 펀드의 비율을 1년마다 10%씩만 늘리면 된다.**

즉, 자동재배분의 비율을 다음과 같이 조절하면 되는 것이다.

물론 이때는 수익률을 낼 수 있는 실효력(實效力)을 지닌 펀드의 비율은 90%, 80%, 70%, 60%, 50%로 10%씩 줄이면 되는데, 이는 앞서 설명하였던 자리만 차지하고 있는 채권형 펀드의 비율을 10%씩 늘리는 것과 같다.

채권형 펀드의 비율이 매년 10%씩 안정적으로 늘어나기 때문에 수익률의 누적은 조금씩 떨어지지만 안정성을 기대할 수 있다.

물론 주식형 펀드의 비율 내에서 분산도 가능하다.

- 연금 개시 D-day 5년

  주식형 펀드(50%) : 채권형 펀드 1(40%) : 채권형 펀드 2(10%)

- 연금 개시 D-day 4년

  주식형 펀드(45%) : 채권형 펀드 1(35%) : 채권형 펀드 2(20%)

- 연금 개시 D-day 3년

  주식형 펀드(35%) : 채권형 펀드 1(35%) : 채권형 펀드 2(30%)

- 연금 개시 D-day 2년

  주식형 펀드(30%) : 채권형 펀드 1(30%) : 채권형 펀드 2(40%)

- 연금 개시 D-day 1년

주식형 펀드(20%) : 채권형 펀드 1(30%) : 채권형 펀드 2(50%)

만약, 중도에 금융위기가 왔거나 연금개시 D-day 5~4년을 앞두고 금융위기가 왔다면, 안정성을 가미하여 자리만 차지하고 있는 채권형 펀드 2의 비율을 절대 늘리지 말고 그 상태로 그대로 둔다.

금융위기가 와서 펀드의 하락으로 인하여 마이너스를 보고 있을 때는 절대로 채권형 펀드의 비율을 늘리면 안 된다.

채권형 펀드2의 비율을 늘리지만 않고 그대로 둔다면 이 사이클에서 반드시 소폭의 수익률로 마감이 된다.

금융위기가 오는 것이 문제가 아니라 금융위기가 왔을 때 주식형 펀드의 좌수를 많이 확보할 수 있느냐가 핵심이기 때문이다.

이렇게 되면 자동재배분 기능이 제대로 작동하기 때문에 한 사이클을 마무리하여 소폭의 수익 실현으로 매듭을 짓게 된다.

금융 위기가 왔을 때는 채권형 펀드 2의 비율을 절대 늘리지 말고 일반적인 경우에는 여태껏 계속 수익 실현이 누적되었으므로 채권형 펀드 2의 비율이 10%씩 늘어나면 되는 것이다.

이것이 진짜 글라이드 패스(Glide Path)다.

즉, 최적화를 시킨 변액연금은 납입을 하고 있는 기간이든 연금 개시 직전이든 금융위기가 오든 끄떡이 없다.

비율을 구분하기 위하여 채권형 펀드를 1, 2로 표현하였는데, 같은 종류의 채권형 펀드라도 관계는 없다.

드디어 최적화된 연금 개시하기

연금 최적화에서는 연금 개시 시점의 유연성을 발휘하여 75세나 80세로 연금 개시 시점을 설정하였다.

만약 64세인 사람이 이제 연금을 개시하여 매월 연금을 수령할 예정이라면 **반드시 콜 센터에 전화를 하여 연금 개시 신청을 해야 한다. 연금 개시 시점이 지나더라도 연금 개시 신청을 하지 않으면 연금이 개시되지 않고 지급되지 않는다.**

이때 두 가지의 연금 상품 중 못 달리는 연금을 5년 확정형 연금으로 먼저 개시를 하면 된다.

이 5년 확정형 연금이 종료됨과 동시에 남아 있는 연금 상품을 5년 확정형 연금이나 종신형 연금으로 바로 연달아 개시하면 된다.

만약 일시금이 필요할 때에는 이 연금 적립금의 50% 이내에서 일부를 일시금으로 수령하고 나머지는 동일하게 연금으로 지급받으면 된다.

예를 들어 연금 개시 시점의 연금 적립금이 1억 5,000만 원일 경우에 일시금으로 2,000만 원을 수령하도록 신청하게 되면, 2,000만 원은 일시금으로 지급되고, 1억 3,000만 원으로는 연금 적립금이 계산되어 5년 동안 이에 해당되는 연금이 지급되게 되는 것이다.

물론 이 변액연금 상품에서 연금 외 일시금으로 목돈을 수령한다고 해서 이 일시금에 대하여 여타의 특수직역연금(공무원연금, 사학연금 등)이나 사적연금인 퇴직연금처럼 연금소득세보다 높은 퇴직소득세가 부과되지도 않는다.

끝내주지 않는가? 최적화된 변액연금은 연금을 받을 때에도 뒤끝이 없이 깔끔하며 세금 계산을 하지 않아도 된다.

만약 다른 수입원이 있어 노후의 생활에 부족함이 전혀 없다면 수입원이 어느 정도 줄어들 때까지 연금 개시를 보류하였다가 필요 시 5년 확정형 연금을 중첩해서 수령하는 것도 괜찮은 방법이다.

첫 번째 연금인 5년 확정형 연금을 개시하고 나서도 3개월마다 발송되는 연금 보고서의 계약자 적립금만 확인을 하면 된다.

이제 완전히 이해가 되었는가?

대부분의 서적처럼 책 전체의 핵심 요약 내용을 마지막에 넣지는 않았다. 연금 최적화는 단순 요약으로는 설명되지 않는다. 처음부터 끝까지 이 책을 다 읽은 사람은 이 말이 무슨 말인지 알게 될 것이다.

그럼 여러분도 연금 최적화를 통하여 주택 마련 자금과 자녀 교육 자금을 충당하면서 적은 힘만을 들여 노후 자금까지 세 마리의 토끼를 잡을 수 있을 것이다.

한편, 이 책을 읽고 연금 최적화의 문을 두드려 실행에 옮긴 사람은 매월 남들보다 연금을 무려 약 3배 이상 받을 수 있게 될 것임을 확신한다. 이제 왜 이 책을 소장해야 하는지 조금은 이해가 가는가?

이 책을 통하여 대한민국의 많은 사람들의 노후가 진심으로 행복해졌으면 좋겠다. 필자도 대한민국의 국민이기 때문이다.

이해가 되지 않는 부분이나 궁금한 사항은 언제든지 카페의 '연금 최적화' 질의응답 게시판에 올려 주길 바란다.

2019년 3월

황재수 대표(필명: 최적화)